Kohlhammer

Der Autor

Jürgen Sarnowsky, geboren 1955, Studium der Geschichte, Physik und Philosophie an der Freien Universität Berlin; Promotion 1985, Habilitation 1992. Nach Lehrstuhlvertretungen in Chemnitz und Hamburg seit 1996 Professor für mittelalterliche Geschichte am Historischen Seminar der Universität Hamburg. Forschungsschwerpunkte sind die Geschichte der geistlichen Ritterorden des Mittelalters, die Hanse, das Ordensland Preußen und der Ostseeraum, England, die Geschichte der Bildung und der Entdeckungsreisen sowie digitale Editionen. Zu den teilweise in Kooperation mit anderen Mitarbeitern erarbeiteten Veröffentlichungen zählen drei Bände mit Regesten zu Briefen des Deutschen Ordens in Preußen (2012–2017), vier Bände mit Editionen zum Deutschordenshandel und zu untergeordneten Amtsträgern (2008–2015) und eine Überblicksdarstellung zu den Entdeckungsreisen des 13.–18. Jahrhunderts (2015).

Jürgen Sarnowsky

Die geistlichen Ritterorden

Anfänge – Strukturen – Wirkungen

Verlag W. Kohlhammer

Dieses Werk einschließlich aller seiner Teile ist urheberrechtlich geschützt. Jede Verwendung außerhalb der engen Grenzen des Urheberrechts ist ohne Zustimmung des Verlags unzulässig und strafbar. Das gilt insbesondere für Vervielfältigungen, Übersetzungen, Mikroverfilmungen und für die Einspeicherung und Verarbeitung in elektronischen Systemen.

Die Wiedergabe von Warenbezeichnungen, Handelsnamen und sonstigen Kennzeichen in diesem Buch berechtigt nicht zu der Annahme, dass diese von jedermann frei benutzt werden dürfen. Vielmehr kann es sich auch dann um eingetragene Warenzeichen oder sonstige geschützte Kennzeichen handeln, wenn sie nicht eigens als solche gekennzeichnet sind.

Es konnten nicht alle Rechtsinhaber von Abbildungen ermittelt werden. Sollte dem Verlag gegenüber der Nachweis der Rechtsinhaberschaft geführt werden, wird das branchenübliche Honorar nachträglich gezahlt.

1. Auflage 2018

Alle Rechte vorbehalten
© W. Kohlhammer GmbH, Stuttgart
Gesamtherstellung: W. Kohlhammer GmbH, Stuttgart
Titelbild: Rps 44/III, fol. 168r, Bibliothek der Universität Toruń,
Photograph: Wacław Górski

Print:
ISBN 978-3-17-022579-4

E-Book-Formate:
pdf: ISBN 978-3-17-034388-7
epub: ISBN 978-3-17-034389-4
mobi: ISBN 978-3-17-034390-0

Für den Inhalt abgedruckter oder verlinkter Websites ist ausschließlich der jeweilige Betreiber verantwortlich. Die W. Kohlhammer GmbH hat keinen Einfluss auf die verknüpften Seiten und übernimmt hierfür keinerlei Haftung.

Inhaltsverzeichnis

1	Einführung	9
2	**Die Anfänge der Ritterorden im 12. und 13. Jahrhundert**	14
2.1	Die Kreuzzüge und die Ritterorden	14
2.2	Die Anfänge der Templer	20
2.3	Die »Militarisierung« der Johanniter und des Deutschen Ordens	31
2.4	Die Anfänge der spanischen Ritterorden	42
2.5	Gründungen im baltischen Raum und andere kleinere Ritterorden	50
3	**Die Etablierung der Ritterorden im 12. und 13. Jahrhundert**	57
3.1	Burgen und Siedlungen im Heiligen Land	57
3.2	Die Rolle der Ritterorden im Heiligen Land und in den weiteren Einsatzregionen	63
3.3	Die Ausbreitung in den Herkunftsregionen	70
3.4	Die Rekrutierung von Brüdern	77
3.5	Militärische Einsätze	83
4	**Die Entwicklung der Strukturen der Ritterorden im späteren Mittelalter**	94
4.1	Die ordensinterne Gesetzgebung	94
4.2	Die Führungsschicht der Orden	101
4.3	Die Stellung der untergeordneten Ämter	115
4.4	Die Statusgruppen in den Orden	122
4.5	Die Wirtschaftsführung der Orden	129

	4.6	Frömmigkeit, Schriftlichkeit und Kultur	141
5	Das Spätmittelalter als Krisen- und Umbruchszeit		151
	5.1	Der Templerprozess.............................	151
	5.2	Die Ausbildung der Landesherrschaft der Ritterorden	158
	5.3	Strukturen der Landesherrschaft	164
	5.4	Johanniter, Deutscher Orden und die Kreuzzüge des 14. Jahrhunderts	171
	5.5	Krisen der Landesherrschaft am Ausgang des Mittelalters	176
	5.6	Die kleinen und die spanischen Ritterorden im späteren Mittelalter	184
6	Die Ritterorden zwischen Reformation, katholischer Reform und Französischer Revolution		191
	6.1	Erste Auswirkungen der Reformation	191
	6.2	Die Ausbildung protestantischer und reformierter Zweige der Ritterorden	196
	6.3	Die katholischen geistlichen Ritterorden im 16. und 17. Jahrhundert	205
	6.4	Das 18. Jahrhundert und die Krisenzeit um 1800	215
7	Die Ritterorden in der Moderne		221
	7.1	Der Neuanfang der katholischen und protestantischen Ordenszweige	221
	7.2	Krisen und Wandlungen des 20. Jahrhunderts	227
	7.3	Die Wahrnehmung der mittelalterlichen Ritterorden im 19. und 20. Jahrhundert	231
8	Ausblick		237
Quellen und Literatur			239
	Quellen allgemein.................................		239
	Literatur allgemein................................		240
	Literatur zu Kapitel 2		243

Inhaltsverzeichnis

Literatur zu Kapitel 3 243
Literatur zu Kapitel 4 244
Literatur zu Kapitel 5 245
Literatur zu Kapitel 6 246
Literatur zu Kapitel 7 246

Abbildungsnachweis 248

Index 249

1 Einführung

Die geistlichen Ritterorden des Mittelalters und der Neuzeit, Templer, Johanniter, Deutscher Orden und all die anderen, könnten auf den ersten Blick als längst überholte Institutionen erscheinen, als Relikte eines fernen Zeitalters, das nicht nur durch zahlreiche Kriege, sondern auch durch intensiven Glauben geprägt war, als Gemeinschaften, deren Geschichte uns heute wenig vermitteln kann und nur ein Randgebiet der Forschung bildet, nur ein »Anhängsel« der ungleich intensiver öffentlich wahrgenommenen Kreuzzugsgeschichte. Dieser Eindruck wäre falsch. Als ein im gesamten lateinischen Europa und darüber hinaus wirkender Ordenszötus, als eigene Kategorie geistlicher Institutionen, kommt den Ritterorden eine für das Verständnis der mittelalterlichen, frühneuzeitlichen und modernen Geschichte wesentliche Bedeutung zu. Das betrifft zum einen jene Regionen und Epochen, in denen die Orden und ihre Mitglieder den Gang der Ereignisse und die Ausbildung grundlegender Strukturen beeinflussten, zum anderen auch die von ihnen ausgehenden Impulse, die bis heute in gewissem Rahmen vorbildhaft wirken könnten.

Der Zötus der Ritterorden entstand mit der Gründung des Templerordens in den 1120er Jahren im Heiligen Land. Die Mitglieder verband mit den älteren monastischen Gemeinschaften, dass sie ebenfalls die drei Gelübde der Keuschheit, der Armut und des Gehorsams abzulegen hatten. Sie lebten also wie Mönche ohne Frauen, ohne persönlichen Besitz und in Unterordnung unter die Ordensoberen gemeinschaftlich und mit festem Tagesablauf in eigenen Häusern zusammen. Dazu mussten sie sich aber einer vierten Verpflichtung unterwerfen, dem »Heidenkampf«, d. h. der Verteidigung der Christenheit gegen ihre äußeren Gegner, und mussten stets darauf vorbereitet sein, sich dieser Aufgabe zu stellen.

Für die Kriegführung galten für die Brüder dieselben Normen, die der Kirchenvater Augustinus am Anfang des 5. Jahrhunderts formuliert hatte, um Christen generell die Teilnahme am Krieg zu ermöglichen. Krieg durfte danach nur geführt werden, wenn es dafür einen gerechten Grund gab, also zum Beispiel, um verlorenen Besitz wieder zu erlangen, verlorene Rechte wiederherzustellen oder um Personen der eigenen Gruppe, Verwandte oder Landsleute, zu schützen oder zu befreien. Weiter bedurfte es für den Aufruf zu einem gerechten Krieg einer rechtmäßigen Autorität, eines Fürsten oder – in späterer Zeit – einer geistlichen Autorität. Drittens wurde die richtige Einstellung der Kämpfer gefordert. Sie sollten sich insbesondere mit ihrem Sold begnügen und nicht auf Beute ausziehen, rauben und plündern.

Die im Heiligen Land, später in Spanien und im Baltikum gegründeten Institutionen erhielten bald Schenkungen und Verstärkungen aus allen Teilen Europas. Die Erfüllung ihrer Stiftungsaufgaben, zu denen auch die Hospitalität, die Pflege von Kranken, Armen und Alten, gehörte, erforderte einen intensiven personellen, finanziellen und materiellen Austausch zwischen den Regionen, in denen die Orden vertreten waren. Insbesondere mussten Brüder und finanzielle und materielle Ressourcen aus den Herkunftsregionen in die Einsatzgebiete gebracht werden. Das stellte eine neue Herausforderung dar. Die alten monastischen Gemeinschaften hatten sich wesentlich auf einen Ort oder ihre Region beschränkt. Nun entstanden noch vor den ähnlich organisierten Bettelorden des 13. Jahrhunderts übergreifende, flexible Strukturen, die eine Verwaltung des europäischen wie des außerhalb gelegenen Besitzes ermöglichten.

Die bis zum Ende des 12. Jahrhunderts gegründeten geistlichen Ritterorden gewannen nicht nur in der Verteidigung der mehr und mehr reduzierten christlichen Stützpunkte im Heiligen Land stetig an Bedeutung. Sie waren im christlichen Königreich Armenien und auf Zypern präsent, beteiligten sich auf der Iberischen Halbinsel an der Reconquista, der Eroberung der islamischen Reiche durch die christlichen Königreiche des Nordens, und prägten die religiöse und politische Entwicklung im südöstlichen Ostseeraum. In der Frühen Neuzeit beteiligten sie sich an den Abwehrkämpfen gegen das Osmanische Reich, im Mittelmeer wie in Ungarn.

1 Einführung

Gerade die Ausbildung von Landesherrschaften der Ritterorden erwies sich vielerorts als folgenreich. War die Übernahme Zyperns durch die Templer (1192) noch zu kurz, um bleibende Spuren zu hinterlassen, trugen die Eroberungen des Schwertbrüderordens in Alt-Livland und Estland nach 1207 zur Entstehung eines komplexen Herrschaftsgebildes bei, das bis heute in den souveränen Staaten Lettland und Estland nachwirkt. Für die deutsche Geschichte erwies sich die Herrschaftsbildung des Deutschen Ordens in Preußen (ab 1230) als besonders folgenreich. Es entstand eine neue, durch den Austausch zwischen Prußen, Deutschen, Polen und Litauern geprägte Region Preußen, die 1466 zwischen dem Königreich Polen und dem Orden geteilt wurde, aber als ideelle Einheit weiterlebte. Mit der Säkularisierung des Ordenslandes ging der östliche Teil Preußens an die Hohenzollern über, der schließlich nach der Krönung Kurfürst Friedrichs III. (I.) zum König in Preußen (1701) namensgebend für den gesamten Besitz der Familie wurde. Das Königreich Preußen entwickelte sich schließlich im 18. und 19. Jahrhundert zu einem führenden deutschen Teilstaat, bis die Alliierten 1947 seine staatliche Existenz beendeten.

Bei den Johannitern hatte die Landesherrschaft auf Rhodos und dem Dodekanes nur insofern politische Nachwirkungen, als Italien 1912 die Schwäche des Osmanischen Reiches nutzte, um Rhodos und die Nachbarinseln zu besetzen (bis 1946). 1928 wurde dann auch eine Versammlung der Malteserritter in der Stadt Rhodos abgehalten, und dem Orden wurden die Schlüssel zum Großmeisterpalast übergeben. Größere Bedeutung erlangte die Übergabe Maltas und Gozos an die Johanniter durch Karl V. im Jahr 1530. Darauf gründet nicht nur die Souveränität des modernen, heute in Rom residierenden Malteserordens, sondern letztlich auch die Eigenstaatlichkeit Maltas. Die eigenen Landesherrschaften der spanischen Ritterorden im Süden der Iberischen Halbinsel sind dagegen ebenso ohne größere Nachwirkung geblieben wie die kleineren Territorien des Deutschen Ordens im Süden des Heiligen Römischen Reiches.

Vielfach lassen sich in der Geschichte der geistlichen Ritterorden »moderne« Züge entdecken, die gleichwohl in den Kontext der Zeit eingeordnet werden müssen. Als erstes überrascht vielleicht, dass die Orden trotz der Stiftungsaufgabe des »Heidenkampfes« keineswegs in erster Linie auf Krieg und Unterwerfung aus waren, sondern in der Regel einen pragmatischen Weg suchten und die christlichen Stützpunkte und Gebiete sowie ihre Bewohner mit allen, also auch mit diplomatischen, Mitteln zu verteidigen suchten. So stritten Templer und Johanniter im 13. Jahrhundert im Heiligen Land nicht nur über mögliche Angriffsziele, sondern auch über die richtigen Bündnispartner, den Emir von Damaskus oder den Sultan von Ägypten. Der Deutsche Orden übertrug den Prußen 1249 für ihre Christianisierung umfangreiche persönliche Freiheitsrechte und schloss trotz der zahllosen Feldzüge gegen die Litauer mit diesen immer wieder Verträge, die an erster Stelle der Christianisierung dienen sollten. Auch die Johanniter vereinbarten im 15. Jahrhundert mehrfach Waffenstillstände oder Friedensverträge mit den Mamluken-Sultanen in Ägypten oder dem Osmanischen Reich, selbst unmittelbar nach mamlukischen oder osmanischen Angriffen auf Rhodos oder Zypern. Die von den Ritterorden geschlossenen Waffenstillstände und Friedensverträge, ihre Verhandlungsführung wie die Formen der Konfliktbeilegung müssten noch intensiver erforscht werden.

Manches Andere bedarf ebenfalls der Aufmerksamkeit. Die Johanniter entwickelten für ihren Konvent auf Rhodos ein Modell für internationale Zusammenarbeit, das auch für die Europäische Union und vergleichbare Institutionen Anregungen vermitteln könnte. So wurden die Zungen als Vertretungen der Herkunftsregionen am Ende weitgehend gleichberechtigt an den Entscheidungen beteiligt, auch wenn sie zahlenmäßig sehr unterschiedlich im Konvent präsent waren. Beim Deutschen Orden reagierten die Hochmeister, die sich seit dem Ausgang des 14. Jahrhunderts als gute Landesherren in Preußen darstellen ließen, mit ihrer Landesgesetzgebung gelegentlich überraschend auf Probleme der Zeit. So legte Konrad Zöllner von Rotenstein 1386 einen Höchstsatz für Zinsforderungen fest (8,33 %), der lange seine Gültigkeit behielt, und Ulrich von Jungingen verzichtete 1408 bei der »Entführung von Jungfrauen« auf Strafen, wenn das Mädchen der Entführung durch den – so ist zu vermuten – jugendlichen Liebhaber zugestimmt und dies auch vorher vor Zeugen bekannt hatte. Beides lässt sich aber leicht durch die Bindung des Ordens ans Kirchenrecht erklären. Dieses lehnte die Zinsnahme völlig ab – das Statut Zöllner von Rotensteins war damit schon ein durch Überlegungen Thomas von Aquins gestützter Kompromiss – und verlangt für die Eheschließung den Konsens beider Partner. Johanniter und Deutscher Orden unterstützten im Übrigen ihre Untertanen in Notlagen.

Zwar haben die geistlichen Ritterorden im Zuge der neuzeitlichen Entwicklungen an Einfluss verloren, doch leben insbesondere Johanniter/Malteser und Deutscher Orden in ihren verschiedenen Zweigen bis heute fort, auch wenn der katholische Deutsche Orden seit 1923 keine Ritterbrüder mehr aufnimmt. Beide wirken heute vor allem karitativ, in Hospitälern, Schulen, Altenheimen und ähnlichen Einrichtungen. Auch darüber hinaus sind die Ritterorden immer noch durch ihre Bauten wie die Marienburg, das Schloss in Mergentheim oder die Großmeisterpaläste auf Rhodos und Malta präsent. Die Erforschung der Geschichte der Ritterorden bleibt so immer noch ein lohnendes Thema. Vielleicht kann der vorliegende Band dazu einige Anregungen geben.

2 Die Anfänge der Ritterorden im 12. und 13. Jahrhundert

2.1 Die Kreuzzüge und die Ritterorden

Die Geschichtsschreibung der geistlichen Ritterorden hat mehrfach ihre gemeinsamen Ursprünge betont. So beginnt die von ihrem Entdecker so bezeichnete »Chronik der vier Orden von Jerusalem«, die Ende des 15. Jahrhunderts in der Deutschordensballei Franken verfasst wurde, mit den Worten:

> »Wir finden vier gegründete Orden der Kreuzherren, die verdient haben, ihren Ursprung, Würde und Namen alle von der heiligen Stadt Jerusalem abzuleiten [...]: der Orden der geistlichen Chorherren des Heiligen Grabes zu Jerusalem mit einem zweifachen und roten Kreuze, [...] der Orden [...] der Brüder des Hospitals Sankt Johannes zu Jerusalem, die tragen ein schwarzes Kleid mit einem weißen Kreuze [...], der Orden der Ritterschaft des Tempels zu Jerusalem [...] mit weißen Mänteln und einem roten Kreuz auf der Brust [... und danach] die Brüder des Spitals Unser Lieben Frau des Deutschen Hauses zu Jerusalem, [die] tragen weiße Kleidung [...] mit einem schwarzen Kreuz.« (Scriptores rerum Prussicarum, 6, 110)

Die wenig spätere Deutschordenschronik aus der Ballei Utrecht ergänzt für Johanniter und Deutschen Orden noch den Bericht über die Gründung zweier Hospitäler durch die Mutter Konstantins, Kaiserin Helena, aus denen später diese beiden Orden hervorgingen. Schon um 1220 beschreibt der Bischof von Akkon, Jacques de Vitry, in seiner »Orientalischen Geschichte« die drei großen geistlichen Ritterorden als »dreifach geflochtenes Seil«, das »nur schwer zerrissen werden kann« (Jacques de Vitry, Histoire orientale, Kap. 66). Diese engen Bindungen, die auch zu den spanischen und anderen Ritterorden bestanden, erklären sich aus ihrem gemeinsamen Ursprung aus der Kreuzzugsbewegung.

2.1 Die Kreuzzüge und die Ritterorden

Die frühen Christen standen lange, wohl nicht nur aufgrund des biblischen Tötungsverbots, sondern auch angesichts der Erfahrung ihrer Verfolgung, der Anwendung von Gewalt und der Teilnahme am Krieg ablehnend gegenüber. Das änderte sich mit der Christianisierung des Römischen Reichs unter Konstantin und der folgenden Erhebung des Christentums zur Staatsreligion. Damit stellte sich ganz praktisch die Frage, ob ein Christ Soldat werden konnte. Es war der Kirchenvater Augustin († 430), der in mehreren Schriften Lösungen für das Problem fand. Auf antiken Grundlagen entwickelte er das Konzept eines »gerechten Krieges«. Dieser setzte einen gerechten Grund voraus, wie die Verteidigung des eigenen Besitzes, das Vorgehen gegen Unrecht, die Befreiung in der Fremde gefangener Verwandter oder die Rückgewinnung verlorenen Gutes. Ebenso wichtig war, dass nicht jeder einen Krieg beginnen konnte, sondern dass es dazu auch einer legitimen Autorität bedurfte. Schließlich musste man Krieg mit der richtigen Einstellung führen, nicht, um Beute zu machen oder Rache zu üben, sondern um, wenn es denn keine Alternative gab, auf diesem Wege wieder gerechte Verhältnisse herzustellen. Christliche Soldaten sollten sich daher mit ihrem Sold begnügen. Allerdings durchbrach Augustin sein Netz von Bedingungen an anderer Stelle durch die These, es gäbe auch im göttlichen Auftrag geführte Kriege, die per se gerecht seien, ohne dass er dafür Kriterien entwickelte.

Die augustinischen Vorstellungen über Krieg und Frieden wurden seit dem Hochmittelalter wieder stärker rezipiert und gingen durch die Aufnahme in das *Decretum*, die Sammlung des Bologneser Juristen Gratian, in das Kirchenrecht ein. Für die Ritterorden spiegelt sich das schon in der Verteidigungsschrift Bernhards von Clairvaux für die Templer, der »Lobrede auf das neue Rittertum«. Dort heißt es etwa: »Wenn nun die Sache des Kämpfenden eine gerechte ist, da wird ihr Ausgang nicht schlecht sein können, wie auch der Zweck nicht als gut beurteilt werden kann, wo ihm kein guter Beweggrund und keine rechte Absicht vorausgehen« (Bernhard, Liber, 273). Das Konzept des gerechten Krieges findet sich auch in der Historiographie der geistlichen Ritterorden, etwa in der »Chronik des Preußenlandes« des Deutschordenspriesters Peter von Dusburg.

Damit war der Weg dafür offen, militärisch gegen äußere und innere Feinde der Christenheit vorzugehen. In Südfrankreich kämpften seit dem 10. Jahrhundert Pax-Milizen oder Friedensheere unter kirchlicher Leitung gegen Fehden und Unruhestifter, und die Päpste des früheren 11. Jahrhunderts organisierten Feldzüge gegen arabische Angriffe oder gegen die Normannen in Unteritalien. Leo IX. warb 1053 Krieger gegen die Normannen an, indem er ihnen den Erlass der von der Kirche verhängten Bußstrafen zusagte. Auf der Iberischen Halbinsel machte das Ziel der Rückeroberung des einst christlichen, westgotischen Spanien die Unternehmungen dort schon *per definitionem* zum gerechten Krieg. So versprach Alexander II. schon 1064 französischen Kriegern, die sich an einem Feldzug gegen das noch in muslimischer Hand befindliche Barbastro beteiligen wollten, einen Ablass. Einen ersten Höhepunkt markierte der Orientplan Gregors VII. von 1074, der einen Feldzug gegen die Normannen auch für ein Unternehmen zur Unterstützung der seit 1071 von den Seldschuken bedrängten orientalischen Christen nutzen wollte. Vor diesem Hintergrund wandelte sich der Begriff der *militia Christi*. Bezeichnete er zunächst den Kampf gegen das Böse mit geistlichen Waffen, vor allem der Mönche gegen die eigene Sündhaftigkeit, ging er nun auf die Ritterschaft über. Es kam zu einer »Christianisierung des Rittertums«, einer Neuorientierung der weltlichen Krieger an christlichen Idealen.

Die politische und religiöse Situation im östlichen Mittelmeer war vor Beginn des Ersten Kreuzzugs äußerst komplex. Der Süden des Mittelmeerraums war bis zum Anfang des 8. Jahrhunderts von Muslimen erobert worden, die islamische Welt reichte vom Zentrum Spaniens bis in den Westen Indiens. Seit der Mitte des 9. Jahrhunderts konnte aber auch das alte Oströmische Reich, Byzanz, seine Position im nordöstlichen Mittelmeer konsolidieren und erreichte unter Kaiser Basileos II. (976–1025) einen Höhepunkt seiner Macht. Der Westen wirkte dagegen rückständig und zersplittert. Dann aber zerfiel der islamische Herrschaftsbereich in drei Teile, Ägypten und Tunesien unter der vorher allein herrschenden Dynastie der Fatimiden, Marokko und die Iberische Halbinsel unter der Reformbewegung der Almoraviden, und das Gebiet zwischen dem heutigen Kasachstan und dem Roten Meer unter den seldschukischen Türken. Byzanz geriet durch Erbstreitigkeiten nach dem Tode Basileos' in eine Krise, erlitt 1071 bei Mantzikert gegen die Seldschuken eine vernichtende Niederlage und verlor große Teile Kleinasiens. 1092 löste sich dort das Sultanat Ikonion (Rum) aus dem seldschukischen Gesamtreich. Nach einer Zeit wechselnder Herrscher konnte erst Kaiser Alexios I. Komnenos (1081–1118) Byzanz wieder stabilisieren.

Obwohl die Beziehungen zum lateinischen Westen seit 1054 durch kirchliche Konflikte belastet waren, wandte sich Alexios I. an den Westen, um Hilfe zu bekommen, Verstärkungen für seine aus dem Westen angeworbenen Söldnertruppen. Seine Gesandten trafen im März 1095 in Piacenza auf einer kirchlichen Synode mit Papst Urban II. zusammen, und der Papst reagierte schließlich im November 1095 auf dem Konzil von Clermont mit einem nachdrücklichen Appell zur Hilfe für die orientalischen Christen. Nach dem Bericht Fulchers von Chartres forderte Urban zunächst die Christen auf, die Kämpfe untereinander zu beenden, und fuhr dann fort:

> »[...] [2] Es ist nämlich notwendig, dass ihr euren Brüdern, die im Osten leben, umgehend die von ihnen oft erbetene Hilfe leistet, die sie brauchen. [3] Denn, wie den meisten von euch schon gesagt wurde, sind die Türken, das persische Volk, bis zum Mittelmeer eingefallen, bis zu dem, was sie den Arm des heiligen Georg [Bosporus] nennen, und haben mehr und mehr der Länder jener Christen bis zu den Grenzen der Romania [des Byzantinischen Reichs] erobert und sie in sieben Schlachten geschlagen. Dabei haben sie viele getötet und gefangen, die Kirchen zerstört, das Reich Gottes verwüstet. Wenn ihr ihnen erlaubt, für eine Weile in Ruhe weiter zu machen, werden die Gläubigen Gottes noch mehr von ihnen überwältigt werden. [4] Deshalb ermahne nicht ich euch, vielmehr ermahnt euch der Herr, dass ihr als Herolde Christi Menschen aller Stände überzeugt, Fußsoldaten und Ritter, arm und reich, diesen Christen umgehend Hilfe zu bringen, damit dieses üble Geschlecht auf dem Land der Unseren ausgelöscht wird. [5] Ich sage es den Anwesenden, ermahne die Abwesenden, aber Christus befiehlt es [...].« (Fulcher, Historia, Lib. I, Kap. 3, 132–35)

Der Aufruf des Papstes hatte eine überwältigende Wirkung. Obwohl Urban in dieser ältesten Version seiner Rede nur von der Hilfe für die Christen des Orients sprach, wurde bald daraus die Befreiung des Heiligen Landes und Jerusalems, und der von ihm versprochene Ablass der zeitlichen Bußstrafen entwickelte sich mit Hilfe der Kreuzzugsprediger schnell zu einem vollen Ablass, der auch die jenseitigen Sündenstrafen einschloss. Urban scheint sich, folgt man seinen Briefen nach 1095, diesen Entwicklungen geöffnet zu haben. Eine schriftliche Fixierung der Kreuzzugsprivilegien erfolgte aber erst in der ersten Kreuzzugsbulle unter Eugen III. beim Aufruf zum Zweiten Kreuzzug 1145.

Beeindruckt durch Urbans Predigt und ihre Verbreitung durch die Kreuzzugsprediger, machten sich nacheinander drei große Gruppen auf den Weg. Die erste Gruppe bestand aus unorganisierten Scharen aus allen Schichten der Bevölkerung, die spontan aufgebrochen waren, unzureichend ausgerüstet waren und keine Vorstellung davon hatten, welche Entfernung sie bis Jerusalem zu überwinden hatten. Das zweite Heer bildeten die von Urban besonders angesprochenen Fürsten und Ritter insbesondere aus dem Norden und Süden Frankreichs sowie aus Süditalien, unter denen Graf Raimund IV. von Toulouse und der Normanne Bohemund von Tarent eine führende Rolle spielten. Eine dritte Gruppe brach erst nach der Nachricht von der Eroberung Antiochias im Jahr 1100 auf. Der »Volkskreuzzug«, die erste Welle, wurde nach Pogromen im Rheinland und endlosen Plünderungen auf dem Weg nach Konstantinopel schließlich in Kleinasien durch ein seldschukisches Heer vernichtend geschlagen; und die Heere der dritten Gruppe kamen ebenfalls aufgrund schwerer Niederlagen gegen die Seldschuken 1101 nie im Heiligen Land an.

Nur der Kreuzzug der Fürsten und Ritter erwies sich letztlich als erfolgreich und wurde so zum Vorbild und Ansporn für alle weiteren Kreuzzugsunternehmen. Die gut organisierten, aber miteinander konkurrierenden Verbände konnten zunächst mit byzantinischer Hilfe gegen die Seldschuken bestehen, nahmen dann im Juni 1098 Antiochia und schließlich im Juli 1099 Jerusalem ein. Ein erster Kreuzfahrerstaat war schon vor der Eroberung Antiochias unter Balduin von Boulogne in Edessa entstanden, Bohemund von Tarent etablierte seine Herrschaft im Fürstentum Antiochia, Raimund von Toulouse und seine Erben nach 1102 in der Grafschaft Tripolis, nachdem zuvor die Herrschaft in Jerusalem auf Gottfried von Bouillon als »Vogt des Heiligen Grabes« übertragen worden war. Ihm folgte 1100 sein Bruder Balduin I. als erster König.

Die christliche Herrschaft im Heiligen Land konnte erst langsam stabilisiert werden, auch durch die Eroberung der Küstenstädte (Tyrus

1124, Askalon 1153), der Golanhöhen und des Jordanlandes (bis 1118). Dennoch bot der Erfolg des Ersten Kreuzzugs den Anstoß, das »Modell« Kreuzzug auch auf andere Konflikte mit Nicht-Christen und Feinden der Kirche zu übertragen. Dies lag vor allem für die Iberische Halbinsel nahe, die häufig von französischen Rittern und Pilgern aufgesucht wurde, die auch den Kreuzzugsgedanken mitgebracht haben dürften. Bald vermischte sich die Reconquista mit den Kreuzzügen, auch wenn Bündnisse mit den islamischen Reichen immer noch an der Tagesordnung blieben. Urban II. nahm dann zwischen 1096 und 1099 eine Gleichsetzung von Kämpfen im Heiligen Land und in Spanien vor, wenn er zugunsten Tarragonas an spanische und französische Fürsten und Herren schreibt:

> »Wenn also die Ritter der übrigen Länder einstimmig beschlossen haben, der Kirche Asiens zu Hilfe zu kommen und ihre Brüder von der Tyrannei der Sarazenen zu befreien, so stehet auch ihr – dazu mahnen wir euch – eurer Nachbarkirche in ausdauernden Mühen bei gegen den Ansturm der Sarazenen! Wer auf diesem Feldzug aus Liebe zu Gott und seinen Brüdern fällt, der zweifle nicht, dass er den Erlass seiner Sünden und das ewige Leben nach Gottes gnädigem Erbarmen finden wird. Wenn also einer von euch den Zug nach Asien beschlossen hat, der soll vielmehr hier seinen frommen Drang betätigen. Denn es ist kein Verdienst, die Christen an einem Orte von den Sarazenen zu befreien, sie am andern der sarazenischen Tyrannei und Bedrückung auszuliefern.« (Papsturkunden Spanien, 1, 287; übers. Erdmann, Entstehung, 294–95)

Urbans Nachfolger, Paschalis II., untersagte den spanischen Rittern 1100 sogar die Teilnahme an Kreuzzügen im Heiligen Land. Ähnlich spielten Kreuzzüge bei der Zwangsbekehrung slawischer und baltischer Völker eine Rolle. Das erste Beispiel ist der »Wendenkreuzzug« von 1147, für den Papst Eugen III. den deutschen Fürsten erlaubte, statt ins Heilige Land in die Regionen zwischen Elbe und Oder zu ziehen, auch wenn der Feldzug vor einer christlichen Stadt endete. Seit 1199 organisierte Bischof Albert von Livland regelmäßige Kreuzzüge zur Unterwerfung der heidnischen Letten, Liven und Esten, und 1222/23 kam es zu den ersten Kreuzzügen gegen die heidnischen Prußen. Die Päpste riefen dazu jeweils ausdrücklich auf und ließen für die Kreuzzüge im lateinischen Westen predigen.

2.2 Die Anfänge der Templer

Die Entstehung der geistlichen Ritterorden, nicht zuletzt die des ersten Ritterordens, der Templer, war eine Folge der Kreuzzugsbewegung und ihrer Entwicklung im 12. Jahrhundert. In den frühen 1180er Jahren, als sich Templer und Johanniter schon fest etabliert hatten, beschrieb der Erzbischof Guillaume de Tyr bereits aus gewisser Distanz die Anfänge des Templerordens so:

> »In demselben Jahre [1118] beschlossen einige Edle aus dem Ritterstande, gotterergebene und gottesfürchtige Männer, als regulierte Kanoniker dem Dienste Christi zu leben, und legten in die Hand des Herrn Patriarchen das Gelübde der Keuschheit, des Gehorsams und der Armut ab. Die ersten und ausgezeichnetsten unter ihnen waren die ehrwürdigen Männer Hugues de Payns und Geoffroi de Saint-Omer. Weil sie weder eine Kirche noch ein bestimmtes Haus hatten, wies ihnen der König für die nächste Zeit in dem Teil seines Palastes, der gegen Süden an den Tempel des Herrn grenzt, eine Wohnung zu. [...] Der König mit seinen ersten Rittern wie auch der Patriarch mit den Prälaten seiner Kirche wiesen ihnen von ihrem Eigentum [...] die nötigen Einkünfte an. Ihre erste Aufgabe, die ihnen auch von dem Herrn Patriarchen und den übrigen Bischöfen, als ein Mittel, Vergebung der Sünden zu erhalten, besonders anempfohlen wurde, war die Wege, hauptsächlich der Pilger wegen, nach ihren Kräften vor Überfällen der Räuber zu sichern. In den ersten neun Jahren trugen sie weltliche Kleider, wie sie ihnen das Volk, um ein gutes Werk zu verrichten, schenkte. [...] In diesen ersten neun Jahren bestand ihr Orden auch aus nicht mehr als neun Rittern, von da an aber fing ihre Zahl sich zu vermehren an, und ihre Besitzungen erweiterten sich [...].« (Willemi Tyrensis Archiepiscopi Chronicon, lib. 12, vii; dt.: Wilhelm von Tyrus, Geschichte, S. 294–95, modernisiert)

Wie bei vielen Berichten, nicht nur späteren, mischen sich bei Guillaume plausible Informationen mit eigenen Annahmen und späterer Stilisierung. Sehr wahrscheinlich bildete aber der als erste Aufgabe der Gemeinschaft geschilderte Pilgerschutz tatsächlich den zentralen Anstoß für die Gründung. Auch nach der festen Etablierung und weiteren Expansion des Königreichs Jerusalem blieben die Landwege zwischen der Küste und der Heiligen Stadt unsicher, gerade für die jetzt in größerer Zahl anreisenden, oft unbewaffneten Pilgergruppen. Ein einschneidendes Ereignis war, dass um Ostern 1119 eine Gruppe von 700 schon durch die Reise geschwächten Pilgern in einen Hinterhalt geriet, dabei

300 von ihnen getötet wurden und 60 in Gefangenschaft gerieten. Die Gründung der Templer könnte so eine Reaktion auf diesen Überfall sein, auch wenn Guillaume die Anfänge der Gemeinschaft schon in das Jahr 1118 setzt, ähnlich, wie er auch andere Geschehnisse zu früh datiert. Der Pilgerschutz wird ebenfalls in den – sonst eher wenig aussagekräftigen – frühen Zeugnissen erwähnt. Allgemeiner heißt es daneben zum Beispiel in der um 1135 entstandenen Klosterchronik des Simon de St. Bertin, die Brüder führten ein Leben ohne persönlichem Besitz und in Keuschheit, um das Land gegen die Angriffe der Heiden zu verteidigen.

Abb. 1: Templer-Siegel nach Matthäus Parisiensis, *Chronica maiora*, British Library Royal MS 14 C VII, fol. 42v.

Richtig ist weiterhin, wenn Guillaume berichtet, dass die Ritter die drei monastischen Gelübde ablegten, auch wenn sie vorerst nur weltliche Kleidung trugen. Das Neue an der Gemeinschaft war zweifellos die Verbindung monastischer oder allgemein geistlicher Elemente mit dem Kampf gegen die Feinde der Christenheit. Dabei dürfte die anfänglich als sehr eng geschilderte Verbindung mit dem Patriarchen von Jerusalem eine wichtige Rolle gespielt haben. Folgt man den eher indirekten Hinweisen beim Kreuzzugschronisten Albert von Aachen, versorgten die Patriarchen mit ihren Einkünften auch Ritter, die die Pilger und die Kirche im Heiligen Land schützen sollten. Ein auch in der Forschung mehrfach diskutierter Zusammenhang ergibt sich aus der Darstellung des um 1230 schreibenden Chronisten Bernard le Trésorier, der auf frühere Schriften aus der Zeit um 1180/90 zurückgreifen konnte. Bernard suggeriert, dass die späteren Templer ursprünglich ein Teil einer dem Prior des Heiligen Grabes unterstehenden Gemeinschaft gewesen seien, zusammen mit den späteren Johannitern. Diese enge Verbindung von letztlich drei Institutionen findet sich auch im Testament Alfons' I. von Aragón, der sein Reich im Oktober 1131 unter die Chorherren vom Heiligen Grab, die Johanniter und die Templer aufteilen wollte. Beim Prior des Heiligen Grabes hätte damit eine sinnvolle Aufgabenteilung zwischen drei Gruppen der Gemeinschaft bestanden: Die Chorherren waren für die seelsorgerische Betreuung der Pilger und für die liturgischen Pflichten zuständig, die Brüder am Hospital für deren körperliches Wohl und die Ritter für den Schutz auf den Wegen zu den Heiligen Stätten.

Bei Bernard heißt es dann weiter, die Ritter hätten sich untereinander beraten, weil sie unter der Leitung des Priors nicht genügend zum Einsatz gekommen seien. Sie hätten beschlossen, sich mit Zustimmung des Priors einen Anführer zu wählen, der sie in die Schlacht führe, und hätten sich an den König gewandt, um zu erfahren, was sie für den Schutz des Landes tun könnten. Der König habe das begrüßt und ihnen Rat und Hilfe versprochen.

> »Dann rief der König den Patriarchen, die Erzbischöfe und Bischöfe und die Barone des Landes zur Beratung zusammen. Sie berieten und einigten sich darauf, dass alles so geschehen soll. Den König ging zu den Rittern und übergab ihnen Land und Burgen und Dörfer. Weiter übten der König und seine Ratgeber solchen Druck auf den Prior des Heiligen Grabes aus, dass er sie aus seinem Gehorsam entließ [...].« (Chronique d'Ernoul et de Bernard le Trésorier, 8; engl. Übersetzung: The Templars, hrsg. Barber/Bate, 30)

Es ist sicher richtig, in diesen Vorgängen die Anfänge des Templerordens zu sehen. Die Versammlung des Königreichs Jerusalem, die die Bildung der Gemeinschaft gebilligt haben soll, könnte mit einer Zusammenkunft zu Nablus im Januar 1120 identisch sein, die durch eine Reihe von Dekreten belegt ist. Die Verselbständigung der ritterlichen Gemeinschaft erfolgte auf jeden Fall im Konsens mit den mit den führenden geistlichen und weltlichen Vertretern des Königsreichs Jerusalem.

Die ältere Forschung, angefangen vom Orientalisten Joseph von Hammer-Purgstall, hat einen Zusammenhang zwischen den muslimischen *ribats* und den Templern vermutet, für den es jedoch keine Belege gibt. In einem *ribat* fanden sich sehr verschiedene Gruppen, von professionellen Kämpfern bis zu Freiwilligen, zusammen, die aber nur für kurze Zeit, für 40 Tage oder während des Ramadan, im befestigten Haus blieben, um von dort aus die äußeren Feinde des Islam zu bekämpfen, aber nicht zur Verteidigung der Heiligen Stätten. Zudem lassen sich keine derartigen Gemeinschaften im Umfeld des Heiligen Landes nachweisen, die als Vorbild hätten dienen können. Es liegt näher, die Gründung des Templerordens mit einer anderen, im Umfeld des Patriarchen und des Heiligen Grabes belegten Organisationsform in Verbindung zu bringen, mit den *milites ad terminum*. Wie schon bei Albert von Aachen und Bernard le Trésorier angedeutet, verpflichteten sich immer wieder Ritter zum Kriegsdienst in Palästina. Die späteren Templer könnten ebenfalls zu dieser *militia Sancti Sepulchri* (»Ritterschaft vom Heiligen Grab«) gehört haben, und auf jeden Fall rekrutierte die Gemeinschaft auch später noch *milites ad terminum* für einen zeitlich begrenzten militärischen Einsatz für den Orden, wie aus den ältesten Statuten erkennbar wird.

Guillaume de Tyr hebt die bescheidenen Anfänge der Templer hervor, sicher auch in der Absicht, die Templer seiner Zeit für ihr Vorgehen kritisieren zu können. Die Templer haben sich zwar später auch selbst als *pauperes commilitones Christi* (»arme Mitstreiter Christi«) stilisiert und ähnlich wie mit dem Siegelbild, auf dem sich zwei Brüder ein Pferd teilen müssen, auf ihre (nicht unbedingt materielle) Armut und ihre demütige Haltung verwiesen. Dennoch sind die von Guillaume genannten Zahlen von Brüdern, nicht mehr als neun in den ersten neun Jahren, sicher nicht richtig, und auch die Schenkungen begannen schon vor 1129. Diese setzten schon mit der namensgebenden Überlassung von Räumen und Boden für den Bau von Magazinen beim vorgeblichen *Templum Salomonis* ein, die die Gemeinschaft zur *militia Templi (Salomonis)*, der »Ritterschaft vom Tempel (Salomons)«, werden ließ. Es folgten die Schenkungen der geistlichen und weltlichen Großen des Königreichs Jerusalem, die die Versorgung sichergestellt haben dürften, auch wenn Guillaume berichtet, die frühen Templer hätten nur gestiftete Kleidung getragen.

Schon 1120/21 hielt sich Graf Fulk V. von Anjou bei den Templern auf, der die Brüder seither kontinuierlich förderte und 1131 als Ehemann Königin Melisendes Nachfolger Balduins II. von Jerusalem wurde. Im Oktober 1127 schließlich begann die Reihe der Besitzübertragungen im lateinischen Europa mit einer Schenkung Graf Theobalds IV. von Blois und der Champagne, die Förderung durch die Grafen von Flandern und Poitou schloss sich an. Als Hugues de Payns 1127 mit der Gesandtschaft aufbrach, die Fulk endgültig als Herrscher ins Heilige Land holen sollte, reisten fünf weitere Brüder mit ihm. Da kaum nur drei Brüder zurückgeblieben sein dürften, trifft wahrscheinlich eher die Zahl bei Michael dem Syrer zu, nach dem sich ursprünglich 30 Ritter gegenüber König Balduin I. auf drei Jahre zum Kriegsdienst verpflichteten.

Für die frühe Ausbreitung der Gemeinschaft spielten sicher adlige Netzwerke eine große Rolle, die teilweise auch mit dem Reformorden der Zisterzienser verknüpft waren. Die beiden von Guillaume de Tyr namentlich genannten Ritter, Hugues de Payns (*de Paganis*) und Geoffroi de Saint-Omer, entstammten miteinander verbundenen nordfranzösischen Adelsfamilien. Hugues kam aus der Champagne, vielleicht aus einer Seitenlinie der Grafen von Troyes. Sein Lehnsherr war Graf Hugues von der Champagne, der 1104, 1114 und erneut 1125 ins Heilige Land zog und zuletzt in den Orden eintrat. Hugues dürfte mit ihm, wohl schon 1114, ins Land gekommen sein. Zu den frühen Mitgliedern der Gemeinschaft gehörte wahrscheinlich auch der zweite Meister des Ordens, Robert de Craon, ebenso André de Montbard, ein Verwandter Bernhards von Clairvaux. Die Reise in den lateinischen Westen sollte nunmehr den endgültigen Durchbruch bringen.

Die Förderung durch Fulk von Anjou und der Eintritt Graf Hugos von der Champagne dürfte die neue Institution schon früh im lateinischen Westen bekannt gemacht haben. Die neue geistliche Lebensform stieß dabei nicht nur auf positive Reaktionen, sondern auch auf Zweifel und Kritik. So stand Bernhard von Clairvaux, der sich zum Förderer der Gemeinschaft entwickeln sollte, 1125 dem Eintritt Graf Hugos eher ablehnend gegenüber, weil er einen Widerspruch zwischen der Stellung des Grafen und der Ordensmitgliedschaft sah. Guigo, der Prior von La Grande Chartreuse, dem Mutterhaus der Kartäuser, begrüßte zwar die Gründung, ermahnte Hugues de Payns aber in einem während oder nach seiner Reise verfassten Brief, dass es für die Erfüllung der Aufgaben der Gemeinschaft der richtigen inneren Einstellung und der Reinigung der Seelen von der Sünde bedürfe.

Nicht untypisch dürften auch die Vorwürfe gewesen sein, die noch 20 Jahre später, um 1150, von Henry of Huntingdon und vom Zisterzienser Isaac von Étoile erhoben wurden. Henry beschrieb die Verbindung von Mönch und Ritter als eine neue Art von Monstrum, und für Isaac machte schon der Versuch, Ungläubige mit Gewalt gegen Personen und deren Besitz zum Glauben zu bringen, den Orden zu einem Ungeheuer. Petrus Venerabilis, Abt des Klosters Cluny, lobte die Templer zwar um 1150 in einem Brief an Papst Eugen III. für ihren Eifer, ordnete sie aber als eine Form der Ritterschaft dem Rang nach klar hinter Mönchen, Kanonikern und Eremiten ein.

Diese Kritik war in der Gemeinschaft selbst nicht unbekannt, wie sich aus dem Brief eines nicht näher identifizierbaren *Hugo peccator* (»Sünders Hugo«), wohl nicht Hugues' de Payns, sondern eher eines gelehrten Klerikers, an *milites Christi* ergibt, der im Kontext der ältesten Regel überliefert ist. Offenbar hatten die Reaktionen von außen auch bei den Brüdern zu erheblichen Zweifeln geführt. Die militärischen Einsätze, so die im Schreiben referierte Kritik, würden jede Kontemplation verhindern, und das gewaltsame Vorgehen gegen die Feinde des Glaubens stände dem Weg zum Heil entgegen. Überdies wurde den Brüdern Überheblichkeit vorgeworfen, weil sie sich eine ihnen nicht zukommende Stellung anmaßen würden. Der unbekannte Verfasser weist diese Kritik als Verleumdung und Einflüsterung des Teufels zurück. Er will den Brüdern Mut machen und fordert sie auf, sich nicht von ihrem Weg abbringen zu lassen. Der Kampf gegen die Feinde des christlichen Glaubens bedarf für ihn keiner Rechtfertigung, vielmehr sollten sich die Brüder in Demut und mit der richtigen Einstellung ihren Aufgaben zuwenden.

Hugues de Payns begann mit der Werbung für Unterstützung in seiner Heimatregion, im Norden Frankreichs, wo sowohl Graf Theobald IV. von Blois und der Champagne wie auch der Graf von Flandern, William Clito, für ihre Gebiete die Übertragung von Besitz an die Templer erlaubten. In der Normandie wurde er von König Heinrich I. von England ehrenvoll empfangen und reich beschenkt, und auch die anschließende Reise nach England und Schottland führte zu umfangreichen Schenkungen und zur Anwerbung neuer Brüder. Auch in Frankreich und Spanien machte es der Erwerb von Ländereien erforderlich, dass Brüder zur Verwaltung des Besitzes zurückblieben. Gleichzeitig konnten immer neue Verstärkungen ins Heilige Land gesandt werden, selbst nach einer dramatischen Niederlage im Dezember 1129, als ein großer Teil der Neuankömmlinge im Kampf gegen muslimische Gegner fiel.

Ein wichtiger Schritt zur kirchlichen Anerkennung der Gemeinschaft war die Synode von Troyes im Januar 1129, die nach dem Prolog zur lateinischen Regel auf Bitten Hugues' zusammentrat. Eine besondere Rolle für die Einberufung der Synode wird dort auch Bernhard von Clairvaux zugewiesen, der wohl inzwischen durch ein Schreiben König Balduins aus der Zeit um 1126 für den Orden gewonnen worden war. Zudem war es Bernhards Schreiber Jean Michel, der den einleitenden Bericht schriftlich niederlegte. Die Synode wurde von einem päpstlichen Legaten, Mathieu du Remois, dem Kardinalbischof von Albano, geleitet. Anwesend waren weiterhin die Erzbischöfe von Reims und Sens, dazu zehn Bischöfe, acht Äbte, Graf Theobald von der Champagne und weitere geistliche und weltliche Große. Es heißt im Text:

> »Wir wurden für würdig befunden, aus dem Munde des Meisters Hugues sowohl die Gewohnheiten wie auch die Regeln dieser ritterlichen Gemeinschaft nach jedem Kapitel anzuhören, und wir haben gelobt, was im Licht unseres begrenzten Wissens gut und nützlich schien, was uns aber absurd schien, haben wir verworfen. Alle Angelegenheit der gegenwärtigen Synode [...] haben wir einhellig, auf den Rat der allgemeinen Versammlung, der Voraussicht und Diskretion unseres verehrungswürdigen Vaters, [Papst] Honorius' [II.], und Étienne [de la Ferté], dem ehrwürdigen Patriarchen von Jerusalem, überlassen [...].« (Ursprüngliche Templerregel, hrsg. Schnürer, 130–31; engl. Übersetzung: The Templars, hrsg. Barber/Bate, 32)

Hugues de Payns berichtete also zunächst von den Lebensnormen, die sich bereits bei den Templern ausgebildet hatten. Dann wurden alle Gewohnheiten und Regeln im Einzelnen diskutiert, und die Ergebnisse der Beratungen in der ersten, lateinischen Regel von 71 Artikeln zusammengefasst. Dies war ein wichtiger Schritt, doch fehlte immer noch die wohl von Hugues erhoffte päpstliche Bestätigung der Gemeinschaft.

Auf der Synode von Troyes spielten die Zisterzienser eine wichtige Rolle. Bernhard von Clairvaux dürfte an der Redaktion der Regel beteiligt gewesen sein, und neben ihm nahmen die Äbte des Mutterklosters Cîteaux, Stephen Harding, und eines weiteren der ersten vier Tochterklöster, Pontignys, teil. Ihr Interesse war wahrscheinlich darin begründet, dass die Zisterzienser wie die Templer ihre ersten Mitglieder aus denselben ritterlichen Schichten rekrutierten. Bernhard scheinen die Templer in Troyes beeindruckt zu haben, obwohl er der traditionellen monastischen Lebensform weiterhin klar den Vorrang gab. So folgte er schließlich mehrfachen Bitten Hugues' de Payns, zugunsten der neuen Gemeinschaft Stellung zu nehmen, wohl vor 1136/37, da Hugues noch direkt angesprochen wird. Dies geschah mit der Schrift *De laude novae militiae*, »Über das Lob der neuen Ritterschaft«, die auch die Grundlagen für die anderen geistlichen Ritterorden legte.

Diese neue Ritterschaft zeichnet sich für Bernhard durch einen zweifachen Kampf aus, den der weltlichen Ritter mit irdischen Waffen gegen körperliche Feinde und den der Mönche mit geistlichen Waffen gegen die bösen Geister, Laster und Dämonen. Die Brüder leben und sterben in der Gewissheit, dass ihnen das Ewige Leben sicher ist. Anders als das überaus negativ beschriebene weltliche Rittertum, das durch Streit- und Prunksucht sowie die eitle Suche nach Ruhm und Besitz geprägt ist, müssen die Ritter Christi keine Sünde fürchten.

> »Denn der Tod, den man für Christus erleidet oder verursacht, trägt keine Schuld an sich und verdient größten Ruhm. Hier nämlich wird für Christus, dort Christus (selbst) erworben. [...] Wenn er einen Übeltäter umbringt, ist er nicht ein Menschenmörder, sondern sozusagen ein Mörder der Bosheit, und mit Recht wird er als Christi Rächer gegen die Missetäter und als Verteidiger der Christenheit angesehen. Wenn er aber selbst umgebracht wird, ist es klar, dass er nicht untergegangen, sondern ans Ziel gelangt ist. [...].«
> (Bernhard, De Laude, 277)

In Anspielung auf die Zweischwerterlehre des Papstes Gelasius I. spricht Bernhard davon, dass gegen die »halsstarrigen Feinde« beide Schwerter, das geistliche wie das weltliche, zum Einsatz kommen sollen, um Jerusalem aus seiner Not zu befreien. Das ist für ihn aufs Engste mit der Lebensform der Templer verbunden, die er als einfaches Leben nach den Gelübden von Gehorsam, Keuschheit und Armut beschreibt.

> »Man geht und kommt auf den Wink eines Vorgesetzten, man zieht an, was er gibt, und nimmt weder Kleidung noch Nahrung von anderswoher. In Nahrung und Kleidung hütet man sich vor Überfluss, man sorgt nur für das Notwendige. Man lebt in Gemeinschaft in froher und nüchterner Geselligkeit ohne Frauen und ohne Kinder. [...] Niemals sitzen sie müßig da oder wandern neugierig umher, sondern immer wenn sie nicht in den Kampf ziehen – was selten geschieht –, setzen sie, um das Brot nicht müßig zu essen, beschädigte Waffen oder Kleider wieder in Stand oder flicken die alten. [...] Bei ihnen gibt es überhaupt kein Ansehen der Person; dem Besseren und nicht dem Adeligeren erweist man Ehre. [...].« (Bernhard, De Laude, 283)

Überflüssige Worte sind ebenso verboten wie lautes Lachen, Murren oder unnütze Beschäftigungen. Dazu zählen insbesondere die Vergnügungen des Adels wie die Jagd, aber auch Schach und Würfelspiele. Die Brüder legen wenig Wert auf ihr Äußeres, auch wenn sie ihre Haare scheren. In den Kampf gehen sie, als »wahre Israeliten«, in Gelassenheit und mit der notwendigen Vorsorge für Waffen und Pferde. Sie kämpfen dann mit voller Energie, auch gegen wilde Feinde oder eine Übermacht, weil sie auf die Hilfe Gottes vertrauen.

> »In der Tat sieht man, wie sie auf eine wunderbare und einzigartige Weise sanfter sind als die Lämmer und wilder als die Löwen, so dass ich im Zweifel wäre, was ich sie eher nennen sollte, nämlich Mönche oder Ritter, wenn ich sie nicht schon wohl recht zutreffend beides genannt hätte. Denn ihnen fehlt, wie man sieht, keines von beiden, weder die Sanftmut des Mönches noch die Tapferkeit des Kriegers.« (Bernhard, De Laude, 283)

Bernhards Ermunterungsschrift, die sich nach den einleitenden Teilen zum neuen Rittertum ausführlich der Bedeutung der Heiligen Stätten widmet, brachte für die Templer den endgültigen Durchbruch. Die Brüder fanden überall im lateinischen Westen große Anerkennung und erhielten in zunehmendem Maße Schenkungen, die den Aufbau eines Netzes von eigenen Häusern zur Versorgung der Brüder im Heiligen Land und zur Rekrutierung von Verstärkungen erlaubten. Hugues Reise war damit sehr erfolgreich.

Hugues de Payns starb im Mai 1136 oder 1137 im Heiligen Land, nachdem er schon 1129 wohl zusammen mit dem künftigen König Fulk von Anjou dorthin zurückgekehrt war. Sein Nachfolger wurde der aus Fulks Begleitung stammende, hochadlige Robert de Craon (Robertus Burgundio). Angesichts zahlreicher Probleme entschloss er sich 1138, erneut im Westen um Unterstützung zu werben. Das betraf einmal die nach hohen Verlusten unter den Neuangeworbenen 1129 immer noch zu geringe Zahl von Brüdern wie auch die Sicherung der Versorgung des Heiligen Landes. Zum anderen galt dies für die kirchenrechtliche Absicherung der Gemeinschaft. So führte die fortbestehende Einbindung des Templerbesitzes in die Diözesen zu finanziellen Problemen, weil die Bischöfe die Zahlung von Zehnten einforderten, und im Heiligen Land brachten die Konflikte zwischen dem König und dem Patriarchen von Jerusalem, denen die Templer gleichermaßen unterstanden, die Gemeinschaft in eine schwierige Lage.

Die päpstliche Förderung war bisher wohl auch aufgrund der Doppelwahl von 1130 ausgeblieben. Erst als Anaklet II. Anfang 1138 verstarb, konnte Innozenz II. überall Anerkennung finden und das Zweite Laterankonzil einberufen. Noch vor Beginn des Konzils, am 29. März 1139, erteilte der Papst den Templern unter Beteiligung zahlreicher Kardinäle ein feierliches Privileg, das auch für die anderen Ritterorden bedeutsam wurde. Es wird gemeinhin nach seinen Anfangsworten *Omne datum optimum* zitiert, nach der Bibelstelle »Jede beste Gabe und jedes vollkommene Geschenk kommt von oben vom Vater der Gestirne […]« (Jak. 1,17). Der Papst sieht die Templer als eine solche »Gabe«, da die Brüder nunmehr als Teil der Ritterschaft Christi ein gottgefälliges Leben in Kampf und Gebet führen würden.

> »So ist es also dazu gekommen, dass ihr, wie wahre Israeliten und die diszipliniertesten Kämpfer in der göttlichen Schlacht, befeuert von der Flamme wahrer Nächstenliebe, mit euren Taten die Worte des Evangeliums erfüllt, das sagt: ›Niemand hat größere Liebe als die, dass er sein Leben lässt für seine Freunde.‹ [Joh. 15,13]. […] Wir ermahnen eure Gemeinschaft im Namen des Herrn und legen euch wie auch euren Dienern mit der Autorität Gottes und des heiligen Petrus, des Apostelfürsten, für den Ablass eurer Sünden auf, dass ihr euch zur Verteidigung der katholischen Kirche und um das Eine, das unter der Tyrannei der Heiden steht, aus ihrem Unrat zu reißen, ohne Furcht darum müht, die Feinde des Kreuzes zu bekämpfen, indem ihr

den Namen Christi anruft.« (Papsturkunden Templer, 1, 205–06; vgl. The Templars, hrsg. Barber/Bate, 60)

So sollten die Templer alles für ihre Zwecke behalten können, was sie im Kampf erbeuteten. Die Brüder und alle ihnen schon jetzt und auch die künftig übertragenen Besitzungen wurden unter den Schutz des Heiligen Stuhls gestellt. Das in ihrem Haus, inspiriert von göttlicher Gnade, eingeführte geistliche Leben sollte unverletzlich eingehalten werden. Die Brüder sollten dort in Keuschheit und ohne persönliches Eigentum in Gehorsam gegenüber dem Meister oder seinen Vertretern leben. Auch die anderen von ihnen erworbenen Besitzungen waren an diese Regeln gebunden. Nach dem Tod ihres Meisters Robert oder seiner Nachfolger sollte nur ein militärisches und geistliches Mitglied des Ordens nachfolgen, das von allen Brüdern oder zumindest ihrem »vernünftigeren und besseren Teil« gewählt sein sollte.

> »Von jetzt an sollen die Gewohnheiten, die gemeinsam vom Meister und den Brüdern zur Bewahrung eures Ordens und Dienstes eingeführt wurden, von keiner geistlichen oder weltlichen Person verletzt oder vermindert werden. Weiter sollen dieselben Gewohnheiten, wenn sie einige Zeit beachtet und schriftlich festgehalten wurden, nicht verändert werden außer von dem Einen, der Meister ist, aber mit Zustimmung des besseren Teils des Kapitels.« (Papsturkunden Templer, 1, 206–07; vgl. The Templars, hrsg. Barber/Bate, 61)

Keine geistliche oder weltliche Autorität durfte mehr Lehnseide und sonstige Eide oder Sicherheiten von Meister und Brüdern verlangen. Es war verboten, die Gemeinschaft nach dem Eintritt wieder zu verlassen, selbst nicht für einen anderen, strengeren Orden. Die Templer sollten keine Zehnten zahlen, und die ihnen mit Zustimmung der Bischöfe übertragenen Zehnten sollten sie für sich nutzen.

Folgenreich war die Bestimmung, dass die Gemeinschaft »ehrenhafte Kleriker und Priester« aufnehmen konnte, damit alles für ihr Seelenheil getan und die Gottesdienste auf bequeme Weise gehalten werden könnten. Wenn die regional zuständigen Bischöfe die Weihe der Priester verweigern würden, könnten sich die Brüder selbst ihre Priester aussuchen und einen anderen Bischof um die Weihe bitten. Zum Schutz des Seelenheils sollten auch eigene Gebetshäuser des Ordens errichtet werden, damit die Brüder nicht mit weltlichen Personen, vor allem Frauen, zur Messe gehen müssten. Diese sollten auch von der *familia* der Templer, dem Personal, den Stiftern und angeschlossenen Personen (*confratres*) dienen.

Das Privileg *Omne datum optimum* machte die Templer zu einem nur dem Papsttum unterstellten geistlichen Orden, der in allen Regionen der lateinischen Christenheit wirken konnte und nicht an die Autorität der Bischöfe gebunden war. Sie konnten damit, befreit von Zehntzahlungen, interne Strukturen zur Verwaltung ihres Besitzes aufbauen, um so ihren Aufgaben besser nachkommen zu können. Neben dem Ritterbrüder- entstand ein Priesterbrüderzweig, der die geistliche Versorgung der Gemeinschaft übernahm. Dies wurde in zwei weiteren päpstlichen Privilegien, durch Cölestin II. in *Milites Templi* (1144) und durch Eugen III. in *Militia Dei* (1145), bekräftigt und erweitert. Der neue Ordenstypus hatte Gestalt gewonnen und sollte bald auch für andere Gemeinschaften vorbildlich werden.

2.3 Die »Militarisierung« der Johanniter und des Deutschen Ordens

Die erste Übertragung des Modells des Templerordens erfolgte in besonderer Weise nicht auf eine neue, sondern auf eine bereits bestehende Institution. Als der kinderlose Alfons I. von Aragón sein Reich 1131 testamentarisch unter die Chorherren vom Heiligen Grab, die Johanniter und die Templer aufteilte, hatte er wohl noch drei Institutionen mit verschiedenen Aufgaben vor Augen. Faktisch begannen sich die Grenzen aber bald zu verwischen. Anfangs nur eine Hospitalgemeinschaft, wandelten sich die Johanniter in einem langen und umkämpften Prozess im zweiten Drittel des 12. Jahrhunderts in einen Hospital- und Ritterorden.

Das Hospital des heiligen Johannes zu Jerusalem war die älteste der später zum Ordenszötus der geistlichen Ritterorden zusammengefassten Institutionen. Die *Miracula*, die separat und als Einleitung zu den

Statuten überlieferten Gründungslegenden der Johanniter, verlegen die Anfänge des Hospitals schon in die Zeit des Alten Testaments, genauer zu den Makkabäern, zurück. Dabei werden auch Ereignisse der Heilsgeschichte mit dem Hospital verbunden, selbst Jesus und die Apostel sollen sich dort aufgehalten haben. In den späteren Fassungen, wie sie etwa den revidierten Statuten von 1489/93 vorangestellt wurden, wird schon für die Makkabäer eine Verbindung von militärischen und karitativen Aktivitäten reklamiert, die dann für den späteren Orden als Vorbild dienen konnte.

Diese Legenden wurden nicht von allen Ordensbrüdern unkritisch hingenommen. So verwies um 1300 der gelehrte Johanniter Guillaume de Saint-Estène (bzw. Guglielmo di Santo Stefano, seine Herkunft ist unklar) auf die nach 1170 entstandene Chronik des Guillaume de Tyr, wonach das Hospital erst einige Zeit vor dem Ersten Kreuzzug aus einer Stiftung italienischer Kaufleute hervorging. Darin wird von der Gründung des Benediktinerklosters Sta. Maria Latina berichtet, welches Kaufleute aus Amalfi mit Erlaubnis des Kalifen al-Mustansir von Ägypten nahe der Grabeskirche errichteten. Bald darauf sei ein Tochterkonvent für die weiblichen Pilger entstanden, schließlich ein Hospital mit einer eigenen Kirche. Aus davon unabhängigen Quellen ergibt sich, dass sich die Familie des Mauro di Pantaleone aus Amalfi für den Bau von Hospitälern in Antiochia und Jerusalem engagierte und dass der Erzbischof Johannes von Amalfi um 1080 in Jerusalem zwei von Amalfitanern kurz zuvor gegründete Hospitäler vorfand, eines für Männer, eines für Frauen, wohl schon Sta. Maria Latina und seinen Tochterkonvent. Zusammen mit archäologischen Befunden spricht daher viel für eine Gründung des Hospitals durch Amalfitaner noch vor dem Ersten Kreuzzug.

Schon im Bericht über die Reise des Erzbischofs von Amalfi heißt es, die Stifter der Hospitäler hätten dort auch ein gemeinschaftliches religiöses Leben begründet. Im Falle von Sta. Maria Latina führte das zur Entstehung eines Benediktinerkonvents, so dass der erste namentlich belegte Leiter des Hospitals, Gerard der Infirmar seines Klosters oder ein besonders mit der Krankenpflege betreuter Laienbruder gewesen sein könnte. Allerdings waren Kloster und Hospital spätestens seit der Eroberung Jerusalems durch die Kreuzfahrer getrennte Institutionen. Dies lässt sich zum Beispiel daraus erschließen, dass der erste Herrscher Jerusalems, Gottfried von Bouillon, nach der Ekkehard von Aura unter anderem »dem Hospital, das schon immer in Jerusalem bestanden hatte, ehrerbietig zahlreiche Schenkungen« machte (Frutolf und Ekkehard, S. 159). Schon nach der Schlacht von Ramla im Sommer 1101 lassen sich weitere eigenständige Schenkungen an das Hospital ausmachen, und bei der Privilegierung durch Papst Paschalis II. wurden Kloster und Hospital 1112 und 1113 mit jeweils eigenen Urkunden bedacht. Gerard erscheint im Privileg von 1113 dann als *institutor*, zwar nicht als Stifter, aber als erster Leiter und Vorsteher des Hospitals. Engere Beziehungen bestanden nach 1099 nur zum Patriarchen von Jerusalem und zu den Chorherren vom Heiligen Grab. Aus in Toulouse überlieferten Urkunden wird deutlich, dass der Patriarch Daimbert von Jerusalem, Papst Paschalis II. und Gerard vor 1107 gemeinsam im Westen um Gelder für das Heilige Land warben. Diese Form der Werbung hielt sich noch bis zur Mitte des 12. Jahrhunderts, so dass die Schenkungen oft dem Hospital und den Chorherren vom Heiligen Grab gemeinsam galten.

Zu den ersten Einnahmequellen im Heiligen Land zählten die Abgaben aus einem Dorf und von zwei Backöfen, die das Hospital schon von Gottfried von Bouillon erhalten hatte. Diese und andere Stiftungen wurden 1110 durch König Balduin I. bestätigt. Dazu kam Besitz in Nablus, Jaffa und Akkon sowie ebenso in den anderen Kreuzfahrerstaaten, der Grafschaft Tripolis und dem Fürstentum Antiochia. 1112 befreiten der Patriarch von Jerusalem und der Erzbischof von Cäsarea das Hospital von den Zehntzahlungen an die Bischöfe, so dass die Abgaben der Bevölkerung allein für eigene Zwecke verwandt werden konnten. Zu den frühen Stützpunkten im lateinischen Europa gehörte wahrscheinlich St. Gilles, das spätestens 1121 im Besitz des Hospitals war.

Einen großen Schritt voran markierte die Bulle *Pie postulatio voluntatis* Paschalis' II. vom Februar 1113. Der Papst nahm damit das Hospital und alle ihm verliehenen Besitzungen unter seinen Schutz. Auch künftige Schenkungen weltlicher und geistlicher Stifter, im Heiligen Land wie im Westen, sollte das Hospital ungefährdet und ungeschmälert behalten können.

2 Die Anfänge der Ritterorden im 12. und 13. Jahrhundert

»Ebenso bestätigen wir den Zehnten aller Einkünfte, die ihr, wo immer auch, durch eure Mühen und Sorgen sammelt, dass ihr sie haben und besitzen sollt für euer Hospital ohne Widerspruch der Bischöfe und der bischöflichen Amtsträger. [...] Wenn du, [Gerard,] zurzeit Provisor und Propst dieser Institution, einmal gestorben bist, so soll niemand, weder durch List noch durch Gewalt, dort vorangestellt werden, wenn ihn nicht die Brüder, die dort ihr Gelübde abgelegt haben, nach göttlicher Eingebung zur Wahl vorgesehen haben.« (Cartulaire général, Bd. 1, Nr. 30, 29–30; zur Übers. vgl. Der Johanniter-Orden, hrsg. Wienand, S. 583)

Wenn auch die Befreiung von der Zehntzahlung so nur für die selbst kultivierten Böden galt und dies nicht die Lösung aus der Autorität der Bischöfe brachte, belegt die Bulle eine bereits etablierte Gemeinschaft am Jerusalemer Hospital, die ihre Leiter selbst bestimmen konnte. Dazu kam die Bestätigung – oder mit Ausnahme St. Gilles wohl die erstmalige Zuschreibung – von Besitz in Orten des westlichen Mittelmeers, die als Ausgangspunkte von Pilgerreisen ins Heilige Land dienen konnten.

»In der Tat sollen die Hospitäler und Armenhäuser in den westlichen Gebieten, bei der Burg St. Gilles, Asti, Pisa, Bari, Otranto, Tarent, Messina, berühmt durch den Titel des Namens Jerusalem, in deiner und deiner Nachfolger Untertänigkeit und Verfügungsgewalt bleiben, so, wie sie es heute sind.« (ebd.)

Auch wenn diese Privilegierung nur wenig über ähnliche Verleihungen an andere Gemeinschaften hinausging, waren damit solide Grundlagen geschaffen. Der Weg der Entwicklung zum Orden war frei, Grundlagen für ein Netz europäischer Stützpunkte zur Versorgung der Pilger (und der Häuser im Heiligen Land) waren geschaffen.

Nach dem Tod Gerards 1119/20 folgte Raymond du Puy, dem in der Ordenstradition die älteste Regel zugeschrieben wird. In seiner langen Amtszeit (1120–1158/60) vollzogen sich grundlegende Wandlungen. Die Johanniter wurden zunächst durch päpstliche Privilegien zu einem auf Hospitalität ausgerichteten geistlichen Orden, dann begann aber ein Prozess der »Militarisierung«, der aus ihnen einen Ritter- und Hospitalorden machte. Die Regel, die vermutlich ältere Teile aus der Zeit Gerards enthält und noch durch Papst Eugen III. (gest. 1153) bestätigt worden sein soll, behandelt vor allem die Betreuung von Armen und Pilgern im Hospital sowie die gemeinsame Lebensführung. Sie lässt

2.3 Die »Militarisierung« der Johanniter und des Deutschen Ordens

jedoch noch nicht den mit der Privilegierung erreichten neuen Status der Gemeinschaft erkennen. Während die Templer mit *Omne datum optimum* 1139 die wesentlichen Rechte in einem Schritt erhielten, mussten sich die Johanniter auf eine Reihe von Privilegien stützen.

Schon 1135 gewährte Innozenz II. der Gemeinschaft mit *Ad hoc nos disponente* eine faktische Lösung von der bischöflichen Gerichtshoheit, indem er die Brüder von der Exkommunikation und der Verhängung eines Interdikts, des Verbots geistlicher Handlungen, durch die Bischöfe befreite. Die Johanniter durften selbst an unter Interdikt stehenden Orten Gottesdienste halten lassen. In der 1137 vom selben Papst gewährten Bulle *Christianae fidei religio* wurde auch die Almosensammlung an unter Interdikt stehenden Ort erlaubt, einmal im Jahr. Zudem durften die Johanniter nunmehr auf ihnen geschenktem, unbewohntem Land Dörfer, Kirchen und Friedhöfe errichten ihnen verbundene Gemeinschaften von Laien gründen. *Quam amabilis Deo* (1139/43) ermöglichte die auf ein oder zwei Jahre begrenzte Aufnahme von Priestern in den Dienst der Gemeinschaft, das durch Anastasius IV. erneuerte *Christianae fidei religio* den Aufbau eines eigenen Ordensklerus. Anders als bei den Templern mussten die Priester weiterhin von den jeweils zuständigen Bischöfen geweiht werden, so dass eine gewisse Abhängigkeit bestehen blieb, die auch in den zahlreichen Konflikten um die Zehntbefreiungen eine Rolle spielte.

Dennoch war damit ein geistlicher Orden mit festen Strukturen entstanden. Sein Erfolg und das wachsende Aufkommen von Stiftungen legten es nahe, ihn wie andere Institutionen auch stärker zur Absicherung der bedrohten Kreuzfahrerstaaten heranzuziehen. Dazu gehörte, dass dem Orden übertragene Besitzungen im Heiligen Land verwaltet und durch lokale Aufgebote verteidigt werden mussten. So erhielten die Johanniter 1136 durch König Fulk Burg und Stadt Beit Jibrin (Bethgibelin) im Grenzraum zu Ägypten, um Siedler anzuwerben, den christlichen Stützpunkt auszubauen und damit zur Umschließung des noch in muslimischer Hand befindlichen Askalon beizutragen. Nach dem Fall der Grafschaft Edessa (1144) und dem Aufruf zum Zweiten Kreuzzug gewann dies eine neue Dynamik. Im Königreich Jerusalem übertrug Balduin III. dem Orden nunmehr Besitzungen und Rechte mit dem ausdrücklichen Auftrag, zu Verteidigung der Kreuzfahrerstaaten beizutragen, und Graf Raimund II. von Tripolis übergab den Johanniter nicht nur in christlicher Hand befindliche Siedlungen und Burgen wie den Crac des Chevaliers, sondern auch Orte im Grenzraum, die erst zurückerobert werden mussten. Der mit Raimund geschlossene Vertrag zeigt die Brüder nahezu als gleichberechtigte Partner. Gestützt auf ihre feudalen Rechte, konnten sie eigenständig Feldzüge gegen Muslime unternehmen und bei Abwesenheit des Grafen die gesamte Beute behalten. Der Graf musste dagegen versprechen, ohne Zustimmung des Hospitals keine Verträge mit den muslimischen Gegnern zu schließen. Dieses Engagement der Johanniter verstärkte sich im Folgenden durch zahlreiche Schenkungen der weltlichen Großen in den Kreuzfahrerstaaten.

Die Übernahme militärischer Aufgaben war im hochmittelalterlichen Verständnis nicht so weit von der ursprünglichen Hospitalität des Ordens entfernt, wie wir heute meinen würden. In seinem Schreiben *Quam amabilis Deo* von 1139/43 erwähnt Innozenz II. *servientes* oder Sergeanten im Dienst des Hospitals, die den Schutz der Pilger auf dem Weg zu den Heiligen Stätten gewährleisten sollten. Pilgerbetreuung und Pilgerschutz gehörten also zusammen, so dass die Übernahme militärischer Aufgaben als Fortsetzung des Dienstes an den Armen Christi erscheinen konnte. Die wachsenden militärischen Aufgaben waren ohne die Anwerbung von Söldnern nicht zu bewältigen, denn die lokalen Aufgebote standen immer nur auf Zeit und wohl nicht schnell genug zur Verfügung. Dies war aber nur schwer zu finanzieren, so dass es offenbar nahelag, auch Ritter in den Orden aufzunehmen. Zu 1148 lässt sich so bereits ein »Ritter und Bruder des Hospitals« mit dem Namen Gilbert nachweisen.

Spätestens zu diesem Zeitpunkt war auch Meister Raymond du Puy zunehmend an den militärischen Unternehmungen im Königreich Jerusalem beteiligt. 1148, während des Zweiten Kreuzzuges, nahm er an der Versammlung teil, die den folgenreichen Beschluss fasste, den bisherigen Verbündeten Damaskus anzugreifen. 1153 nahm er an der Belagerung Askalons teil und konnte nach dem Bericht Guillaumes de Tyr König Balduin nach einem gescheiterten eigenmächtigen Angriff der Templer dazu bewegen, sich nicht zurückzuziehen. Der dritte Nachfolger Raymonds, Gilbert d'Assailly, war 1168/69 die treibende

2.3 Die »Militarisierung« der Johanniter und des Deutschen Ordens

Kraft hinter den geplanten Unternehmen Amalrichs I. gegen Ägypten. Gilbert sagte erhebliche Beiträge des Ordens zu, hoffte aber im Fall eines Sieges auf große Verleihungen. Diese hätten den langfristigen Einsatz zahlreicher erfahrener Ritterbrüder notwendig gemacht, die dem Meister offenbar schon zu diesem Zeitpunkt zur Verfügung standen.

Dennoch war der Prozess der »Militarisierung« damit noch nicht abgeschlossen. Selbst das Papsttum nahm die Veränderungen im Orden zurückhaltend auf. Noch um 1178/80 wandte sich Alexander III. mit einem Schreiben dazu an Meister Roger des Moulins.

> »[...] Wir ermahnen deine Weisheit, befehlend und vorschreibend, dass du dich nach Kräften bemühst, die heiligen Sitten und guten Gewohnheiten deines Vorgängers seligen Gedächtnisses Raymond zu beachten, und dass du, indem du für die sorgfältigste Pflege der Armen sorgst und die am besten angemessene Nächstenliebe Christi anordnest, vom Waffentragen gemäß der Gewohnheit des genannten Raymond völlig schweigst, außer wenn die Fahne des Heiligen Kreuzes entweder zur Verteidigung des Königreiches oder für die Belagerung einer heidnischen Stadt herabgetragen wird.« (Cartulaire général, Bd. 1, Nr. 527, 360)

Der Papst fügte abschließend hinzu, dass die Armensorge nicht unter dem Vorwand der Waffen vernachlässigt werden dürfe.

Bald darauf wurden jedoch die neuen Strukturen, wenn auch sehr zurückhaltend, in den Statuten festgeschrieben. In den unter Roger des Moulins 1182 erlassenen Regelungen stehen immer noch die karitativen Aufgaben des Ordens im Vordergrund, doch ist im Zusammenhang mit den Almosen für Arme in einem Nebensatz von den »bewaffneten Brüdern« die Rede, »die der heilige Orden ehrenhaft halten soll« (Cartulaire général, Bd. 1, Nr. 627, 429). Zugleich entstanden militärische Ämter wie das des Marschalls oder die der Kastellane. Allerdings führte erst die Regelrevision unter Meister Afonso de Portugal 1204/06 zu einer klaren Trennung zwischen Ritterbrüdern und Sergeanten (*servientes*) und damit zur endgültigen Anerkennung des neuen Ordenszweiges, der in der Gemeinschaft längst die Oberhand gewonnen hatte.

Wahrscheinlich vor dem Hintergrund der Ereignisse bei den Johannitern vollzog sich die »Militarisierung« der jüngeren Gemeinschaft am Hospital der Deutschen zu Akkon ungleich schneller. Der älteste sichere Beleg für dieses Hospital ist eine Urkunde des Königs von Jerusalem, Guido von Lusignan, und der Königin Sybilla vom September 1190. Darin versprachen sie dem Gründer Sibrandus und seiner Institution für die Zeit nach der Eroberung – Akkon war noch in muslimischer Hand – das Hospital der Armenier bzw. alternativ als Ersatz ein Grundstück in dessen Nähe und schenkten ihm Grundbesitz im Umfeld der Stadt. Schon in Jerusalem hatte es ein deutsches Hospital gegeben, auf das sich der Deutsche Orden später berief, das jedoch 1143 dem Johanniterorden unterstellt wurde. Die Forschung hat lange mögliche Beziehungen zwischen dem älteren Jerusalemer Hospital und dem späteren Deutschen Orden diskutiert, doch deuten die Anzeichen eher auf eine Neugründung im Feldlager vor Akkon.

Nach dem Verlust Jerusalems 1187 konzentrierten sich die Aktivitäten der verbliebenen Kontingente des Kreuzfahrer-Königreichs und der in verschiedenen Schüben eintreffenden Teilnehmer des Dritten Kreuzzugs auf die Behauptung und Rückgewinnung der Küstenstädte und stellten die Rückeroberung Jerusalems selbst zurück. Akkon, das bald zum neuen Zentrum des Königreichs Jerusalem werden sollte, konnte nach mehrjähriger Belagerung im Juli 1191 erobert werden. Obwohl Kaiser Friedrich I. im Juni 1190 im Saleph im Südosten der heutigen Türkei ertrunken war, nahmen zeitweilig auch deutsche Truppen an der Belagerung Akkons teil, unter anderem die Kontingente Herzog Friedrichs von Schwaben, des Sohns des Kaisers.

Die frühe Geschichtsschreibung des Deutschen Ordens hebt dann auch die Rolle der deutschen Kreuzfahrer bei der Gründung des Hospitals hervor. So heißt es in der vor der Mitte des 13. Jahrhunderts entstandenen »Erzählung über die Anfänge des Deutschen Ordens« (der *Narratio de primordiis ordinis Theutonici*):

> »In der Zeit, als Akkon von einem christlichen Heer belagert und mit Gottes Hilfe aus der Hand der Ungläubigen befreit wurde, errichteten einige Männer aus den Städten Bremen und Lübeck im Heer unter günstigen Vorzeichen ein Hospital unter dem Segel eines Schiffs, das Kogge genannt wird, um zur Ehre Gottes Werke der Barmherzigkeit auszuüben [...]. In dieses nahmen sie viele und verschiedene Kranke auf, und indem sie reinen Herzens die Aufgaben der Menschlichkeit erfüllten, sorgten sie mit Sorgfalt und großem Eifer für das Hospital bis zur Ankunft des erlauchten Herzogs Friedrich von Schwaben [...].«

2.3 Die »Militarisierung« der Johanniter und des Deutschen Ordens

Werden so zunächst die Beziehungen zu den norddeutschen Städten betont, die auch später nicht vergessen waren, konzentriert sich der Bericht im Folgenden auf die enge Beziehung der jungen Gemeinschaft zu den Staufern.

»Als dann die genannten Bürger von Bremen und Lübeck in ihre Heimat zurückkehren wollten, übertrugen sie auf Veranlassung des erwähnten Herzogs und anderer Adliger aus dem Heer das Hospital mit allen, reichlich vorhandenen, Almosen und allem Zubehör [dem Kaplan] Konrad und dem Kämmerer namens Burchard. Es existierte zu dieser Zeit nämlich kein anderes Hospital für Kranke im Heer außer diesem. Die beiden Genannten verzichteten auf weltlichen Glanz, betraten glückselig den Weg des Lebens, indem sie ihre Nacken unter das süße Joch des Herrn beugten, legten demütig das Gelübde ab und machten den Anfang mit dem Hospital zu Ehren der Jungfrau Maria, das sie mit seinem Hauptnamen ›Hospital Sankt Marien der Deutschen zu Jerusalem‹ nannten, in der Hoffnung und dem Vertrauen, dass das Heilige Land dem christlichen Glauben zurückgegeben und dann in der Stadt Jerusalem das Haupthaus des Ordens entstehen würde [...].« (nach der Edition in: Statuten des Deutschen Ordens, 159–60).

Friedrich von Schwaben erscheint hier fast wie ein zweiter Gründer des Hospitals, indem er die Stiftung an seinen Kaplan und seinen Kämmerer übertragen lässt, die allerdings nicht in anderen Quellen nachweisbar sind. Die politische Lage nach dem Tod Friedrichs I. und seines Sohnes verhinderte zudem zunächst eine weitere Unterstützung durch die Staufer, doch entwickelte sich das Hospital auch so rasch weiter.

Noch vor der Rückeroberung Akkons, im Februar 1191, nahm Papst Clemens III. die junge Institution unter seinen Schutz, und im Dezember 1196 erkannte Cölestin III. die am Hospital entstandene geistliche Gemeinschaft an, verlieh ihr das Recht zur freien Meisterwahl, das vor Eingriffen von außen schützte, und erlaubte die Bestattung von Nichtmitgliedern. Ein Versuch der Johanniter, das Hospital mit Berufung auf ein ihnen verliehenes »Hospital-Monopol« für Akkon unter ihre Kontrolle zu bringen, konnte abgewiesen werden. Obwohl sich die Schenkung König Guidos nicht umsetzen ließ, erhielt das Hospital etwas Land am Nikolaitor und konnte bald eigene Mittel für den Ausbau einsetzen. Guido und sein Nachfolger Heinrich von der Champagne übertrugen der jungen Gemeinschaft bald Grundstücke und Häuser in Akkon, Tyrus und Jaffa sowie besondere Rechte für das Königreich Jerusalem. Die lediglich aus wenigen Zeugnissen bekannten Leiter des Hospitals, die nach Sibrandus zunächst eher kirchlich als Prioren, dann ritterordenstypischer als Präzeptoren (oder »Komture«) bezeichnet werden, Gerhard (1192), Curaudus (1192, vielleicht identisch mit Gerhard), Heinrich (1193/94), wohl Ulrich (1195) und Heinrich (1196, vielleicht schon der erste Meister Heinrich Walpot), erreichten damit eine Stabilisierung ihrer Institution.

Ähnlich wie die Johanniter wurde bald auch das deutsche Hospital in Verwaltungsaufgaben eingebunden. Schon 1193 übernahm es den Unterhalt eines Teils der Mauern, Tore und Gräben Akkons. Eine neue Phase war mit der Übertragung des Turms über dem Nikolaitor durch König Amalrich II. im August 1198 erreicht, denn nun war das Hospital auch für dessen Verteidigung zuständig. Diese »Militarisierung« der jungen Hospitalgemeinschaft könnte schon mit dem 1196 belegten *praeceptor* Heinrich begonnen haben, der vielleicht ritterlicher Herkunft war. Offenbar sollte das Hospital auch in den Kreuzzugsplänen Kaiser Heinrichs VI. eine Rolle spielen. Als der Kaiser im September 1197 in Messina verstarb, bevor er selbst den Kreuzzug antreten konnte, beschloss bald darauf, im März 1198, eine Versammlung der bereits im Heiligen Land anwesenden deutschen Kreuzfahrer zusammen mit dem Klerus der Kreuzfahrerstaaten, den Papst darum zu bitten, den Brüdern auch den Heidenkampf zu gestatten. Innozenz III. nahm daraufhin das Hospital der Deutschen im Februar 1199 unter seinen Schutz und stimmte der Verleihung der Johanniterregel für den Hospital- und der Templerregel für den Kriegsdienst zu.

Damit begann, wenn zunächst auch nur zögerlich, der Aufstieg zu einer anerkannten ritterlichen und Hospitalgemeinschaft. Zu den ersten drei Meistern, Heinrich Walpot, Otto von Kerpen und Heinrich Bart, kennt man – aus den Ordensnekrologien, die die Gedenktage für die verstorbenen Ordensmitglieder verzeichnen – nur die Todestage und Akkon als Ort ihrer Bestattung. Heinrich Bart könnte 1209/10 im Kampf gefallen sein. Von prägender Bedeutung wurde dann aber der vierte Meister, Hermann von Salza, der aus einer Familie von Ministerialen, adligen Dienstleuten, der Landgrafen von Thüringen stammte. In seinen rund 30 Amtsjahren baute er intensive Beziehungen sowohl zu Kaiser Friedrich II. wie zu den Päpsten auf.

2.3 Die »Militarisierung« der Johanniter und des Deutschen Ordens

Innozenz III. hatte noch im Juni 1209 die Rechte und Besitzungen bestätigt, und unter Honorius III. (1216-1227) folgten 113 Urkunden, die für die weitere Entwicklung von zentraler Bedeutung wurden. So stellte der Papst die Gemeinschaft im Juni 1221 mit Templern und Johannitern gleich und löste sie damit endgültig aus den lokalen und regionalen kirchlichen Strukturen. Friedrich II., dem Hermann spätestens Ende 1216 in Nürnberg persönlich begegnete, spielte dabei wohl eine vermittelnde Rolle, stellte aber auch seinerseits zahlreiche Privilegien aus. Unter Hermann von Salza wurde die Ritter- und Hospitalgemeinschaft damit endgültig zu einem internationalen geistlichen Ritterorden. Der Ordenschronist Peter von Dusburg urteilte Anfang des 14. Jahrhunderts über ihn: »Niemals wurde eine geistliche Gemeinschaft oder ein Orden durch einen einzelnen Menschen in dieser Welt so gefördert« (Peter von Dusburg, Chronica, 53).

Die eigenständige Entwicklung des Ordens dürfte die Übernahme der Johanniterregel für den Hospitaldienst und der Templerregel für die militärischen Aktivitäten zu einem unpraktischen Provisorium gemacht haben. Schon im Privileg Innozenz' III. von 1209 werden »bisher beachtete vernünftige Gewohnheiten« (Tabulae, 267) erwähnt, und Honorius III. bestätigte dem Orden 1220 sowohl als »Gewohnheiten« verstandene Regeln wie auch weitere »Regelungen«. Johanniter- und Templerregel wurden also durch eigene Bestimmungen ergänzt, zugleich enthielten sie schon ihrerseits Redundanzen und teilweise widersprüchliche Vorschriften. Das ließ eine Regelrevision immer dringlicher werden. Als Innozenz IV. dem Orden 1244 die Anpassung überkommener, aber weder für die Spiritualität noch für die Ehrbarkeit notwendiger Bestimmungen erlaubte, gab dies den Anstoß zur Kompilation einer eigenen Deutschordensregel. Die wohl schon 1249 vorliegende endgültige Fassung gliederte sich in die zentrale Regel, Gesetze und Gewohnheiten und sollte später nur noch durch wenige Statuten der Generalkapitel und der späteren Hochmeister ergänzt werden. Während die Konflikte zwischen Friedrich II. und den Päpsten eine schwierige Phase für den Orden markierten, gelang mit den Statuten die endgültige Stabilisierung.

2.4 Die Anfänge der spanischen Ritterorden

Der Deutsche Orden war mit der Umwandlung in einen Ritter- und Hospitalorden 1198/99 und mit einer eigenen Regel erst um 1249 schon eine relativ späte Gründung, die sich aber zum dritten der großen geistlichen Ritterorden entwickeln konnte. In allen drei Einsatzgebieten der Ritterorden, im Heiligen Land, in Spanien und im Baltikum, entstanden daneben weitere Gemeinschaften, die entweder auf eine der Regionen beschränkt blieben oder weniger erfolgreich waren. Die regionale Beschränkung gilt insbesondere für die spanischen Ritterorden, die sich seit der Mitte des 12. Jahrhunderts bildeten. Zwar waren Templer und Johanniter schon früh in Spanien präsent, auch der Deutsche Orden erhielt im 13. Jahrhundert ein Haus in La Mota in Kastilien. Dennoch konnten sie, auch wegen ihrer Pflichten im Heiligen Land, die ihnen entgegen gebrachten Erwartungen nicht immer erfüllen.

Schon früh kam es auf der Iberischen Halbinsel zu Versuchen, eigene Bruderschaften mit militärischen Aufgaben zu gründen, teilweise sogar vor der Etablierung der großen Ritterorden. Ein Beispiel ist die schon 1122 in Aragón entstandene, auf Alfons I. zurückgehende *confradria de Belchite*. Alfons wollte damit eine militärische Spezialeinheit zum Kampf gegen die Muslime schaffen. Aber auch eine zweite Gründung 1124, die *Militia Christi de Monreal*, konnte sich nicht recht entwickeln, trotz der Zusage umfangreicher Ablässe durch die beteiligten Bischöfe. Auch der Versuch einer Erneuerung 1136 durch Alfons VII. von Kastilien-León auf der Synode von Burgos, mit der Bestätigung der Statuten und der Zusammenführung beider Gemeinschaften zur *Militia Cesaraugustana*, schlug fehl. Am Ende wurden die verbliebenen Besitzungen und Brüder 1143 mit dem Templerorden vereint.

Dauerhaftere Gründungen gelangen erst in der zweiten Hälfte des 12. Jahrhunderts. Ausgangspunkt war vielfach die Notwendigkeit, in den Grenzregionen die Verteidigung gegen muslimische Gegner zu organisieren. Der kastilische König Alfons VII. hatte 1148 die strategisch wichtige Festung Calatrava, die zum Schutz des geistlich-politischen Zentrums Toledo vor den in dieser Zeit einsetzenden Angriffen der Almohaden beitragen sollte, an die Templer übergeben. Diese sahen sich aber bald nicht mehr in der Lage, die Verteidigung Calatravas zu organisieren. Der junge König Sancho III. fand nach einiger Zeit Unterstützung beim Abt des Zisterzienser-Klosters Fitero in Navarra, Ramón, dem er im Januar 1158 Calatrava übertrug. Ramón brachte den größeren Teil seiner Mönche mit, darunter einen ehemaligen Soldaten, Diego Velázquez, der die Verteidigung organisierte. Bald schlossen sich auch Ritter der Gemeinschaft an und übernahmen die monastische Lebensform der Zisterzienser, angepasst an ihre militärischen Aufgaben. Während Erzbischof Juan von Toledo das Unternehmen unterstützte, scheint der Zisterzienserorden bzw. das zuständige Mutterkloster den nicht autorisierten Auszug aus Fitero abgelehnt zu haben. Dazu kamen interne Spannungen, die zum Auszug Ramóns nach Ciruelos führten, wo er um 1161/63 verstarb.

Möglicherweise war es inzwischen zu einer Trennung zwischen dem mönchischen und dem ritterlichen Element gekommen; auf jeden Fall konstituierte sich nunmehr eine ritterliche Gemeinschaft unter einem Meister, Don García. Dieser wandte sich 1163 oder 1164 mit der Bitte um eine Lebensregel an das Generalkapitel der Zisterzienser. Vor dem Hintergrund der Rechtfertigung des Templerordens durch Bernhard von Clairvaux und angesichts der vorangehenden Ereignisse dürfte diese Anfrage weniger überraschend gekommen sein, als man meinen könnte. Die versammelten Äbte kamen jedenfalls der Bitte nach und passten die zisterziensischen Gewohnheiten, soweit möglich, dem Leben der Brüder in Gebet und Kampf an. Das von Abt Gilbert von Cîteaux und den anderen Äbten versandte Schreiben vielleicht vom September 1164 begrüßte den neuen Lebenswandel der Brüder, die sich nach der weltlichen Ritterschaft nunmehr der Ritterschaft Christi zugewandt hätten, und nahm sie als wahre Brüder, nicht nur in Form von assoziierten Familiaren, in den Orden auf (*non ut familiares, sed ut vere fratres*, Bullarium ... Calatrava, 3–4). Noch im September 1164 folgte zudem die päpstliche Zustimmung zur Kapitelsentscheidung durch Alexander III., der die Gemeinschaft unter seinen Schutz nahm und deren Besitzungen bestätigte.

Damit war der Weg für die Ausbildung des neuen Ordens frei, der bald umfangreiche Schenkungen erhielt. Neben dem Adel war es insbesondere das kastilische Königtum, das den Orden förderte, da sich die Könige Unterstützung in der Reconquista und ein Gegengewicht gegen den Adel erhofften. Alfons VIII. und andere Große Kastiliens halfen Meister Don Nuño Pérez de Quiñones 1187 auch bei dem Versuch, die Bindungen an die Zisterzienser zu vertiefen. Die Bitte an Abt Guido von Cîteaux und das zisterziensische Generalkapitel um eine formale Inkorporation wurde positiv beantwortet, der Orden von Calatrava der Abtei Morimond unterstellt und die Regel mit einigen Änderungen bestätigt. Im November 1187 stimmte auch Gregor VIII. den Entscheidungen der Zisterzienser zu, und im April 1199 folgte eine weitere Bestätigung durch Innozenz III. Im Rahmen des Filiationssystems der Zisterzienser wuchs Calatrava bald auch eine Führungsrolle unter den spanischen Ritterorden zu. So wurden ihm wohl schon vor 1187 die Bruderschaften von San Julian del Pereiro und von Evora untergeordnet – die späteren Orden von Alcántara und Avis –, auch wenn es mit Alcántara erst 1218 zu einer formalen Einigung kam. Am Anfang des 14. Jahrhunderts folgte die Unterstellung des aus Johannitern und Templern im Süden Aragóns gegründeten Ordens von Montesa. Dies beinhaltete sowohl eine Jurisdiktion über die angeschlossenen Orden wie auch ein Visitationsrecht.

Die engere Anbindung an die Zisterzienser und die päpstliche Unterstützung dürften auch in den für Calatrava schwierigen Jahren um 1200 ein wichtiger Faktor gewesen sein. Nach der verheerenden Niederlage Alfons' VIII. bei Alarcos 1195, in der der Orden schwere Verluste erlitt, ging auch der Ordenssitz Calatrava verloren. Seit 1198 bildete Salvatierra das neue Zentrum, doch fiel die Burg nach dreimonatiger Belagerung im September 1211. Dies führte zum groß angelegten Kreuzzugsaufruf, der im Juli 1212 mit dem Sieg bei Las Navas de Tolosa erfolgreich abgeschlossen wurde. Schon kurz zuvor war Calatrava zurückgewonnen worden, und die endgültige Etablierung des Ordens wurde im Mai 1214 durch eine weitere Bulle Innozenz' III. bestätigt. Die Integration in den Zisterzienserorden wurde 1249 abschließend bestätigt. Das Ordensleben folgte daher den Briefen des Generalkapitels von 1164, 1187 und 1199, die auf der Grundlage der Benediktsregel und der *Carta Caritatis* der Zisterzienser formulierte Regelungen enthielten. Dazu kamen die Statuten der Generalkapitel und die von den Äbten von Morimond, ihren Vertretern und den Meistern von Calatrava erlassenen *difiniciones*.

Ähnlich wie der Orden von Calatrava bildeten sich wohl in den 1170er Jahren auf der Iberischen Halbinsel mehrere andere Gemeinschaften aufgrund privater wie königlicher Förderung, so die beiden später Calatrava untergeordneten späteren Orden von Alcántara und Avis. Alcántara entstand im Königreich León aus einer Bruderschaft von Rittern in der Nähe des später an Portugal gefallenen San Julian del Pereiro. Spätere Legendenbildung schrieb ihre Anfänge der Initiative zweier Brüder im Jahre 1156 zu, doch dürfte die Gründung erst um 1170 erfolgt sein. Das erste erhaltene Dokument ist die Urkunde König Ferdinands II. vom Januar 1176, der den Brüdern und ihrem Prior Gómez den Besitz von San Julian bestätigte und weitere Besitzungen übertrug. Schon im Dezember desselben Jahres nahm auch Papst Alexander III. die Gemeinschaft unter seinen Schutz, doch lassen sich erst in der erneuten Bestätigung durch Lucius III. vom April 1183 die Strukturen eines Ritterordens erkennen. Gómez erscheint darin nunmehr als Meister.

Die Übernahme der Zisterzienserregel führte schon vor 1187 zur Unterordnung unter den Orden von Calatrava, doch kam es nicht zuletzt aufgrund der Gegensätze zwischen den Königreichen León und Kastilien zu einem längeren Konflikt, der erst 1218 beigelegt werden konnte. Während die Brüder von San Julian Gehorsam versprachen und die Visitation durch den Meister von Calatrava zuließen, durfte ihr Meister an der Wahl des Leiters von Calatrava teilnehmen und erhielt eine Reihe von Besitzungen Calatravas im Königreich León übertragen, darunter die Feste Alcántara, die im Folgenden für den Orden namensgebend wurde. Ebenso wie Calatrava hatte Alcántara damit keine feste Regel, sondern baute auf der Benediktsregel, zisterziensischen Konstitutionen und Einzelentscheidungen der Oberen auf. Der Orden etablierte sich zunächst im Grenzgebiet zwischen Portugal und León am Tajo, konnte dann aber unter Ferdinand III. und Alfons X. von Kastilien ein eigenes Territorium in der Estremadura und Andalusien aufbauen.

In Portugal blieben königliche Gründungen wohl zunächst erfolglos. 1176 übertrug jedoch Afonso I. einer wohl in den 1170er Jahren in Évora gegründeten ritterlichen Gemeinschaft nicht nur Besitz in Evora und Santarém, sondern auch die Verteidigung der Burg von Coruche. Weitere Burgen folgten unter Sancho I., 1211 erhielten die Brüder von Afonso II. Avis, nach dem sie sich bald auch benannten. Schon vor 1187 war es zu einer engen Anbindung an den Orden von Calatrava gekommen, so dass sich der Orden von Avis ebenfalls im weiteren Sinne an der Benediktsregel orientierte. Wie bei den anderen Orden gab es neben den Ritterbrüdern einen eigenen Ordensklerus, und wichtige Entscheidungen mussten vom der Norm nach jährlich zusammentretenden Generalkapitel getroffen werden. Die Affiliation an Calatrava fand im Recht des Meisters von Calatrava ihren Ausdruck, Avis zu visitieren.

Die Brüder waren bald auch an den Kämpfen im Rahmen der Reconquista beteiligt, sowohl bei portugiesischen wie auch weiteren Unternehmen. So nahm der erste, seit 1176 nachweisbare, Meister Gonçalo Viegas 1179 an der Verteidigung der Region um Lissabon teil, wie 1181 Évora gegen einen Angriff der Almohaden gehalten werden konnte. Viegas fiel dann jedoch 1195 in der Schlacht von Alarcos, in der er seine Ritter angeführt hatte. Das Engagement der Brüder führte bald zu umfangreichen Schenkungen, so nach 1187 durch Sancho I. So konnten sie im Kern des Alentejo ein eigenes Territorium zwischen dem Tal von Sorraia, den Ebenen von Benavente und Coruche bis nach Avis aufbauen.

Ebenfalls in den 1170er Jahren, aber unabhängig vom Orden von Calatrava, bildete sich in León eine weitere Gemeinschaft, die bald mit königlicher und erzbischöflicher Förderung großen Einfluss gewann. Den Anfang bildete eine 1170 nach der Eroberung von Cáceres von König Ferdinand II. ins Leben gerufene oder zumindest geförderte Bruderschaft von – der Legende nach zwölf – Rittern unter Pedro Fernández, die die Stadt gegen die Almohaden verteidigen sollten. Wenige Monate nach der Gründung erhielt die Gemeinschaft einen eindeutig religiösen Charakter, als der Erzbischof von Santiago de Compostela, Pedro Gudesteiz, das Patronat übernahm. Die Ritter wurden zu Vasallen des heiligen Jakobus, dessen Namen sie fortan trugen, und der Meister wurde unter die Chorherren von Santiago aufgenommen. Den Brüdern wurden zur Versorgung Einkünfte des Erzbistums verschrieben, dafür sollten sie zu dessen Schutz beitragen. Die Anbindung an das iberische Apostelheiligtum führte zu einer intensiveren Förderung als bei den anderen Orden, sowohl durch Adel und Klerus wie durch das gehobene Bürgertum. Die umfangreichen Schenkungen erlaubten bald die Einrichtung von Ordenshäusern nicht nur auf der Iberischen Halbinsel, sondern auch in Frankreich und Italien.

Innerhalb weniger Jahre gelang es der Gemeinschaft, sich aus den anfänglichen Bindungen zum König von León und zum Erzbischof von Santiago de Compostela zu lösen. Schon 1172 fand die Union mit der städtischen Bruderschaft von Avila, die sich dem Meister von Santiago unterordnete, in einer gemeinsamen Vertretung in Rom ihren Ausdruck, und 1173 nahm Papst Alexander III. die Brüder und ihren Besitz unter seinen Schutz. 1174 übertrug ihnen König Alfons VIII. von Kastilien Stadt und Burg von Uclés, wo sich eine Gruppe von Regularkanonikern niedergelassen hatte, die sich bald den Brüdern anschlossen und wahrscheinlich den Kern der 1175 erstmals nachweisbaren Priesterbrüder der Gemeinschaft bildeten. 1175 erwirkte Pedro Fernández schließlich vom Papst die Bulle *Benedictus Deus*, mit der dieser den Santiagoorden als geistlichen Ritterorden anerkannte, ihn unter direkte päpstliche Kontrolle nahm, seinen Sitz nach Uclés verlegte und seine in die Urkunde inserierte Regel bestätigte.

Dem Santiagoorden gehörten mehr Ritter- als Priesterbrüder an, so dass teilweise auch Weltkleriker Aufgaben im Orden übernehmen mussten. Dennoch bildeten die beiden Priesterkonvente in Uclés und San Marcos de León wichtige Zentren. Ihre Leiter, die Konventualpriore, standen hierarchisch unmittelbar unter dem Meister und kontrollierten die niederen kirchlichen Ämter in den ausgedehnten Ordensbesitzungen. Daneben gab es weitere nicht-ritterliche Brüder, die die Hospitäler des Ordens verwalteten, von denen sich unter anderem jene in Toledo und Cuenca auf den Freikauf von Gefangenen konzentrierten, sowie »Sergeanten«, untergeordnete nicht-adlige Brüder, die aber dennoch an den Kämpfen des Ordens teilhatten.

Die Brüder des Santiagoordens nahmen an allen Kämpfen im Rahmen der Reconquista teil und bekamen wichtige Verteidigungsaufgaben übertragen. In Kastilien vertraute ihnen Alfons VIII. Festungen an wie Mora, die die Verbindungen nach Toledo schützen sollten, und in

Portugal erhielten sie Alcácer do Sal und Palmela zur Verteidigung des Umlands von Lissabon. Allerdings ging Alcácer do Sal zunächst 1191 verloren, und 1195 erlitt der Orden in der Schlacht bei Alarcos schwere Verluste. Die Rückschläge wurden endgültig erst 1212 durch den Sieg im Kreuzzug von Las Navas de Tolosa überwunden, an dem die Brüder entscheidend beteiligt waren. 1217 gelang mit Hilfe deutscher und niederländischer Kreuzfahrer die Rückgewinnung von Alcácer do Sal, und in der Folge konnte der Orden umfangreiche Besitzungen in der Algarve und in Andalusien erwerben.

Den Höhepunkt der territorialen Expansion erreichte der Santiagoorden unter dem Meister Paio Peres Correia (1242–1275), der als Komtur von Alcácer do Sal und Leiter des portugiesischen Zweigs im Orden aufgestiegen war. Seine Bemühungen um Zentralisierung führten jedoch zu inneren Spannungen, die angesichts portugiesisch-kastilischer Gegensätze die Autonomiebestrebungen des portugiesischen Zweigs förderten. Die Könige suchten die Macht der Ritterorden durch ein Eingreifen in interne Streitigkeiten und die Lösung aus ihren internationalen Bindungen zu beschränken, so dass insbesondere die Stellung des portugiesischen Zweigs bis ins 15. Jahrhundert trotz mehrfacher päpstlicher Interventionen umstritten blieb. Die Orden reagierten zeitweilig durch Vereinbarungen über eine engere Zusammenarbeit, so 1221/24 zwischen Santiago und Calatrava.

Während sich die großen Orden etablieren und ihren Besitz ausbauen konnten, waren andere Gründungen weniger erfolgreich. 1173/74 gründete ein ehemaliger Bruder des Santiagoordens, der léonesische Graf Rodrigo Álvarez de Sarria, die »Ritterschaft Sankt Marien vom Freudenberg zu Jerusalem« (*Mons Gaudio*), die trotz ihres Jerusalem-Bezugs und einiger Besitzungen im Heiligen Land ihren Schwerpunkt in Aragón hatte. 1180 erhielten die Brüder von Alexander III. ein Privileg, das sie fast mit den älteren Ritterorden gleichstellte, doch führten offenbar interne Probleme schon 1186 zum Plan, sich den Templern anzuschließen. Dem stellte sich zunächst Alfons II. von Aragón entgegen und führte *Mons Gaudio* 1188 mit einem von ihm kurz zuvor gegründeten Hospital in Teruel zusammen. 1196 musste er schließlich doch der Vereinigung mit den Templern zustimmen, der auch die Ordensleitung und Papst Cölestin III. zustimmten. Diesmal widersetzten sich einige der Brüder und ließen sich auf der Burg Monfragüe am Tajo nieder. Trotz einiger Stiftungen durch Alfons VIII. von Kastilien konnte sich der Orden von Monfragüe aufgrund mangelnder Ressourcen nicht behaupten, so dass 1221 nach einer längeren Vorgeschichte die Union mit dem Orden von Calatrava vollzogen wurde.

Die erste spanische Gründung des 13. Jahrhunderts war der Orden von Sant Jordi d'Alfama in Aragón, den Peter II. von Aragón 1201 zur Wiederbesiedlung und Verteidigung der katalanischen Küste ins Leben rief. Sant Jordi d'Alfama war lange eher Hospital- als Ritterorden, und seine Etablierung vollzog sich nur sehr langsam. Nach dem Vorbild der Augustinusregel organisiert, erhielt der Orden erst 1373 die päpstliche Anerkennung, während die Meister schon seit 1355 von den Königen von Aragón vorgeschlagen wurden. Martin I. vollzog Ende des 14. Jahrhunderts die Vereinigung mit dem Orden von Montesa, die Benedikt XIII. 1400 bestätigte. Die zweite Gründung war deutlich kurzlebiger, der Orden von Santa María de España. Er wurde 1272 von Alfons X. geschaffen, um die Verteidigung der neuen südlichen Küsten Kastiliens besser organisieren zu können. Im folgenden Jahr wurde er dem Zisterzienserorden angeschlossen und der Abtei Grandselve unterstellt. In wenigen Jahren entstand eine Flotte, die jedoch im Winter 1279/80 in Kämpfen stark dezimiert wurde. Als der Santiagoorden 1280 bei Moclín an der Grenze zu Granada eine schwere Niederlage erlitt, bei der der Meister Gonzalo Ruiz Girón und zahlreiche Brüder ums Leben kamen, wurde Santa María de España mit dem Santiagoorden vereint. Dauerhaftere Gründungen gelangen auf der Iberischen Halbinsel erst wieder nach der Auflösung des Templerordens.

2.5 Gründungen im baltischen Raum und andere kleinere Ritterorden

Geistliche Ritterorden entstanden nicht nur im Heiligen Land, sondern auch in anderen Grenzregionen des lateinischen Europas, insbesondere im Baltikum. Nach Ansätzen zu einer friedlichen Mission der Letten, Liven, Esten und Prußen kam es dort am Beginn des 13. Jahrhunderts zu militärischen Auseinandersetzungen, die auf christlicher Seite mit Hilfe von Kreuzzügen und der Gründung von Ritterorden geführt wurden. Bischof Albert von Riga reiste jährlich über Winter nach Deutschland zurück, um neue Kontingente anzuwerben. Während seiner Abwesenheit rief der Zisterzienser Theoderich von Treiden 1202 eine Bruderschaft von norddeutschen Rittern ins Leben, die nach seiner Rückkehr auch von Albert anerkannt und durch einen Treueeid an ihn gebunden wurde. 1204 folgte die Bestätigung durch Papst Innozenz III.

Die Schwertbrüder (die *fratres milicie Christi de Livonia*) orientierten sich in ihrer Regel und ihren Strukturen am Vorbild der Templer. So gab es wie bei diesen Ritter- und Priesterbrüder sowie dienende Brüder, aber es wurden keine Hospitäler übernommen oder gegründet. Die Schwertbrüder trugen ebenso weiße Mäntel, die mit einem Schwert auf einem roten Kreuz gekennzeichnet waren. Das namensgebende Schwert findet sich auch auf ihrem Siegel. Ihr Generalkapitel tagte in Riga, im Jürgenhof oder Georgenhof, der Residenz des Meisters. Unter den beiden Meistern Wenno (bis 1209) und Volkwin entstand zudem infolge der Eroberungen eine Struktur mit fünf Provinzialmeistern, die in den Konventsburgen Reval, Wenden, Segewold, Fellin und Ascheraden residierten. Die Brüder rekrutierten sich aus einem Raum von Soest im Westen und Kassel im Süden bis nach Lübeck und Magdeburg. Am Ende dürften dem Orden 120 bis 180 Ritterbrüder angehört haben.

Die Hauptaufgabe der Brüder war die Mitwirkung bei der Christianisierung der Letten, Liven und Esten. Die Mission bei den Liven konnte bereits 1207 als abgeschlossen gelten, es folgte bis 1222 die Christianisierung Südestlands, in Konkurrenz zu Waldemar II. von

2.5 Gründungen im baltischen Raum und andere kleinere Ritterorden

Abb. 2: Siegel des Schwertbrüderordens von 1232: Tatzenkreuz und mit der Spitze nach unten zeigendes Schwert.

Dänemark, dessen Gebiete der Orden zeitweilig eroberte. Für die dem Orden durch Bischof Albert nach 1207 überlassenen wie für die eroberten Gebiete bildete sich eine eigene Landesverwaltung aus, die dessen Herrschaftsrechte über die abhängige Bevölkerung wahrnahm. Ansätze zur Territorienbildung gab es zwar zur selben Zeit auch bei den spanischen Ritterorden und im Heiligen Land, nach der gescheiterten Übernahme Zyperns durch die Templer 1192. Die Schwertbrüder konnten jedoch als Erste größere Gebiete unter ihrer Herrschaft vereinen.

Die noch junge Gemeinschaft wird sich aufgrund ihrer Erfolge durch ein starkes Selbstbewusstsein ausgezeichnet haben. Dennoch führte Meister Volkwin seit 1230 Verhandlungen mit dem Deutschen Orden über eine Vereinigung. Von Bedeutung wurde dies dann nach einer schweren Niederlage der Schwertbrüder. Im September 1236 fanden Volkwin und zahlreiche Brüder in der Schlacht bei Saule gegen die noch heidnischen Litauer den Tod. Vermutlich war der Orden aufgrund seines begrenzten Rekrutierungsgebiets nicht in der Lage, die Gefallenen schnell zu ersetzen, zumindest aus der Perspektive des Papstes, so dass Gregor IX. 1237 die Inkorporation der Schwertbrüder in den Deutschen Orden verfügte. Der Deutsche Orden sollte die Stellung der Schwertbrüder übernehmen und zur Stabilisierung der Lage selbst Brüder nach Livland entsenden. Die Eroberungen der Schwertbrüder in Nordestland mussten an den dänischen König zurückgegeben werden. Obwohl der Deutsche Orden zu dieser Zeit in starkem Maße durch die Kämpfe in Preußen gebunden war, wurde in der Folge der Landmeister in Preußen, Hermann Balk, durch den Hochmeister nach Livland geschickt. Das nie abschließend geklärte Verhältnis zu den Bischöfen bzw. Erzbischöfen von Riga sollte hier immer wieder zu Konflikten führen.

Nach der Gründung des Schwertbrüderordens spielten die Ritterorden auch in anderen Regionen des Baltikums eine Rolle. Als die unter Bischof Christian begonnene Mission der heidnischen Prußen aufgrund prußischer Gegenwehr ins Stocken geriet und Kreuzzüge keine Entlastung brachten, bemühten sich die beteiligten Fürsten und Bischöfe um den Einsatz geistlicher Ritterorden. Zunächst wandte sich Konrad von Masowien 1225/26 an den Deutschen Orden, doch dessen Eingreifen verzögerte sich, weil die Brüder durch den Kreuzzug Friedrichs II. gebunden waren und weil sie nach dem Fehlschlag des Unternehmens in Ungarn eine hinreichende Absicherung ihrer künftigen Stellung in Preußen anstrebten.

Die anfängliche Zurückhaltung des Deutschen Ordens führte dazu, dass man nach anderen Lösungen suchte. So rief Herzog Swantopolk von Pommerellen um 1228, vielleicht auf Vorschlag der Zisterzienser von Oliva, den spanischen Ritterorden von Calatrava und stattete ihn in Thymau bei Mewe mit Besitz aus, ohne dass dies tatsächlich umgesetzt wurde. 1228 kam es dann, nach dem Vorbild der Schwertbrüder, zu einer eigenen Gründung in Preußen durch Konrad von Masowien und die Bischöfe Christian von Preußen und Gunter von Płock. Die Brüder des Ordens von Dobrin (die *milites Christi de Prussia*) rekrutierten sich insbesondere aus den Regionen Niedersachsens und Mecklenburgs, zu denen Zisterzienser und Bischof Christian besondere Kontakte unterhielten. Die Gruppe von 14 Rittern unter dem Meister

2.5 Gründungen im baltischen Raum und andere kleinere Ritterorden

Bruno erfuhr jedoch keine Verstärkung und konnte sich nur in der ihnen von Konrad übergebenen Burg Dobrin behaupten. Während sich Konrad im Folgenden vom Orden abwandte und der neue Bischof von Płock, Piotr Półkozic, den seit 1230 erfolgreich in Preußen aktiven Deutschen Orden vorzog, geriet der letzte Förderer, Bischof Christian, 1233 in prußische Gefangenschaft. In dieser Situation verfügte der Bischof von Płock Anfang 1235 die Inkorporation der Gemeinschaft in den Deutschen Orden, was auch Papst Gregor IX. bald darauf bestätigte. Die Burg Dobrin und ihr Umland fielen, nach einem Protest Herzog Konrads, an diesen zurück. Als sich Meister Bruno und einige Brüder dem Zusammenschluss entzogen, übergab ihnen Herzog Konrad im März 1237 die Burg Drohiczyn im Grenzraum zu den prußischen Jadwingern und den Fürstentümern Halicz und Vladimir. Als Bruno bei einem Angriff des russischen Fürsten Daniel in Gefangenschaft geriet, löste sich die Gemeinschaft auf und die Ritter kehrten in ihre Heimat zurück.

Generell waren Akzeptanz und Unterstützung in den Herkunftsregionen wichtige Faktoren für den Erfolg einer Gründung. So konnten sich auch einige der im Heiligen Land entstandenen Orden nicht dauerhaft behaupten oder verloren ihren militärischen Charakter wieder. Der älteste von ihnen war der Lazarusorden, der wohl aus einem von armenischen Mönchen verwalteten Hospital in Jerusalem entstand, das sich Leprakranken widmete. Die Hospitalgemeinschaft nahm sowohl gesunde wie kranke Mitglieder auf, die gleichermaßen an der Liturgie teilhatten. Zu den ersten Förderern gehörten König Fulk und Königin Melisende, aber auch die Barone des Königreichs Jerusalem, David I. von Schottland und Ludwig VII. von Frankreich statteten die Brüder mit Einkünften und Besitzungen aus. So schenkte Ludwig VII. der Gemeinschaft unter anderem ein Gut in Boigny bei Orléans, David I. Besitz in Edinburgh. Alexander III., Innozenz III. und Honorius III. nahmen die Brüder unter ihren Schutz.

Ihnen schlossen sich bald auch gesunde Ritter an, die die Gemeinschaft schützen wollten. Zu ihnen gehörten Robert de Montfort (vor 1164) sowie im 13. Jahrhundert Gautier de Châteauneuf oder Renaud de Flori, die jeweils zu Meistern aufstiegen. Zudem verbanden die Stifter die Hospitalgemeinschaft häufiger mit den geistlichen Ritterorden, bis 1227 erstmals direkt von einer Schenkung an »das Haus der Ritter des hl. Lazarus zu Jerusalem« die Rede ist. Wohl nicht zuletzt angesichts der Lage im Heiligen Land wurde nun auch der Lazarusorden in die Verteidigungsaufgaben einbezogen. So übertrug man ihm 1235 das Dorf *Pain Perdu* nördlich von Cäsarea, in dem wohl auch ein Turm zur Verteidigung errichtet wurde, und während der Kämpfe zwischen den italienischen Seestädten im »Krieg von St. Sabas« konnte sich der Templermeister Thomas Bérard 1258 in den Turm des Lazarusordens in Akkon zurückziehen. Im Westen erhielten die Brüder neben Boigny Häuser und Besitz in Burton Lazars bei Nottingham, in Holborn bei London, in Seedorf im Kanton Uri, in Gotha und Breitenbach sowie unter anderem in der Normandie, Süditalien und bei Esztergom.

Im Folgenden nahm der Orden an zwei für die Geschichte der Kreuzfahrerstaaten bedeutsamen militärischen Unternehmen teil, 1244 an der Schlacht bei La Forbie und 1252 an einem Scharmützel bei Ramla. Während schon die großen Ritterorden bei La Forbie schwere Verluste erlitten, kamen alle beteiligten Brüder des Lazarusordens in der Schlacht um; und als der Meister und die Brüder 1252 Ramla bei Jaffa plünderten, wurden sie von Muslimen angegriffen, so dass nur vier von ihnen überlebten, gerettet durch das Eingreifen von Templern, Johannitern und französischen Truppen unter dem Marschall Jean de Joinville. Diese schweren Niederlagen führten den jungen Ritterorden in die Krise, zwischendurch scheint der Sitz des Ordens schon nach Boigny verlegt worden zu sein. Auf jeden Fall verlagerte sich der Schwerpunkt der Aktivitäten wieder auf das Hospitalwesen. Eine Beteiligung an der Verteidigung von Akkon 1291, wie sie ein Chronist berichtet, ist unsicher.

Eine etwas jüngere Gründung war schließlich der Orden des hl. Thomas von Akkon. Obwohl die Annalen von Dunstable den königlichen Justitiar und Kanzler Hubert Walter und die *Chronica maiora* des Matthäus Parisiensis sogar Richard I. selbst als Gründer nennen, entstand wahrscheinlich unabhängig von ihnen im Heiligen Land in der Folge des Dritten Kreuzzugs zunächst eine Gemeinschaft von Regularkanonikern, die sich auch den Armen und dem Freikauf von Gefangenen widmete. Ihre englische Prägung mit Thomas Becket als durchaus populärem Patron führte jedoch nicht zu hinreichender Unterstützung, so dass die Ressourcen für ein intensives Wirken fehlten. Daher unternahm der Bischof von Winchester, Peter des Roches, während eines Aufenthalts im Heiligen Land Ende der 1220er Jahre eine Reform. Mit dem Rat des Patriarchen von Jerusalem und der Großen des Königreichs entfernte er die Kanoniker aus dem Haupthaus und wandelte die Institution in einen geistlichen Ritterorden um, der sich am Vorbild des Deutschen Ordens orientierte. Sein Sitz wurde in den Norden Akkons verlegt, und Peter des Roches unterstützte die Umwandlung mit einer großzügigen Schenkung.

Als auch Gregor IX. 1236 die Einrichtung des neuen geistlichen Ritterordens billigte, waren schon die ersten Strukturen entstanden. Ritter- und Priesterbrüder unterstanden einem Meister, und es entwickelten sich Ansätze für eine Provinzialverfassung. Die Konzentration der Schenkungen auf London ließen dort ein zentrales Haus entstehen, dessen Leiter alle Besitzungen in England und Irland unterstanden und auch die Amtsträger für die weiteren Häuser im Westen berief. Dennoch fehlten weiter die für eigene Aktivitäten notwendigen Mittel, und es kam zur Verschuldung. Auch der Bau einer Kirche in Akkon blieb unvollendet. Mehrfache Pläne für eine Fusion mit den Templern scheiterten, vielmehr wurde der Sitz des Ordens nach dem Fall Akkon 1291 wie bei den beiden ältesten Ritterorden nach Zypern verlegt.

Die geringen Erfolge jüngerer Orden dürfen nicht den Eindruck entstehen lassen, dass dem neuen Ordenszötus nach anfänglicher Begeisterung und zahlreichen, an den älteren Orden orientierten, Gründungen sehr bald die Unterstützung ausging. Vielmehr müssen vor allem die großen Ritterorden im Blick behalten werden. Sie bildeten eine starke Konkurrenz, da sie Stiftern größere Erfolge und damit eine sichere Grundlage für das Seelenheil versprachen. Auch die Adelsfamilien, die ihre Söhne in die Orden gaben, konnten bei ihnen auf bessere Karrierechancen für ihre Verwandten hoffen. Die Förderung der Ritterorden war eine Konsequenz der allgemeinen Begeisterung für die Kreuzzüge. Als die Kreuzzugsbegeisterung seit dem 13. Jahrhundert nachließ und damit auch weniger Spenden einkamen, waren die Templer, Johanniter, der Deutsche Orden und auch die spanischen Ritterorden schon zu einflussreichen Institutionen geworden, die sich selber tragen konnten und nicht nur in ihren Einsatzgebieten, sondern auch in ihren Herkunftsregionen in Politik, Kirche und Gesellschaft eine wichtige Rolle spielten. Wesentlich dafür war der Aufbau umfangreicher Besitzkonzentrationen und übergreifender Verwaltungsstrukturen, die im zweiten und dritten Kapitel thematisiert werden.

3 Die Etablierung der Ritterorden im 12. und 13. Jahrhundert

3.1 Burgen und Siedlungen im Heiligen Land

Die geistlichen Ritterorden entstanden insbesondere in den Kontakt- und Konfliktzonen zwischen dem Christentum und anderen Religionen, im Heiligen Land, in Spanien und im Baltikum. In diesen Einsatzregionen kamen erste Schenkungen ein, bildeten sich Ansätze für zentrale Strukturen und wurden wichtige Aufgaben übernommen. Zunehmend gewannen aber auch die Schenkungen in den Herkunftsregionen der Brüder eine wichtige Rolle. Diese Besitzungen wurden so organisiert, dass sie dauerhaft und in erheblichem Maße zur Versorgung der Brüder und zur Finanzierung der Aktivitäten in den Einsatzregionen beitragen konnten. Nicht zuletzt wurden dort auch immer wieder neue Mitglieder für die Ritterorden rekrutiert, die dann an den militärischen Einsätzen im Heiligen Land, in Spanien und im Baltikum teilnahmen. Insbesondere im Heiligen Land stellten die Ritterorden faktisch den Kern der Kontingente des Königreichs Jerusalem und waren so spätestens seit dem Ausgang des 12. Jahrhunderts aufs Engste mit seiner Geschichte verbunden. Aber auch in Spanien und im Baltikum spielten sie eine zentrale Rolle.

Aus den frühen Schenkungen im Heiligen Land entwickelten sich bei den drei großen Ritterorden jeweils die Hauptquartiere der Orden. Das zentrale Haus der Templer lag bis 1187 in Jerusalem auf dem Areal des Tempelbergs um die al-Aqsa Moschee, das der Orden in den 1120er Jahre noch von Balduin II. erhalten hatte. Mit Hilfe seiner wachsenden Einnahmen wurden im Laufe der Zeit umfangreiche Umbauten vorgenommen und neue Häuser errichtet. Der Gebetsraum der

Moschee wurde in Zellen eingeteilt, die darunterliegenden Gewölbe, die man als »Ställe Salomos« ansah, wurden als Lagerräume und Stallungen genutzt. Der deutsche Jerusalempilger Theoderich, der die Templer-Niederlassung beschreibt, spricht in seinem »Büchlein über die Heiligen Stätten« von 10 000 Pferden und ihren Knechten, die man dort unterbringen könne. Johann von Würzburg, ein anderer deutscher Pilger, nennt immerhin noch 2 000 Pferde oder 1 500 Kamele. Theoderich hebt auch die Dimensionen eines Neubaus hervor, »dessen Höhe, Länge und Breite und alle seine Keller und Refektorien, Treppe und Dach weit über die Gebräuche dieses Landes hinausgehen« (Theoderich, Libellus, 27). Es unklar, wie viele der Brüder hier bis 1187 lebten, doch dürfte ein erheblicher Anteil der rund 300 Ritterbrüder und 1 000 Sergeanten, von denen die Forschung ausgeht, hier stationiert gewesen sein.

Auch die Johanniter bauten ihren Besitz in Jerusalem aus. Neben dem Erwerb von Grundstücken im armenischen Viertel und im Umfeld des Hospitals betraf das insbesondere das Mutterhaus, die Abtei Sta. Maria Latina, die sie übernahmen, indem sie die Benediktiner-Mönche verdrängen konnten. Im Kern wurde um die Mitte des 12. Jahrhunderts ein Neubau für das Hospital, das *palacium infirmorum*, errichtet. Dabei handelte es sich um eine durch Marmorsäulen und hohe Bögen gegliederte Halle mit elf Stationen, in denen nach dem Bericht Theoderichs bis zu 1 000 Patienten Platz finden konnten. Dies wird durch einen Bericht über die für die Christen verlustreiche Schlacht von Montgisard (1177) bestätigt, nach der 750 Kämpfer im Hospital versorgt werden mussten. Im Notfall wurden darüber hinaus die umgebenden Räume wie das Dormatorium der Johanniter für Kranke genutzt, so Anfang der 1160er Jahre, als nach Johann von Würzburg in den verschiedenen Gebäuden des Ordens bis zu 2 000 Kranke untergebracht waren. Ein anonymer Bericht aus den 1180er Jahren erlaubt Einblicke in die Zahlen des Personals. So wurden die elf Stationen von jeweils einem *magister* und zwölf *clientes*, also insgesamt 143 Personen, versorgt. Sechs oder sieben Kranke hatten so jeweils einen Pfleger.

Der erst 1198 in einen geistlichen Ritterorden umgewandelte Deutsche Orden, aus einem bei der Belagerung Akkons um 1190 gegründeten Feldhospital hervorgegangen, führte sich auf ein »Hospital Sankt Marien der Deutschen zu Jerusalem« zurück, das an der Straße zum Templer-Komplex lag und 1143 den Johannitern unterstellt wurde. Das Hospital konnte weitere Besitzungen im Umfeld Jerusalems erwerben, bevor es 1187 durch die Eroberungen Saladins verloren wurde. Als Friedrich II. 1229 Jerusalem auf diplomatischem Weg zurückgewann, erhob der Deutsche Orden Anspruch auf sein ideelles Zentrum. Friedrich II. verlieh den Brüdern darüber hinaus umfangreiche Besitzungen in der Stadt, so den königlichen Palast und die Zitadelle im Westen der Stadt. Die Zitadelle bildete bis zu ihrer Zerstörung durch al-Nasir 1239 einen der wenigen Rückzugsorte für die christlichen Bewohner Jerusalems, da dessen Mauern unter Friedrich gemäß den Bestimmungen des Vertrags mit al-Kamil nicht wieder aufgebaut wurden.

Als 1187 die Hauptquartiere der Templer und Johanniter sowie das deutsche Hospital mit Jerusalem an Saladin fielen, mussten sich die Ritterorden neu orientieren. Allgemein dominierten in den verbliebenen Städten an der Küste die italienischen Seestädte, doch hatten die Orden insbesondere im neuen Zentrum des Königreichs Jerusalem, in Akkon, einigen Besitz. So verfügten die Templer dort über Häuser, die sie gegen Zins an Bürger ausgaben, und die Johanniter kontrollierten eigenen Besitz in der Stadt. Die Templerfestung in Akkon war so stark, dass sie bei der Belagerung Akkons als letzte am 28. Mai 1291 fiel, und auch die Burg der Johanniter konnte in den Kämpfen um die Regentschaft im Königreich Jerusalem in den 1240er Jahren einer halbjährigen Belagerung widerstehen. Zudem war der Deutsche Orden mit seinem Hospital und Hausbesitz beim Nikolaitor in Akkon präsent. Als sein zweites Zentrum entstand seit 1228 die Burg Montfort, auf dem Gebiet der mit Hilfe einer Schenkung von den Erben des Grafen Joscelin III. von Edessa erworbenen »Seigneurie de Joscelin«. Die auch heute noch eindrucksvollen Außenmauern erreichten nach dem Ausbau 450 Meter Länge. Montfort trug als eine der Burgen im Hinterland Akkons zu dessen Schutz bei, war aber wohl auch Sitz der Ordensverwaltung mit Schatz und Archiv.

Die Burgen waren generell von der Versorgung aus dem Umland abhängig. Das zeigt auch das Beispiel Montforts, für das der Deutsche

Orden unter anderem 15 Landgütern erworben hatte, das aber nach der Verwüstung der Umgebung 1271 kampflos an die ägyptischen Gegner übergeben werden musste. Der Erwerb oder der Bau von Burgen war so immer mit dem Erwerb von Ländereien und grundherrlichen Rechten verbunden. Alle Ritterorden verfügten über umfangreichen Grundbesitz, Dörfer, Mühlen, Rechte und Einkünfte auf dem Lande, solange dieses durch die Christen gehalten werden konnte. Sie kontrollierten damit auch die ländliche Bevölkerung, lateinische und orientalische Christen wie auch Muslime, die mit ihren Abgaben zum Unterhalt der Burgen und zur Erfüllung der Aufgaben der Orden beitrugen. In einigen Fällen erhielten die Orden auch zuvor durch Kriegshandlungen wüst gewordene Gebiete, um sie erneut zu besiedeln.

Im Königreich Jerusalem gab es vor 1187 in gewissem Umfang eine westliche Siedlungsbewegung, bei der sich lateinische Christen oft in der Nähe orientalischer Christen niederließen. Die Siedler verstärkten nicht zuletzt die Heere der Kreuzfahrerstaaten, teilweise auch organisiert durch die Ritterorden. Ein Beispiel für durch die Johanniter geförderte Siedlung bietet das ihnen schon früh übertragene Beit Jibrin. Dieses wurde nach Zerstörungen 1158 wieder neu aufgebaut und besiedelt. Nach Urkunden von 1168 und 1177 lebten dort 32 westliche Familien, die teilweise bereits aus dem Orient selbst kamen, zum großen Teil aber aus verschiedenen Teilen des lateinischen Europas eingewandert waren, von Flandern und der Gascogne bis nach Katalonien und zur Lombardei. Neben einem eingeschränkten Kriegsdienst waren die Bewohner zur Zahlung einer ertragsabhängigen Naturalsteuer, des *terraticum*, verpflichtet, das der Orden wahrscheinlich zur Finanzierung von Turkopolen, leicht bewaffneten Söldnertruppen, nutzte. Neben der heute nicht genau lokalisierbaren Siedlung befand sich eine Burg auf einer Fläche von 150 mal 190 Metern, dessen innere Befestigung im Wesentlichen aus Mauern und vier Ecktürmen bestand, von denen einer mit der Apsis der Kirche verbunden war. Diese Befestigung sicherte das Umfeld von Askalon und diente dem Schutz der Bewohner Beit Jibrins. Burg und Siedlung gingen 1187 verloren.

Die Burgen standen zumeist im Zentrum der Ordensbesitzungen. Viele waren zunächst in der Hand weltlicher Herren und gingen dann an die Orden über, die sie weiter ausbauten und befestigten. So übernahmen die Templer um 1150 im Königreich Jerusalem die Burgen Toron des Chevaliers (Latrūn) und Gaza. Toron war um 1140 von Rodrigo Gonzalez, dem Grafen von Toledo, begründet worden, lag auf dem Pilgerweg von Jaffa nach Jerusalem und besaß somit für das Königreich hohe strategische Bedeutung. Die von Balduin III. begonnene Festung in Gaza riegelte dagegen das zu diesem Zeitpunkt noch nicht eroberte Askalon nach Süden ab. Neben zentral gelegenen Burganlagen wie La Fève (al-Fula) zwischen Jerusalem und Akkon, dessen große Anlage mehrfach als Sammelplatz von Truppen diente, erwarben die Templer in der Folge auch Burgen in den Grenzregionen. So erhielten sie 1166 durch den Eintritt Philippe de Millys, des Grundherrn, in den Orden und mit Zustimmung König Amalrichs I. die Burg Ahamant (Amman), einen Außenposten der Herren von Oultrejourdain, und erwarben 1168 mit königlicher Hilfe die Burg Safad im nördlichen Galiläa. Diese ging zwar 1188 an Saladin verloren, konnte aber 1240 beim Kreuzzug Theobalds IV. von der Champagne zurückerobert und bis 1266 gehalten werden.

Ähnlich erhielten die Johanniter Burgen an zentralen Orten und in den Grenzregionen des Königreichs Jerusalem. Zwischen der Küste und Jerusalem übernahmen sie Belmont, einen Landsitz, den sie in den 1170er oder 1180er Jahren zu einer Burg ausbauten, und im Jordantal erneuerten sie seit 1168 unter hohem finanziellen Aufwand die Burg Belvoir. Die bemerkenswerte, nahezu quadratische Anlage besteht aus einem doppelten Mauerring mit vorspringenden, versetzten Türmen und weist in ihrem Inneren die für das Gemeinschaftsleben notwendigen Räume wie Refektorium und Kapelle auf. Dieser Bautyp, eine ideale Verbindung monastischer und militärischer Elemente, wie sie in den Burgen des Deutschen Ordens in Preußen im Konventshaustyp wiederkehrt, verlor allerdings im 13. Jahrhundert an Bedeutung. An ihrer Stelle setzten die Orden vor allem auf Befestigungen auf steil abfallenden Bergspornen wie Montfort oder der von den Johannitern ausgebaute Crac des Chevaliers in der Grafschaft Tripolis.

Auch in den kleineren Kreuzfahrerstaaten und im Königreich Armenien verfügten die Ritterorden über stark befestigte Burganlagen. In einigen Fällen gelang ihnen hier zudem der Aufbau relativ selbstständiger Herrschaften. In der Grafschaft Tripolis übernahmen die Templer

1152 nach der Vertreibung des weltlichen Herrn den Schutz von Tortosa und errichteten im Nordwesten der Stadt eine große Festung mit zwei Mauerringen zur Landseite und zahlreichen Türmen. Weitere Burgen wie Chastel Blanc und al-Arimah sicherten das Hinterland. Durch die von den Grafen Raimund II. und Raimund III. verliehenen Privilegien gewann der Orden weitgehende politische Autonomie und konnte selbst mit den benachbarten muslimischen Herrschern eigenständig Verträge abschließen. Eine ähnliche Stellung erwarben die Johanniter um den ihnen 1142 zusammen mit umfangreichem Grundbesitz durch Raimund II. geschenkten Crac des Chevaliers, den sie trotz Erdbeben in den Jahren 1170 und 1202 immer weiter ausbauten. Die Burg widerstand einem Angriff Saladins 1188 und wurde erst im März 1271 endgültig erobert.

Die Templer sind schon zu 1137 im Heer Fürst Raimunds I. von Antiochia nachweisbar und übernahmen in wachsendem Maße Festungsanlagen in der Region. So sicherten sie bis 1188, bis zu ihrer Eroberung durch Saladin, das Fürstentum durch eine Kette von Burgen nach Norden ab, mit Baghras (Gaston), 26 Kilometer nördlich von Antiochia, Darbsak, La Roche de Roussel, La Roche de Guillaume und Port Bonnel (Arsouz). Auf diese Weise konnten sie auch hier eine nahezu autonome Herrschaft aufbauen. In dieser Region war auch der Deutsche Orden präsent, dem die Könige Leo II. und Het'um von Armenien zwischen 1211 und 1236 die strategisch an der Grenze zu Syrien gelegene Burg Amuda und weitere Besitzungen übertrugen, die zum Zentrum eines kleinen Ordensterritoriums wurden, das nach dem Fall Amudas beim mamlūkischen Angriff auf Armenien 1266 verloren ging.

Im Süden Antiochias erwarben die Johanniter 1186 die Burg Margat von Bertrand le Mazoir und seinen Erben, die diese nach einem Erdbeben nicht mehr unterhalten konnten, zusammen mit erheblichem Grundbesitz und der an der Küste gelegenen Stadt Valenia (Baniyas). Fürst Bohemund von Antiochia stattete sie mit weiteren Privilegien wie der Befreiung von Abgaben auf bewegliche Güter aus, so dass ihnen auch hier der Aufbau eines weitgehend eigenständigen Territoriums gelang. Obwohl der Orden ab 1202 in den Erbfolgestreit in Antiochia (bis 1219) verwickelt war, machten die Johanniter Margat zu einem zweiten Zentrum, in dem Generalkapitel stattfanden und auch das Archiv verwahrt wurde. 1204/1205 wurde Margat zwar durch muslimische Angriffe beschädigt, konnte aber weiter ausgebaut und bis 1285 gehalten werden.

3.2 Die Rolle der Ritterorden im Heiligen Land und in den weiteren Einsatzregionen

Während vielerorts die weltlichen Herren nicht mehr in der Lage waren, die Verteidigung ihrer Burgen sicher zu stellen, übernahmen die Ritterorden immer neue Aufgaben und waren so zunehmend enger mit der Politik der Kreuzfahrerstaaten verbunden. Schon während des Zweiten Kreuzzuges spielte der französische Meister Éverard des Barres eine zentrale Rolle als Berater König Ludwigs VII. von Frankreich. Unter Amalrich I. optierten die Johanniter unter ihrem Meister Gilbert d'Assailly 1168 für einen Angriff auf Ägypten, während die Templer unter Bertrand de Blanchefort für eine Wahrung der bestehenden Verträge eintraten und auf die Gefahren eines syrischen Eingreifens in Ägypten hinwiesen. Als der Feldzug scheiterte, verwickelten sich die Johanniter in interne Streitigkeiten, in die der König und der Patriarch von Jerusalem mehrfach eingriffen. Gleichzeitig verschlechterten sich die Beziehungen zwischen den Templern und dem König weiter. Dies erreichte einen Höhepunkt, als sich Amalrich 1173 gegen Nūr ad-Dīn von Aleppo und Damaskus mit den syrischen Assassinen verbünden wollte und einer der Templer, Walter de Mesnil, deren Gesandten ermordete, so dass das Bündnis scheiterte. Meister Odo de Saint Amand weigerte sich, Walter auszuliefern, doch der König ließ diesen im Templer-Konvent in Sidon ergreifen und gegen die Privilegien des Ordens hinrichten. Eine weitere Eskalation verhinderte wohl nur der Tod Amalrichs 1174.

In den politisch unruhigen 1180er Jahren gewannen die Templer erneut an politischem Einfluss. Der katalanische Meister Arnau de Torroja suchte in den Parteikämpfen am Hof Balduins IV. zu vermitteln, doch sein Nachfolger Gérard de Ridefort, der zuvor der Marschall König Balduins gewesen war, griff aktiv in die Politik ein. Nach dem frühen Tod Balduins V. 1185 unterstützte er Guido von Lusignan, den Mann der Erbin Sybilla, und half bei dessen Krönung zum König von Jerusalem. Als einer der wichtigsten Berater Guidos hatte Gérard wesentlichen Anteil an den Ereignissen des Jahres 1187, die zur Niederlage bei Hattin und zur Eroberung des Königreichs durch Saladin führten. Templer und Johanniter standen aber ab 1191 den Anführern des Dritten Kreuzzugs, Philipp II. von Frankreich und Richard I. von England, zur Seite.

Der Tod Saladins und die mehrfach verlängerten Waffenstillstände führten nach 1193 zu einer Stabilisierung der verbliebenen Kreuzfahrerterritorien. Im Laufe des 13. Jahrhunderts entwickelten sich jedoch immer neue Konflikte, zwischen den italienischen Seestädten, die in den Küstenstädten um die Vorherrschaft kämpften, sowie zwischen potentiellen Kandidaten für die Thronfolge im Königreich Jerusalem und im Fürstentum Antiochia, in die jeweils auch die Ritterorden verwickelt wurden. Das betraf zunächst den antiochenischen Erbfolgekrieg, der 1201 nach dem Tod Bohemunds III. ausbrach. Am Ende unterlag die armenische Partei um Bohemunds Enkel Raimund Rupen gegen Bohemund IV. von Tripolis, den jüngeren Sohn Bohemunds III., der seine Grafschaft 1219 dauerhaft in Personalunion mit dem Fürstentum verband; die Kämpfe dauerten aber noch bis in die 1220er Jahre an. Alle drei großen Ritterorden mussten sich den Entwicklungen stellen, um ihre Interessen zu wahren. So kam es 1203 bei einem Eingreifen Leos von Armenien offenbar zunächst zur militärischen Konfrontation mit den Templern, dann aber zu einem Ausgleich, bei dem der König den Templern die 1188 an Saladin verlorene, von Leon aber zurückgewonnene und erneuerte Burg Baghras (Gaston) überließ. Zum Dank warnten die Templer Leo vor einem Überfall Raimund Rupens gegen seinen Förderer.

Die Johanniter waren in den Verhandlungen zwischen den Parteien vor allem daran interessiert, ihren Besitz in der Grafschaft Tripolis abzusichern, und enthielten sich jeder klaren Parteinahme. Leo suchte sie durch die Übertragung von Besitzungen im Fürstentum gewinnen, so

1210 durch die Überlassung von Stadt und Burg Seleucia (Silifke). 1225 nahmen sie dort Leos Erbin Isabella auf, zogen sich aber aus Seleucia zurück, als um Isabella ein Konflikt drohte. 1212 wurde Leo von Armenien nach vorangehenden Kontakten »Mitbruder« des Deutschen Ordens, und auch Raimund Rupen verlieh dem Orden 1219 für Antiochia ein Handelsprivileg. Der Deutsche Orden wurde aber ebenso von Bohemund IV. mit Schenkungen bedacht, so dass die These wenig plausibel ist, die Brüder wären 1225 an der Ermordung von Bohemunds jüngerem Sohn und zeitweiligen Konkurrenten Philipp (Ehemann Isabellas, der Erbin Leos) beteiligt gewesen.

Nach dem Scheitern des Fünften Kreuzzugs lagen die Hoffnungen für einen neuen, erfolgreichen Kreuzzug bei Kaiser Friedrich II., der sein Kreuzzugsversprechen mehrfach erneuerte. Die oberitalienischen Verhältnisse, sein Einverständnis mit einer kirchlichen Strafe bei Nichtantritt und der Ausbruch einer Seuche im Kreuzfahrerheer führten 1227 zu Friedrichs Exkommunikation durch Papst Gregor IX. Als er 1228 den Kreuzzug dennoch antrat und im Folgejahr Jerusalem auf dem Verhandlungsweg zurückgewinnen konnte, standen ihm viele Große in den Kreuzfahrerstaaten und nicht zuletzt Templer und Johanniter zurückhaltend bis feindlich gegenüber. Unterstützung erfuhr er nur durch den Hochmeister des Deutschen Ordens, Hermann von Salza, der 1230 auch einen Ausgleich mit dem Papst vermittelte. Zum Dank erhielt der Deutsche Orden das deutsche Hospital und weiteren Besitz in Jerusalem übertragen, während Friedrich die al-Aqsa Moschee, den alten Sitz der Templer, unter muslimischer Kontrolle beließ und nach seiner Rückkehr den Besitz von Templern und Johannitern im Königreich Sizilien einzog.

Die Beziehungen der Johanniter zu den Staufern verbesserten sich jedoch offenbar bald. 1231 entsandte Friedrich II. seinen Marschall Riccardo Filangieri als Regenten für das Königreich Jerusalem, der sich in Konflikte mit den Baronen verwickelte. Während der Kreuzzüge Theobalds von der Champagne und Richards von Cornwall 1239/1241 brach zudem ein Streit über die Bündnispartner der Kreuzfahrer aus, ob man sich an Ägypten oder Damaskus halten sollte. Dabei schlossen sich die Johanniter der kaiserlichen Partei an und optierten für einen Frieden mit Ägypten, während die Templer und auch der

Deutsche Orden für ein Bündnis mit Damaskus eintraten. Die Spannungen eskalierten nach der Abreise Theobalds, als Filangieri versuchte, sich mit Hilfe einiger Johanniter und Bürger in Akkon zu etablieren. In der Folge schloss Balian von Ibelin mit seinen Truppen die Burg der Johanniter in Akkon ein, offenbar, weil er den inzwischen geflohenen Statthalter dort vermutete, während der Johanniter-Meister Pierre de Viellebride, der sich auf Margat aufgehalten hatte, vor der Stadt lagern musste. Die Belagerung der Burg der Johanniter wurde erst nach sechs Monaten aufgehoben, nachdem der Meister versichert hatte, er habe Filangieri niemals unterstützt.

Auch wenn der Kreuzzug Ludwigs des Heiligen um 1250 wieder zu einer Annäherung zwischen Johannitern und Templern führte, brachen die Spannungen erneut auf, als der Konflikt zwischen Genua und Venedig nach 1256 im Krieg von St. Sabas eskalierte. Obwohl die Ritterorden nicht direkt eingriffen, waren sie doch an den Ereignissen beteiligt. Die Johanniter halfen den von den Venezianern in Akkon belagerten Genuesen, indem sie ihnen über ihr Haus Verstärkungen und Waffen zuführten, und das Eingreifen von Kontingenten des Ordens unter Meister Guillaume de Châteauneuf wurde nur durch die schwere Niederlage einer genuesischen Flotte vor Akkon verhindert. Templer und Deutscher Orden standen auf Seiten Venedigs, und die Templer hatten sich verpflichtet, die Viertel der Venezianer und Pisaner in Akkon während der Kämpfe zur See zu verteidigen. Dennoch suchten die Ritterorden – gegen das beim englischen Chronisten Matthäus Parisiensis gezeichnete negative Bild – immer wieder Wege für eine friedliche Lösung. So waren wohl insbesondere die Brüder des Deutschen Ordens an Vermittlungsversuchen zwischen den Kriegsparteien, aber auch zwischen den Orden beteiligt. In der Folge zwang die wachsende äußere Bedrohung, zunächst durch die Mongolen, dann durch die Eroberungen des mamlūkischen Sultans Baibars, zum gemeinsamen Handeln.

Die Etablierung der geistlichen Ritterorden in den anderen Einsatzgebieten, in Spanien und im Baltikum, verlief in ähnlichen Bahnen wie im Heiligen Land, auch wenn ihnen dort angesichts der anderen Lage nicht dieselbe politische und militärische Bedeutung zuwuchs. Hier wie dort bildete der Erwerb von Besitzungen und Burgen den zentra-

Abb. 3: Tomar, Sitz der Templer in Portugal und Sitz des Christusordens: Blick auf den Kreuzgang.

len Ausgangspunkt. Einen wichtigen Anstoß dafür gab die Schenkung Alfons' I. von Aragón, auch wenn die im Testament von 1131 verfügte Übertragung seines Königreichs an Templer, Johanniter und Chorherren vom Heiligen Grab faktisch nicht umsetzbar war. So einigten sich die Templer erst nach längeren Verhandlungen mit dem Erben, Graf Raimund Berengar IV. von Barcelona. Dieser hatte schon 1134 den Orden unter seinen Schutz genommen und ihm die Burg Grañena bestätigt, die mit gräflicher Unterstützung als Ausgangspunkt der Eroberung Léridas dienen sollte. Allerdings kam es zunächst nicht zum erhofften Einsatz von Brüdern und weiteren Truppen. 1143 ging der Graf daher noch einen großen Schritt weiter. Er verlieh den Templern zusätzlich die Burgen Monzon, Montgay, Chalamera und Barbará, sagte ihnen den zehnten Teil königlicher Einkünfte und 1.000 Solidi aus Zaragoza und Huesca zu und versprach ihnen einen Anteil an den von den Mauren eroberten Ländern, die Befreiung von Abgaben sowie ein Mitspracherecht bei Friedensschlüssen. In einem weiteren Privileg erhielt der Orden nahezu landesherrliche Rechte über seine Untertanen.

Grundlegende Bedingung war offenbar die Einrichtung eines spanischen Ordenszweigs, der auch militärisch aktiv werden sollte. So heißt es in der Urkunde vom November 1143:

»[...] Deshalb habe ich, Raimund Berengar, Graf von Barcelona und durch die Gnade Gottes Herrscher des Königreichs Aragón, [...] verfügt, dass zur Verteidigung der westlichen Kirche, die in Spanien besteht, zur Bekämpfung, Überwältigung und Vertreibung des Volkes der Mauren und zur Erhebung des Glaubens und der Religion der heiligen Christenheit eine Miliz gegründet werden soll nach dem Vorbild der Miliz vom Tempel Salomons in Jerusalem, die die östliche Kirche verteidigt, dieser unterstellt und orientiert an der Regel dieser Miliz und ihren Gewohnheiten des heiligen Gehorsams.« (Cartulaire ... Temple, 204)

Der Graf erklärt weiter, dass er sein Vorhaben dem Meister Robert de Craon und den Brüdern im Heiligen Land durch Boten mitgeteilt habe und diese eingewilligt hätten. Tatsächlich nennt die Urkunde auch eine Reihe von Brüdern, die bei der Ausstellung anwesend waren, darunter Éverard (des Barres) als »Meister von Frankreich« und Pierre de Rovière als »Meister der Provence und gewisser Teile Spaniens« (ebd., 205). Dies belegt die Anfänge der Entwicklung regionaler Strukturen, die auch für die europäischen Einsatzgebiete der Ritterorden relevant wurden.

Die Templer etablierten sich nicht nur in den Grenzregionen Aragóns, sondern nach 1128/40 auch in der Grenzfestung Soure in Portugal und 1148/49 kurzzeitig, allerdings nicht erfolgreich, in Calatrava im Süden Kastiliens. In Portugal entstand dann um 1160 durch den Ausbau von Burg und Stadt Tomar und die Verleihung landesherrlicher Rechte durch Graf Afonso Henriques ein weiteres Zentrum des Ordens. Die Johanniter, die auf der Iberischen Halbinsel zunächst nur als Hospitalorden aktiv wurden, erhielten um 1150 den Hafen Amposta im Mündungsgebiet des Ebro und 1163 die Burg Aliaga. Ihre Beteiligung an militärischen Unternehmen begann jedoch erst zum Ende des 12. Jahrhunderts. In Kastilien bekamen sie 1183 die Burg Consuegra zusammen mit weiteren Schenkungen, die ihnen den Aufbau eines eigenen Territoriums (*Campo de San Juan*) in der Region La Mancha erlaubte, in Portugal errichteten sie nach einer Schenkung 1194 in zentraler Lage am Tejo die Burg Belver, und in Aragón wurde ihnen 1205 die Burg Sollavientos ebenfalls im Grenzgebiet übergeben. Die ursprünglich maurische Festung Consuegra wurde vom Orden ausgebaut und konnte auch während des muslimischen Vordringens nach der Schlacht von Alarcos (1195) gehalten werden.

In derselben Grenzregion etablierten sich auch die spanischen Ritterorden, insbesondere Calatrava und der Santiagoorden. Der Orden von Calatrava profitierte von seiner engen Beziehung zu König Alfons VIII. von Kastilien (1158–1214). Dieser erlaubte den Brüdern 1173, alle von den Feinden eroberten Burgen zu behalten, und übertrug ihnen 1174 ein Fünftel aller künftigen Eroberungen und ein Zehntel der königlichen Einnahmen. Seine umfangreichen Schenkungen im Gebiet des Guadalajara konnten durch den Orden auch nach 1195 verteidigt werden und trugen so zur Stabilisierung Kastiliens gegen die Almohaden bei. 1179 konnten die Brüder mit der Schenkung der Festung Alcañiz durch König Alfons II. auch in Aragón Fuß fassen, und in Portugal gewannen sie durch die 1176 vom Papst bestätigte Unterordnung der späteren Orden von Alcántara und Avis an Einfluss.

Im Baltikum konnten sich die Schwertbrüder und der Deutsche Orden auf ähnliche Weise etablieren. Ausgangspunkte waren auch hier jeweils die Übernahme oder Anlage von Burgen und Städten und die vielfach mit den Kreuzzügen verbundenen militärischen Einsätze. Nachdem Bischof Albert von Riga den Schwertbrüdern 1207 auch faktisch ein Drittel seines Landes abgetreten hatte, errichteten sie die Burgen in Segewold und Wenden, die wiederum als Basis für die Feldzüge gegen die Esten dienten. Ähnlich begann der Deutsche Orden seine Eroberungen in Preußen mit der Anlage der Burgen und Städte in Kulm und Thorn.

Die Christianisierung der indigenen Bevölkerung erlaubte es relativ bald, die neuen Christen – in deutlich stärkerem Maße als im Heiligen

Land oder in Spanien – für die Kämpfe gegen die verbliebenen nichtchristlichen Gegner einzusetzen. Dazu kam eine vielleicht noch mit der Iberischen Halbinsel vergleichbare Siedlungsbewegung, bei der sich deutsche Siedler in den Städten, in Preußen auch in größerem Umfang auf dem Lande niederließen und so zur Stabilisierung der Eroberungen beitrugen. Die bereits im Heiligen Land wie in zentralen und südlichen Spanien fassbare Tendenz, dass die Ritterorden ihre Besitzungen zu eigenen Territorien ausbauten, führte vor diesem Hintergrund in Baltikum zum Aufbau eigener Landesherrschaften.

3.3 Die Ausbreitung in den Herkunftsregionen

Die Etablierung der Ritterorden in den Einsatzgebieten schuf wichtige Voraussetzungen, damit die Brüder dort ihren Aufgaben nachkommen konnten. Dennoch reichten die vor Ort zugänglichen Ressourcen dafür nicht aus, sondern es bedurfte der kontinuierlichen Unterstützung mit Männern, Materialien, Lebensmitteln und Geldern. Eine Ausnahme bildete nur die Herrschaft des Deutschen Ordens in Preußen im 14. und früheren 15. Jahrhundert, die zumindest finanziell weitgehend eigenständig war und nur personelle Verstärkungen im Heiligen Römischen Reich rekrutieren musste. So bildeten sich bei den Ritterorden zuvor für geistliche Gemeinschaften nicht bekannte Strukturen aus, die einen Austausch zwischen den Einsatz- und den Herkunftsregionen ermöglichten. Malcolm Barber hat dafür im Beispiel der Templer den Begriff des »Netzwerks« eingeführt.

Während die Klöster der älteren Orden wie der Benediktiner oder der bereits relativ straff organisierten Cluniazenser und Zisterzienser in erster Linie wirtschaftlich selbstständig waren und sich nur allgemein gegenüber ihren Oberen verantworten mussten, arbeiteten die Brüder in den Ritterorden im regionalen Kontext zusammen, um die Bedürfnisse in den Einsatzgebieten abzudecken und die Anforderungen der Ordenszentrale zu erfüllen. Das betraf gleichermaßen die Rekrutie-

3.3 Die Ausbreitung in den Herkunftsregionen

rung neuer Ordensmitglieder wie die Erwirtschaftung von Überschüssen, die die Übersendung von Geldern, Waffen, Pferden, Getreide und anderem mehr ins Heilige Land, in die Grenzregionen Spaniens und ins Baltikum möglich machten. Regionale Versammlungen stimmten erforderliche Maßnahmen ab, und im Laufe der Zeit wurden die Kontrollmechanismen verfeinert, um Eigennutz und Misswirtschaft einzudämmen.

Die Grundlage für dieses »Netzwerk« aus Brüdern, Ordenshäusern und transferierbaren Ressourcen bildeten die vielen Schenkungen, die die Ritterorden insbesondere im 12. Jahrhundert nicht nur im Heiligen Land, sondern vor allem in allen Teilen Europas erhielten. Bei den Templern markierte die Reise Hugues de Payns in den Westen ab 1127 einen wichtigen Ausgangspunkt. Die umfangreichsten Schenkungen erhielt der Orden in Frankreich, vor allem in der Champagne und in Burgund, die bis zu seiner Aufhebung Kernregionen des Ordens bildeten. Dazu kamen schon früh Besitzungen auf der Iberischen Halbinsel und in England, später auch in Italien und Mitteleuropa.

Wesentlich war, dass die Brüder relativ rasch die Unterstützung der europäischen Herrscher gewinnen konnten. In Frankreich übertrug Ludwig VII. den Templern nicht nur selbst Häuser, Mühlen und weitere Rechte, sondern erleichterte adlige Stiftungen, indem er 1139 im Zusammenhang mit einer Schenkung verfügte: »Wer auch immer aber den Rittern vom Tempel von unserem Lehen etwas geben will, außer Stadt und Burg, das billigen wir und gestehen es zu, wenn es so geschieht, dass wir unseren Dienst unserer Leute nicht verlieren« (Cartulaire ... Temple, 137). Zudem förderte der König den für die Aufgabenerfüllung grundlegenden Transport der Güter des Ordens, indem er diese zu Lande und zu Wasser von Abgaben befreite. Auf dem wohl ebenfalls vom König geschenkten Sumpfgebiet am rechten Seineufer entstand das Haupthaus der Templer in Frankreich, und weitere Schenkungen erlaubten dort 1284 auch die Gründung einer Stadt, Villeneuve du Temple. Außerhalb Frankreichs waren es insbesondere die Herrscher Aragóns, Portugals und Englands, die die Templer schon früh förderten. In England engagierten sich zunächst die Parteien im Bürgerkrieg, Mathilde, die Tochter Heinrichs I., und ihr Konkurrent König Stephan, für den Orden. Nach 1154 hatte dann Heinrich II. ein besonderes Verhältnis zu den Templern, von denen ihm unter anderem der als Komtur in London belegte Roger »der Templer« als Ratgeber diente. An die Herrscher schlossen sich dann hoher wie auch niederer Adel an.

Ähnlich war dies bei den anderen Ritterorden. Die Johanniter wurden noch lange vor allem als karitative Institution wahrgenommen, erfuhren jedoch gleichermaßen adlige und königliche Förderung. In der Normandie hatte noch König Heinrich I. von England vor 1135 erste Besitzrechte übertragen, und seine Tochter Mathilde schloss sich an. Ihr Sohn, König Heinrich II., förderte dann ab 1155 die Johanniter auch in England und stellte ihren Besitz den großen englischen Kronlehen gleich. In Südfrankreich und Katalonien erhielt der Orden Schenkungen von den Grafen von Barcelona, die zu Königen von Aragón aufstiegen, und von den Grafen von Toulouse. Vermutlich übertrug ihm bereits Raimund IV. von Toulouse den Besitz um St. Gilles, der zu einem ersten Zentrum des Ordens im Westen wurde. Frühe Schenkungen erfolgten auch in Wales, Schottland und Irland sowie in Brandenburg, Mecklenburg, Pommern und Pommerellen, unter anderem 1160 in Werben in der Altmark durch Markgraf Albrecht den Bären.

Der Deutsche Orden konnte sich trotz der aus der Selbstbezeichnung erkennbaren Bezugnahme auf das ältere deutsche Hospital in Jerusalem im Wesentlichen nur auf Schenkungen seit dem Ausgang des 12. Jahrhunderts stützen. Die wohl erste kaiserliche Schenkung, noch an das Hospital, erfolgte 1197 durch Heinrich VI. mit der Übertragung des Klosters Sta. Trinità und seiner Besitzungen zu Palermo. 1206 nahm dann Heinrichs Bruder und in Doppelwahl gewählter Nachfolger Philipp von Schwaben den jungen Orden unter seinen Schutz und erlaubte ihm den Erwerb von Besitzungen, die Lehen des Reiches waren. Dies markierte den Beginn kontinuierlicher königlicher Unterstützung. Nach Otto IV. erließ insbesondere Friedrich II. ab 1214 eine Reihe von Privilegien für den Deutschen Orden, nicht zuletzt begründet in der engen Beziehung zwischen ihm und Hochmeister Hermann von Salza. So nahm er z. B. 1221 den Orden erneut unter seinen Schutz, erlaubte den Erwerb von Reichslehen und befreite die Brüder – analog zum Privileg Ludwigs VII. für die Templer – von Abgaben für Exporte ins Heilige Land sowie für Warentransporte im Heiligen Römischen Reich und zwischen Sizilien und Kalabrien.

Zu den frühen Förderern des Ordens gehörten auch König Andreas II. von Ungarn, der seine Übertragung des Burzenlandes (1211) allerdings bald zurücknahm, Herzog Konrad von Masowien und König Heinrich III. von England, der den Brüdern eine Rente, festliche jährliche Einkünfte, zusagte, die um 1400 noch einmal unter Heinrich IV. erneuert wurde. Dazu kamen umfangreiche Schenkungen des Adels, ebenso wie auf der Iberischen Halbinsel, wo die auch die spanischen Ritterorden von königlichen und adligen Stiftungen profitierten. Die Orden von Santiago und Calatrava konnten durch adlige und kirchliche Förderung im 13. Jahrhundert auch außerhalb Spaniens, nicht zuletzt in Süditalien, Fuß fassen.

Die Stellung der Orden wurde vielfach auch durch enge persönliche Bande des Adels zu »ihren« Institutionen verstärkt. So trat z. B. der Lehnsherr des ersten Meisters der Templer, Hugues de Payns, Graf Hugues von der Champagne, 1125 dem Orden bei, nachdem er sich schon länger in der Kreuzzugsbewegung und für ein spirituell geprägtes Rittertum engagiert hatte. Bei den Johannitern ließ sich Graf Berengar Raimund von der Provence 1144 im Ordenshaus in Trinquetaille bestatten, und Herzog Hugo III. von Burgund (1162–1192) schloss sich schließlich dem Orden als *confrater* an, als durch den Prior von St. Gilles geistlich versorgter, aber weltlich lebender Mitbruder. Dies blieb durchweg ein wichtiges Instrument der Ritterorden. So nahm der Deutsche Orden 1329 die schlesischen Herzöge als *confratres* auf, weil diese ihn im Konflikt mit Polen unterstützt hatten. Die Aufnahme in die Konfraternitäten der Orden diente letztlich der Unterstützung im regionalen Umfeld und konnte selbst Exkommunizierten zu Teil werden, wenn etwa Graf Raimund VI. von Toulouse 1218 während des Albigenser-Kreuzzugs den Johannitern in Toulouse als *confrater* beitrat. Die Mitbrüder hatten das Recht auf Beisetzung auf den Friedhöfen der Orden, die daraus wiederum Einnahmen erzielten.

In ähnlichen Formen verlief auch die Förderung durch den niederen Adel. Besitzkonzentrationen an einem Ort ergaben sich meist aus einer Vielzahl von Schenkungen, wie etwa die Templer in Douzens östlich von Carcassonne in Südfrankreich seit 1133 verschiedene Stiftungen der Familie Barbairano erhielten. Einzelne Mitglieder der Familie verbanden sich dabei enger mit dem Orden, ähnlich wie Pierre d'Escau, der sich und seinen Besitz 1167 den Templern übergab, damit ihn diese bis zu seinem Lebensende wie einen Bruder versorgten. Diese Form der Altersversorgung gab es auch für Frauen, wenn z. B. die Mutter des Eudes de Pichanges im Zusammenhang mit der Stiftung einer Mühle in Fontenette aufgenommen wurde.

Das wiederholte sich ähnlich bei den Johannitern und dem Deutschen Orden. Letzterer erhielt anfangs insbesondere Hospitäler übertragen, so 1200 in Halle, 1202 in Bozen und 1203 in Friesach. Insbesondere in zwei Fällen führten danach Schenkungen zum Erwerb größerer Burganlagen, die zu Zentren des Ordens im Heiligen Römischen Reich wurden, in Mergentheim und Horneck. Der Besitz in Mergentheim wurde 1219 erworben, als die vom Fünften Kreuzzug zurückgekehrten Brüder Heinrich, Andreas und Friedrich von Hohenlohe in den Orden eintraten; und zwischen 1254 und 1258 schlossen sich Konrad von Horneck und seine beiden Söhne dem Orden an und brachten ihren Familienbesitz mit. Konrad und sein Sohn Werner amtierten danach nacheinander als Amtsträger des Ordens auf der Burg Horneck.

Wie bei Templern und Johannitern blieb aber die Stiftung größerer Besitzkomplexe die Ausnahme, die Orden stützten sich vielmehr auf viele kleinere Schenkungen, gleichermaßen Ländereien wie Häuser, Kirchen, Dörfer, Rechte und einzelne Einkünfte. Diese mussten erst zusammengefasst werden, um ertragreich bewirtschaftet werden zu können. Das geschah durch die Anlage von Komtureien (Kommenden, Präzeptoreien), d. h. durch die Gründung von Ordenshäusern auf den größeren Besitzungen, die von einer Gruppe von Brüdern bewohnt und bewirtschaftet und von einem Komtur (Präzeptor) geleitet wurden. Das geschah zum Beispiel bei den Templern in Douzens und Fontenette und beim Deutschen Orden in Mergentheim und Horneck.

Generell entwickelten die Orden dabei eine Flexibilität, die ihnen die Anpassung ihrer Strukturen an neue Erfordernisse erlaubte. Bei den Johannitern wurden zum Beispiel für die Versorgung der Brüder im Laufe der Zeit zu klein gewordene Präzeptoreien als *membra* (Glieder) größeren Häusern untergeordnet, oder bei weiteren Erwerbungen wurden (oft entlegenere) Besitzungen abgetrennt und neue Präzeptoreien (oder Komtureien) begründet. Während die Schenkungen allmählich nachließen – bei Templern und Johannitern schon im 13. Jahrhundert, beim Deutschen Orden erst am Anfang des 14. Jahrhunderts – bauten die Orden ihren Besitz systematisch weiter aus, schlossen Lücken und tauschten vereinzelt gelegene Güter und Rechte gegen solche in der näheren Umgebung. Meist waren in den Komtureien die verschiedenen Kategorien von Brüder vertreten, die sich im Laufe der Zeit ausgebildet hatten, Ritter-, Priester- und dienende Brüder (Servienten, Graumäntler). Die Komtureien wurden zum Teil auch von Priesterbrüdern geleitet, bei den Johannitern gab es eigene Präzeptoreien für Servienten.

Die Entfernung zwischen den Herkunftsregionen und den Einsatzgebieten, insbesondere dem Heiligen Land und dem Baltikum, machte den Aufbau einer Verwaltung für den Ordensbesitz im lateinischen Westen erforderlich. So ließ bereits Hugues de Payns bei seiner Rückkehr ins Heilige Land 1129 einige Brüder zur Verwaltung des neu erworbenen Besitzes der Templer zurück. Um 1130 war Payen de Montdidier zunächst für Nordfrankreich zuständig, dann für England, während Hugues de Rigeaud und nach ihm Arnaud de Bedocio Ländereien und Häuser in Südfrankreich und Spanien verwalteten. Diese Aufteilung war bereits 1143 verfestigt, wenn in der Urkunde Raimund Berengars IV. Pierre de Rovière als für die »Provence und gewisse Teile Spaniens« zuständig bezeichnet wird. Bis zu den 1160er Jahren entstanden Ordensprovinzen in Frankreich, England, Poitiers, Aragón, Portugal, Apulien und Ungarn. Erst 1227 ist ein Präzeptor für Deutschland belegt. Bis zum Ende des 12. Jahrhunderts bildete sich innerhalb der Ordensprovinzen mit umfangreicherem Besitz eine weitere Ebene aus, untergeordnete Verwaltungseinheiten, die auch als Balleien bezeichnet werden, in der Provinz Aragón oder Provence allein acht.

Die Templer orientierten sich wohl an den Johannitern, die als erste – noch als Hospitalorden – seit etwa 1120 um ihr frühes Zentrum St. Gilles eine Provinzialorganisation aufbauten. Diese Provinz, später das Priorat St. Gilles umfaßte zunächst den gesamten Ordensbesitz von Aragón und Katalonien bis in die Niederlande, vielleicht selbst noch nach England. Dann wurde davon um 1149 das Priorat Aragón abgetrennt, dann das Priorat Navarra und die Burg Amposta mit einem eigenen Amtsbezirk, der Kastellanei Amposta. Bis zur Übernahme des Templerbesitzes und der Bildung eines eigenen Priorats in Katalonien verwaltete der Kastellan von Amposta einige Zeit auch die Häuser in Aragón und Katalonien mit. 1182 ist ein Priorat Italien belegt, doch begann schon zuvor die Ausbildung regionaler Priorate in Barletta, Messina, Pisa, Venedig und der Lombardei. Ein eigener Prior für England findet sich spätestens 1178. Die Priorate wurden zeitweilig zu Provinzen zusammengefasst.

Beim Deutschen Orden wurden die entstehenden Komtureien Verwaltungseinheiten unter der Leitung eines Landkomturs, den Balleien, zugeordnet. Die ersten Belege für Landkomture finden sich bereits nach 1211 für das von König Andreas II. von Ungarn verliehene Burzenland und 1212 für Sizilien, ein Landkomtur für Deutschland ist spätestens 1218 fassbar. Weitere Landkomture in Armenien, der Romania (dem lateinischen Griechenland), Apulien, Frankreich, Böhmen, Österreich, den Niederlanden (den *partes inferiores*), der Lombardei und Spanien folgten. Nach den Statuten waren die Landkomture gleichgestellt, doch gewann bald der Landkomtur für Deutschland besondere Bedeutung. 1235/36 entstanden die Balleien Elsass-Burgund und Thüringen-Sachsen, die unter der Aufsicht des Landkomturs von Deutschland verblieben. So entstand das Amt des Deutschmeisters und mithin eine weitere Verwaltungsebene im Reich. Mit der Eroberung Preußens ab 1230 und der Vereinigung mit den Schwertbrüdern in Livland 1237 wurden die Landmeisterämter in Preußen und Livland eingerichtet, dem Landmeister in Preußen wurde die Ballei Böhmen unterstellt.

Die Strukturen der Ritterorden blieben überall im Fluss und wurden an die Bedürfnisse angepasst. Das galt auch für die spanischen und die kleineren Ritterorden. Auf der Iberischen Halbinsel entstand nur in den Orden eine Provinzialstruktur, die sich in mehreren Königreichen etablieren konnten. So entstanden im Orden von Calatrava zunächst zwei Provinzen, in Kastilien und Aragón, im Orden von Santiago sogar fünf Provinzen, in Kastilien, León, Portugal, Aragón und der Gascogne, die jeweils unter der Leitung von Großkomturen standen. Während sich der portugiesische Ordenszweig unter dem Druck des Königtums zunehmend verselbstständigte und seit 1316 auch offiziell einen eigenen

Orden bildete, kamen im späteren Mittelalter neue Provinzen des Santiagoordens hinzu. Selbst im relativ kleinen Schwertbrüderorden wurden fünf Provinzialmeister eingeführt, die in den Konventsburgen Reval, Wenden, Segewold, Fellin und Ascheraden residierten. Diese Struktur wurde vom Deutschen Orden nach 1237 übernommen und weiterentwickelt. Der spät in einen Ritter- und Hospitalorden umgewandelte Lazarusorden kannte zwar keine Provinzen oder Balleien, verlegte aber wohl den Ordenssitz nach den Niederlagen in den Schlachten bei La Forbie (1244) und Ramla (1253) in den Westen, um das Zentrum Boigny bei Orléans, während der englische Ordensbesitz um Burton Lazars in Leicestershire eine eigene Rolle spielte.

Häufig wechseln die in den Dokumenten genutzten Amtsbezeichnungen, und mehrfach finden sich Brüder, deren Aufgaben über die sich ausbildenden Strukturen hinweggriffen. Ein frühes Beispiel ist ein Templerbruder namens Guillaume Falco, von dem es in einer Urkunde von 1133 heißt, dass er »die Almosen der Ritter des Tempels jenseits des Meeres unter seiner Obhut hat« (Cartulaire … Temple, 43). Bei den Johannitern wurden zeitweilig Großpräzeptoren für eine Ordensprovinz, z. B. Frankreich, ernannt oder auch für alle Ordenshäuser im Westen. So sind zum Beispiel zu 1171, 1175 und 1198/99 »Präzeptoren jenseits des Meeres« (*preceptores citra mare*) nachweisbar, die die Ordensleitung im Westen vertraten. Im Deutschen Orden wurde 1219 ein Meister für den Besitz im Westen berufen, der jedoch keine dauerhafte Bedeutung erlangen konnte und nach 1223 nicht mehr nachweisbar ist.

3.4 Die Rekrutierung von Brüdern

Erst die sinnvolle Verwaltung des Ordensbesitzes im Westen schuf die Basis für die Erfüllung der Stiftungsaufgaben, doch gab es dafür weitere Voraussetzungen. Die hohen Verluste der frühen Templer, aber auch generell die Beteiligung aller Ritterorden an den militärischen

3 Die Etablierung der Ritterorden im 12. und 13. Jahrhundert

Auseinandersetzungen im Heiligen Land, in Spanien und im Baltikum erforderten die kontinuierliche Anwerbung neuer Ordensmitglieder. Die Orden konnten daher nur erfolgreich wirken, wenn es ihnen gelang, ihren Einsatz bekannt zu machen und ihre Unterstützung in den Augen ihrer Zeitgenossen als lohnendes Ziel erscheinen zu lassen. In welchem Maße dies gelang, zeigen Schenkungsurkunden wie die von Balduin Brochet für die Templer wohl schon aus der ersten Hälfte des 12. Jahrhunderts:

> »Wenn sie wahrnehmen, wie sehr die herausragende Nächstenliebe und die Gnade lobenswerter Ehrbarkeit der frommen Ritter vom Tempel zu Jerusalem überfließen, werden diejenigen, die durch verschiedene Gefahren zur See und zu Land geleitet von frommer Verehrung beständig das heilige Jerusalem und das Grab des Herrn besuchen, wissentlich bestätigen, dass die Ritter bereit stehen, sie hin und zurück zu bringen, damit sie zu den allerheiligsten Orten, die durch die körperliche Gegenwart unseres Herrn Jesus Christus geweiht sind, sicher aufbrechen können. Der ruhmvolle Ruf [der Templer], überall in den Ländern weit verbreitet, spornt viele an und bewegt sie, ihnen, wie sie es verdienen, großzügige Schenkungen zu machen.« (Cartulaire ... Temple, Nr. 4, 2)

Viele der Schenkungen erfolgten nach der Rückkehr von Kreuzfahrern aus dem Heiligen Land oder durch Familien, die mit der Kreuzzugsbewegung verbunden waren. Die Ritterorden werden in den Urkunden vielfach als Verteidiger des Heiligen Landes verstanden und deshalb wie im zitierten Dokument mit Schenkungen bedacht. Ebenso trugen aber im Verständnis der Zeit nicht nur Stiftungen, sondern auch Eintritte von Familienmitgliedern in einen Ritterorden oder andere geistliche Institutionen zum Seelenheil aller bei.

Der Eintritt junger Männer geschah so wohl nicht immer freiwillig, sondern auch unter familiärem Druck, und war Teil einer Familienstrategie, die immer wieder Verwandte in die Orden führte. Schon die ersten Templer waren teilweise eng verwandtschaftlich miteinander verbunden, bei den Johannitern und im Deutschen Orden lässt sich oft eine Folge von Brüdern aus denselben Familien beobachten – allerdings aus spätmittelalterlichen Quellen, die hier wohl schon die früheren Verhältnisse spiegeln. Bei den Johannitern gilt das etwa im 15. Jahrhundert für die Familie de Giresme, die auf Rhodos sogar über Grundbesitz verfügte, dessen Verwaltung jeweils von den auf

Rhodos lebenden Ritterbrüdern wahrgenommen wurde, und für die weitläufige Verwandtschaft der Grafen von Piossasco in der Lombardei. Beim Deutschen Orden lässt sich für die Zeit um 1300 auf die Hochmeister aus der Familien von Feuchtwangen verweisen, für die Zeit um 1400 auf die von Jungingen und (Reuß) von Plauen.

Die Aufnahme neuer Brüder bedurfte aber der Steuerung. Wenn die Orden zu wenige Brüder hatten oder auch für bestimmte Regionen weiterer Unterstützung bedurften, unternahm man regelrechte Rekrutierungskampagnen wie etwa schon bei den frühen Templern oder im Lazarusorden 1256, als sich der Meister in England aufhielt, um nach der Niederlage bei Ramla Rekruten anzuwerben. Umgekehrt wurden die Aufnahmen eingeschränkt, wenn man die Zahl der Brüder – oft aus wirtschaftlichen Gründen – für zu hoch hielt. So erließen die Johanniter im späteren Mittelalter mehrfach Aufnahmeverbote. Das Generalkapitel legte zum Beispiel 1301 eine Zahl von 80 Brüdern, genauer 70 Rittern und 10 Sergeanten, für den seit dem Verlust Akkons nach Limassol verlegten Konvent fest, eine Zahl, die erst nach und nach wieder erhöht wurde, und deutlich später, im Dezember 1450, führte eine finanzielle Krise zu einem formalen Aufnahmestop, während alle zuvor erteilten Aufnahmegenehmigungen widerrufen wurden. Beim Deutschen Orden wurden im 15. Jahrhundert die Zahlen insbesondere der Ritterbrüder deutlich vermindert, in Preußen gleichermaßen wie in Livland und im Reich, wo zunehmend Priesterbrüder die Leitung von Ordenshäusern übernahmen. Allerdings kam es erst unter Michael Küchmeister zu einem zeitweiligen Aufnahmestop.

Nach den Regeln lag die Aufnahme unter anderem bei Templern, beim Deutschem Orden und Santiagoorden in den Händen der Meister oder wurde ihnen, wie bei den Johannitern, schrittweise übertragen. Dazu bedurften sie aber der Zustimmung durch die Generalkapitel. Faktisch wurde die Aufnahme dann meist an regionale und lokale Amtsträger delegiert. Bei den Johannitern bedurften die Präzeptoren von Zypern, Tyrus, Tripolis und Armenien Brüder nur mit Zustimmung des Meisters aufnehmen, nur die Präzeptoren von Akkon, Crac des Chevaliers und Margat bedurften nur der Zustimmung der Kapitel ihres Hauses. Schließlich entwickelte sich eine Praxis, bei der Meister und Rat auf Rhodos einzelnen Prioren oder Präzeptoren erlaubten, eine feste Zahl von Brüdern aufzunehmen. Die Kandidaten wurde dann auf lokalen oder regionalen Versammlungen, insbesondere auf Provinzialkapiteln, auf ihre Eignung geprüft. Im 12. und 13. Jahrhundert kam es dabei zu einer Trennung von Rekrutierung und Karrieren. Meistens erscheinen die Brüder, die für das Heilige Land rekrutiert wurden, nicht in den Quellen für die europäischen Ordenshäuser, während viele Brüder in den Präzeptoreien des Westens oftmals aus der näheren Umgebung stammten. Dies änderte sich nach 1310, als – mit wenigen Ausnahmen – eine oder mehrere Phasen des Dienstes auf Rhodos eine wichtige Grundlage für eine Karriere im Orden bildeten.

Die Rekrutierung im Deutschen Orden entwickelte sich gegenteilig. Während die Region der Aufnahme anfangs eine geringe Rolle spielte, kam es seit dem frühen 14. Jahrhundert zu einer deutlichen Differenzierung. Die Hochmeister konzentrierten sich dabei auf Preußen und die ihnen zugewiesenen Kammerballeien im Reich. Im 15. Jahrhundert sind dann eigene Anwerbungsmissionen belegt. So sandte etwa Konrad von Jungingen 1406 zwei Brüder zur Werbung ins Reich, ähnlich Paul von Rusdorf 1422 und 1428. Gelegentlich baten die Hochmeister auch die Verwalter der Balleien, die Landkomture, um geeignete Kandidaten. Die neu rekrutierten Brüder reisten nach der Zahlung eines Aufnahmegeldes von 60 bis 130 Gulden wohl meist über Lübeck nach Preußen weiter. Erst wenn sie sich dort bewährt hatten, wurden sie auch in den Kammerballeien des Hochmeisters eingesetzt. In der Ballei Koblenz finden sich z. B. deshalb kaum junge Ritterbrüder. Die livländischen Meister rekrutierten ihre Ritterbrüder im Anschluss an die Schwertbrüder vor allem aus dem nordwestdeutschen Raum, insbesondere aus Westfalen und dem Rheinland. So nahm etwa der Landkontur von Westfalen, Sweder Cobbing, 1411 neue Brüder für Livland auf. Die Nachfrage nach geeigneten Kandidaten bei den Komturen führte dazu, dass er innerhalb von sechs Wochen 33 Männer anwerben konnte. Die Deutschmeister nahmen ihrerseits über die Landkomture der deutschmeisterlichen Balleien neue Brüder auf. Im Ergebnis verliefen auch die Karrieren in der Regel deutlich getrennt.

Die Anwerbung von Ritterbrüdern richtete sich in der Regel auf den niederen Adel. Das zeigt sich schon am Beispiel der Meister der Ritterorden, die zumeist aus dieser Schicht kamen. Ausnahmen aus dem Hochadel waren beim Deutschen Orden z. B. nur die Hochmeister Konrad von Thüringen und Luther von Braunschweig, bei den Johannitern vielleicht Afonso von Portugal. Eine Analyse der 105 namentlich zuzuordnenden Brüdern der Ballei Thüringen des Deutschen Ordens im 13. Jahrhundert ergibt nur neun Mitglieder gräflicher Familien, elf Edelfreie, aber 74 Ministeriale, aus der Unfreiheit aufgestiegene Niederadlige, dazu einen freien Ritter und zehn Mitglieder bürgerlicher Familien. Der Anteil von Brüdern städtischer Herkunft dürfte insgesamt relativ gering gewesen sein – so entstammte etwa beim Deutschen Orden Hochmeister Karl von Trier nicht einer patrizischen, sondern einer ministerialischen Familie des Erzbistums Trier. Andere soziale Gruppen sind kaum fassbar. Der große Anteil von Brüdern, die sich sozial nicht verorten lassen, dürfte das Bild insgesamt wesentlich verschieben.

Das gilt insbesondere für die Zahlen der nicht-adligen Mitglieder. Schon unter den Priesterbrüdern, die oft nur mit ihrem Vornamen in den Quellen erscheinen, waren wohl zahlreiche Männer einfacherer Herkunft. Die meisten von ihnen traten aber als dienende Brüder (*servientes*/Sergeanten/Graumäntler ...) in die Orden ein. Sie wurden meist im Umfeld der Ordenshäuser rekrutiert, in denen sie tätig waren. Das zahlenmäßige Übergewicht der Sergeanten bei den Templern wird vor allem aus den Prozessakten deutlich. Von den 1310/11 in Paris vor den päpstlichen Kommissaren erschienenen und namentlich fassbaren Brüdern waren nur 16 Ritter, aber 177 Sergeanten. Bei den Johannitern belegt die Besitzaufnahme von 1338 in England, Schottland und Wales 31 Ritter und 47 Sergeanten. Daneben waren aber auch die Priesterbrüder in den westlichen Ordenshäusern relativ stark präsent. Das hatte vor allem im 12. und 13. Jahrhundert praktische Gründe. Die kampffähigen Ritter wurden in den Einsatzgebieten benötigt, während die von den Orden wahrzunehmenden seelsorgerischen Aufgaben für die abhängige Bevölkerung eine größere Zahl von Priesterbrüdern vor Ort erforderten.

Die Aufnahme als Ritterbruder wurde im Laufe der Zeit zunehmend reguliert und damit eingeschränkt. Hatte Bernhard von Clairvaux für die Templer noch reklamiert, dass allein der Verdienst, nicht Adel zählen würde, änderte sich das rasch. Analog zum Gesellschaftsmodell der *oratores*, *bellatores* und *laboratores* verbanden sich mit Ritter-, Priester- und dienenden Brüdern bald auch soziale Zuordnungen. So mussten selbst bei den Templern spätestens ab dem 13. Jahrhundert Ritterbrüder auch aus ritterlichen Schichten stammen. Ähnlich war dies bei den Johannitern, wo die adlige Herkunft bereits unter Afonso de Portugal 1204/06 Grundlage für die Aufnahme als Ritterbruder wurde. 1262 legte das Generalkapitel zudem fest, dass nur ein Ritterbruder, dessen Vater ebenfalls ein Ritter gewesen war, zum Meister gewählt werden durfte. Der Deutsche Orden folgte relativ spät, unter Hochmeister Dietrich von Altenburg (1335–1341) mit der Regelung, ein Ritterbruder müsse würdig und wohl geboren sein. Da Adelsproben aber erst in späterer Zeit gefordert wurden, dürfte es aber lange auch nicht-adlige Ritterbrüder gegeben haben, die einen adligen Stand für sich reklamiert hatten. Die legitime, also eheliche, Geburt kam seit dem 13. Jahrhundert als Anforderung hinzu, bei den spanischen Ritterorden relativ spät, während die Johanniter schon 1270 Ausnahmen für die Söhne von Fürsten und höherem Adel machten.

Als Hochmeister Konrad von Jungingen 1406 den Vogt von Leske, Siegmund von Raming, zur Anwerbung von Brüdern im Reich bevollmächtigte, sollten die Kandidaten nicht nur adlig sein, sondern jung, gesund und von ehrenhaftem Lebenswandel. Nach den wohl um 1260 entstandenen, späteren Vorschriften der Templer zur Aufnahme von Brüdern wurde der Kandidat unter anderem gefragt,

> »ob er keine Ehefrau oder Verlobte hat; ob er nicht einmal ein Gelübde oder Versprechen gegenüber einem anderen Orden abgelegt hat; ob er keinem weltlichen Mann etwas schuldet, das er nicht zurückzahlen kann; ob er gesund an seinem Körper ist und keine geheime Krankheit hat; und ob er nicht der Unfreie eines anderen Mannes ist.« (La règle du Temple, Nr. 658, 337–38; vgl. Barber, New Knighthood, 212)

Jugend, Gesundheit und Ehelosigkeit waren so wichtige Voraussetzungen, selbst wenn – insbesondere im Zusammenhang mit Stiftungen – auch Männer höheren Alters in die Orden eintreten konnten.

Anders als bei den monastischen Orden gab es bei den Ritterorden allerdings keine Aufnahme von Kindern. Wenn gelegentlich Jungen in die Ordenshäuser gegeben wurden, dann in der Regel zur militärischen

Erziehung, ohne Bezug zu einer späteren Aufnahme. Auch gab es nur zeitweilig ein Noviziat, bei den Templern im 12., bei den Johannitern im frühen 13. Jahrhundert, ähnlich beim Deutschen Orden anfangs eine Probezeit. Die Templer, aber auch die anderen Orden gingen generell davon aus, dass die Kandidaten eigenständig entscheiden konnten und einsatzfähig waren. Der Deutsche Orden und der Orden von Santiago legten zudem mit 14 bzw. 15 Jahren ein Mindestalter für den Eintritt fest.

War jemand durch Ehe oder Verlobung gebunden, bedurfte der Eintritt der Zustimmung der Ehefrau oder Verlobten, die teilweise selbst einer geistlichen Institution beitraten. Eine Ausnahme bildete der Orden von Santiago, in den von Anfang an auch verheiratete Brüder mit ihren Frauen eintreten und dort in ehelicher Keuschheit leben konnten. Die verheirateten Brüder hatten aber lange eine untergeordnete Stellung. Hindernisse für einen Eintritt waren auch die vorhandene Bindung an andere Orden – diese mussten einem Übertritt zustimmen, sofern die Ritterorden als strengere Lebensform gelten konnten – oder hohe Schulden, die der Bruder bei seinem Eintritt nicht dem Orden auflasten sollte. Die Aufnahme wurde als feierliche Zeremonie begangen, die den Kandidaten den schwer wiegenden Charakter der Entscheidung zum Eintritt und die Bedeutung ihrer Angaben zu ihrem Stand vermitteln sollte.

3.5 Militärische Einsätze

Die Anwerbung junger und gesunder Brüder war vor allem deshalb erforderlich, damit diese nach angemessener Einführung und Ausbildung in den militärischen Konflikten zum Einsatz kommen konnten. Grundsätzlich sollten sich die Ritterorden in den Grenzregionen und im Heiligen Land gegen die Feinde der Christenheit wenden, nicht gegen andere Christen. Beim Deutschen Orden fand das sogar Eingang in die Statuten, wenn es dort heißt: »Kein Bruder soll wissentlich jenen Pferde stellen oder Hilfe leisten, die mit einem Heer gegen Christen ziehen […]« (Statuten, Gesetze I.n, 58). Dies hat – auch und gerade beim Deutschen Orden – Einsätze gegen Christen nicht verhindert, doch galten diese vielfach als problematisch. Das zeigte sich schon früh auf der Iberischen Halbinsel. So wollte Ferdinand II. von León schon 1183 den neu gegründeten Orden von Alcántara gegen Alfons von Portugal einsetzen, doch die Brüder argumentierten, so zumindest nach ihrem späteren Chronisten Francisco de Rades y Andrada, sie dürften nicht gegen christliche Herrscher kämpfen, die sich nicht mit den Muslimen verbunden hätten.

Andererseits wurde es den Orden zum Vorwurf gemacht, wenn sie sich nicht an den militärischen Aktivitäten von Herrschern gegen ihre muslimischen Gegner beteiligten. Im Juni 1287 forderte etwa Alfons III. von Aragón die Templer nachdrücklich auf, Truppen im Kampf gegen die Mauren zu stellen. Wie eine Drohung wirkt der zusätzliche Hinweis, seine Vorfahren hätten ihnen ihren Besitz nur unter der Bedingung übertragen, »dass sie euch immer bereitfinden, das Land der Christen gegen unsere Feinde, die treulosen Sarazenen, zu verteidigen« (Forey, Templars … Aragón, Nr. 31, 403). Tatsächlich entzog Alfons' Nachfolger Jakob II. den Johannitern 1320 einige ihrer Schenkungen, als sie keine Ritter zu einem Feldzug gegen Granada stellten. Der Heidenkampf war der Kern der Aufgaben der geistlichen Ritterorden, der sie sich als »wahre Israeliten«, »neue Makkabäer« und »Kämpfer Christi« nicht entziehen konnten.

Dennoch suchten sie nicht den Kampf um jeden Preis. Ihre Erfahrung ließ sie oft zur Zurückhaltung mahnen, wenn die aus dem Westen eintreffenden Kreuzfahrer schnelle Erfolge wollten. War die Lage einer Festung oder Stadt aussichtslos, kämpften sie nicht bis zum Letzten, sondern suchten eine Übergabe auszuhandeln, um weitere Opfer zu vermeiden. So wurden die letzten Stützpunkte der Templer nach dem Fall Akkons im Juli und August 1291 kampflos geräumt. In einem südfranzösisch-katalanischen Manuskript der Regel wird allerdings am Beispiel des Falls von Baghras (Gaston) zwischen Alexandrette und Antiochia betont, dass die Aufgabe von Grenzfestungen einer Erlaubnis der Ordensleitung bedurfte. Oft spielten die Brüder in Verhandlungen mit den muslimischen Gegnern eine Rolle; aus den

1230er Jahre sind einige bekannt, die Arabisch sprechen konnten. Aber auch zwischen konkurrierenden Christen agierten sie als Vermittler. Im Heiligen Land waren die Ritterorden von Anfang an dabei, die Templer bereits seit den 1120er Jahren, die Johanniter seit ihrer Militarisierung spätestens seit den 1160er Jahren, und der Deutsche Orden insbesondere seit dem Fünften Kreuzzug (1217–1221). Angesichts der wirtschaftlichen und militärischen Probleme vieler weltlicher Grundherren gewannen sie zunehmend an Einfluss, vor allem im 13. Jahrhundert. Bald war kein Feldzug ohne ihre Beteiligung mehr möglich. Als der Templer-Großmeister Jacques de Molay 1306 auf die päpstliche Anfrage zu einer Union der geistlichen Ritterorden Stellung nahm, verwies es dabei auf eine Aufgabenteilung unter den großen Orden.

»Wenn die Könige, Herzöge, Grafen und auch andere Barone, einfache Leute, Pilger und wer auch immer ins Heilige Land kommen und bewaffnet mit einem Heer gegen die Sarazenen ziehen, war es zwischen ihnen immer die Gewohnheit, es so zu machen, dass ein Orden voran marschiert und den Schutz übernimmt, den man ›Vorhut‹ nennt, der andere aber den Schutz, den man ›Nachhut‹ nennt, und so schließen sie die Landesfremden zwischen sich ein, wie das eine Mutter mit ihrem Kind macht. Und das ist gut so, denn sie kennen das Vorgehen der Sarazenen und diese kennen sie […].« (Le dossier ... Templiers, 10)

Molay spricht im selben Zusammenhang auch von einer für alle Christen vorteilhaften Konkurrenz zwischen Templern und Johannitern. Wenn die Templer eine große Zahl von Brüdern und Pferden ins Heilige Land brächten, müssten die Johanniter eine größere Zahl herbeiführen; wenn sich ein Orden durch viele gute Ritter und ruhmreiche Waffentaten auszeichne, müsse dies der andere Orden ebenfalls erreichen. Durch diese Konkurrenz würden sie in ihren Kämpfen gegen die Sarazenen niemals nachlassen.

Aber nicht nur die Truppen, sondern auch die in wachsender Zahl von den Orden kontrollierten Burgen hatten große militärische Bedeutung. Sie dienten als Sammelplätze bei militärischen Operationen, boten Vorräte an Lebensmitteln und Material, sicherten Nachschubwege und waren unter günstigen Umständen gut zu verteidigen. So kam es noch im 13. Jahrhundert auch beim Burgenbau zu einer Konkurrenz der Orden mit ehrgeizigen Projekten wie für die Templer in 'Atlīt (Pilgerschloss) südlich von Haifa und im 1240 wieder gewonnenen Safad in Galiläa oder für den Deutschen Orden in Montfort. Auch die Johanniter bauten ihre Burgen wie den Crac des Chevaliers und Margat weiter aus.

Die Templer waren am Anfang vor allem an kleineren Operationen zum Schutz der Pilger beteiligt, nahmen bald aber auch an größeren Feldzügen teil. So unterstützte schon Hugues de Payns nach seiner Rückkehr aus dem Westen mit neu angeworbenen Brüdern im November 1129 die Belagerung von Damaskus, und 1139 erlitt ein Kontingent des Ordens unter Robert de Craon zusammen mit anderen Kreuzfahrertruppen eine schwere Niederlage gegen Turkmanen oder Beduinen, die Pilger am Toten Meer bedrängt hatten. Die Templer wurden folglich danach in die Vorbereitung und Durchführung des Zweiten Kreuzzugs eingebunden. Im April 1147 kamen 130 Ordensritter zu einem Generalkapitel in Paris zusammen, auf dem auch Ludwig VII. von Frankreich und Papst Eugen III. präsent waren. Der französische Meister der Templer, Éverard des Barres, begleitete den König auf dem Kreuzzug, partizipierte an den Verhandlungen mit dem byzantinischen Kaiser Manuel I. in Konstantinopel, organisierte die Abwehr nach hohen Verlusten gegen die Seldschuken in den Bergen Kleinasiens und beschaffte finanzielle Mittel für die Fortsetzung des Kreuzzugs, als Ludwig VII. in Schwierigkeiten geraten war. Der Fehlschlag des Unternehmens nach der erfolglosen Belagerung von Damaskus im Juli 1148 schadete den Templern nicht, auch wenn ihnen von einigen Autoren die Schuld am Scheitern des Kreuzzugs zugeschrieben wurde.

Bald nach dem Kreuzzug mussten die Templer mit anderen Truppen König Balduins III. dem belagerten Antiochia zu Hilfe kommen, während christliche Truppen zugleich versuchten, den letzten großen ägyptischen Stützpunkt im Heiligen Land, Askalon, abzuschließen und zu erobern. Die Templer konnten im Frühjahr 1150 das ihnen dafür übergebene Kastell Gaza gegen einen ägyptischen Angriff halten. Anfang 1153 beteiligten sie sich dann an der Belagerung Askalons. Im August 1153 gelang es 40 Ordensrittern unter der Leitung ihres Meisters Bernard de Tremelay durch einen zerstörten Mauerabschnitt in die Stadt einzudringen, doch sahen sie bald sich zahllosen Gegnern gegenüber und kamen im Kampf um; ihre Leichname wurden zur Abschreckung der Belagerer über die Mauern gehängt. Nach der bald darauf erfolgten Eroberung Askalons rückte Ägypten selbst in den Fokus der Kreuzfahrer.

Bei den Plänen König Amalrichs I. zur Eroberung Kairos spielten aber nicht die Templer, sondern die Johanniter eine zentrale Rolle. Deren Meister Gilbert d'Assailly, der eng mit dem König und dem Patriarchen von Jerusalem, Amalric de Nesle, verbunden war, sagte für den Feldzug von Ordensseite die Teilnahme von 500 Rittern und 500 Turkopolen, leichter bewaffneten orientalischen Hilfstruppen, zu und erhielt dafür umfangreiche Zusagen, die einen erheblichen finanziellen Gewinn und den Aufbau eines eigenen ägyptischen Territoriums des Ordens versprachen. Die Templer traten zwar für die Aufrechterhaltung des Friedens mit Ägypten ein, waren dann aber wohl am Feldzug vom Oktober 1168 ebenfalls mit eigenen Kontingenten beteiligt. Das Ganze endete mit einem Fehlschlag, da sich die Truppen der Kreuzfahrer nach einigen Eroberungen ohne klares Ergebnis zurückziehen mussten. Auch ein neues Unternehmen im Folgejahr scheiterte. Vielmehr wuchs die Bedrohung für die Kreuzfahrerstaaten durch die sich abzeichnende Verbindung Ägyptens mit ihren syrischen Gegnern.

Die Ritterorden waren danach nahezu an allen größeren militärischen Auseinandersetzungen im Heiligen Land beteiligt. Während das Königreich Jerusalem durch innere Spannungen und Konflikte geschwächt war und die Macht des neuen Gegenspielers Saladin wuchs, trugen die Orden mehrfach zur Stabilisierung bei. So gelang mit Hilfe der Templer 1177 ein Erfolg gegen Saladin bei Montgisard. Meister Odo de Saint Amand entschied die Schlacht, in dem er mit 84 Ritterbrüdern in einer festen Formation durch die feindlichen Truppen ritt, so dass viele Gegner den Tod fanden. Im August 1179 konnte Saladin jedoch die Templer-Burg Chastellet an der Jakobsfurt erobern und zerstören, und Odo starb im Oktober 1179 in Gefangenschaft.

Als problematisch erwies sich die Verwicklung der Templer unter dem seit 1184 amtierenden Meister Gérard de Ridefort in die inneren Konflikte im Königreich Jerusalem. Als Anhänger König Guidos von Lusignan befand er sich mit dem Johanniter-Meister Roger des Moulins, dem Erzbischof von Tyrus und einem Kontingent von etwa 140 Templern auf dem Weg zu Guidos Gegenspieler Raimund III. von Tripolis, als sie sich am 1. Mai 1187 an den Quellen von Cresson einem muslimischen Heer von vielleicht 7 000 Mann gegenübersahen. Trotz ihrer klaren zahlenmäßigen Unterlegenheit nötigte Gérard die anderen zum Kampf, indem er ihnen Feigheit vorwarf. Am Ende konnten nur Gérard selbst und wenige Templer entfliehen, alle anderen, auch Roger des Moulins, fielen.

Auf ähnliche Weise trug Gérard zur Niederlage des Kreuzfahrerheers bei, als nunmehr Saladin selbst mit einem großen Heer herbeirückte, dem die Christen trotz aller Anstrengungen unterlegen waren. Als das christliche Heer an den Quellen von Saffuriya einen Hilferuf der Gemahlin Raimunds III. erhielt, riet selbst dieser ab, die vorteilhafte Stellung zu verlassen. Nach dem Bericht der Chronique d'Ernoul soll Gérard jedoch Raimund gegenüber dem König als Verräter bezeichnet und ihn so bewogen haben, das Heer durch wasserloses Gebiet in Richtung See Genezareth zu führen. Bevor dieser erreicht werden konnte, kam es am 4. Juli 1187 zur Schlacht. Die Christen erlitten eine schwere Niederlage mit vielen Toten und Gefangenen. Über das Schicksal der gefangenen Ritterbrüder berichtet der Chronist 'Imād ad-Dīn al-Iṣfahānī:

> »Zwei Tage nach dem Sieg ließ der Sultan die gefangenen Templer und Hospitaliter suchen und sagte, ›Ich will die Erde von den beiden unreinen Geschlechtern säubern‹. Er setzte fünfzig dīnār aus für jeden, der einen Gefangenen bringe, und sofort brachte sie das Heer zu Hunderten. Er befahl, sie zu enthaupten, denn er zog es vor, sie zu töten und nicht zu Sklaven zu machen. Eine ganze Schar Gelehrter und ūfīs und eine gewisse Zahl Frommer und Asketen befanden sich bei ihm; jeder bat, ob er nicht einen von ihnen umbringen dürfe, zog das Schwert und krempelte die Ärmel auf. [...] Wie viele Klingen färbten sie mit Blut für einen erstrebten Sieg, wie viele Lanzen schwangen sie gegen einen von ihnen gefangenen Löwen, wie viele Schwächen heilten sie, indem sie einen Templer schwächten [...].« (Kreuzzüge aus arabischer Sicht, 185–86)

Saladin verschonte nur Gérard de Ridefort, den er im Juni 1188 gegen die Übergabe dreier Burgen, darunter Gaza und Toron des Chevaliers, freiließ. Inzwischen war das Königreichs Jerusalem fast vollständig an Saladin gefallen. Neben Tyrus konnten aber die Zentren der beiden nördlichen Kreuzfahrerstaaten, Tripolis und Antiochia, gehalten werden. Dazu trugen auch die Territorien der Templer und Johanniter um Tortosa und den Crac des Chevaliers bei. Aus Jerusalem, das nach kurzer Belagerung übergeben wurde, konnten sie christliche Flüchtlinge gegen Lösegeld herausführen. Zudem hielten sie die Burgen Safad und Belvoir bis zur Jahreswende 1188/89 und hinderten Saladin so an weiteren Unternehmungen.

Der Dritte Kreuzzug brachte unter der Leitung Richards I. von England und Philipps II. von Frankreich eine Stabilisierung, insbesondere durch die Eroberung Akkons im Juli 1191, das sich zum neuen Zentrum des Königreichs Jerusalem entwickelte. Die Ritterorden konnten die im Land unerfahrenen Kreuzfahrer bei ihren Kriegszügen unterstützen, so im August 1191 bei einem Unternehmen entlang der Küste. Sie rieten allerdings mehrfach von einem Versuch zur Rückeroberung Jerusalems ab, weil sie fürchteten, das Heer würde damit von der Küste abgeschnitten sein. Zudem würden die Kreuzfahrer nach einem Erfolg nach Europa zurückkehren, ohne dass die Verteidigung der Stadt gesichert werden könnte.

Im 13. Jahrhundert gewannen die Ritterorden schon aufgrund ihres kontinuierlichen Nachschubs an Männern, Pferden, Geldern, Lebensmitteln und Ausrüstung stetig an Einfluss, während die Barone verarmten. Bei den Feldzügen übernahmen sie nun zumeist die ihnen von Jacques de Molay zugeschriebene Rolle als Vor- und Nachhut, etwa 1204 bei einem Angriff auf Galiläa. Bei derartigen Feldzügen wurde oft auf die Taktik der *chevauchées* zurückgegriffen, bei der die Umgebung der Burgen verwüstet wurden, um deren Versorgung zu behindern. Templer und Johanniter beteiligten sich etwa an Verwüstungszügen von Jean de Joinville bei Jaffa 1252, von Geoffroy de Sargines gegen Askalon 1264 und von Hugues de Lusignan nach Tiberias 1266.

Die Ritterorden waren auch am Fünften Kreuzzug (1217–1221) beteiligt, an dem erstmals der Deutsche Orden mit eigenen Kontingenten teilnahm, der 1228/29 auch als einziger der großen Ritterorden Kaiser Friedrich II. bei seinem Kreuzzug unterstützte. Die Templer setzten z. B. beim Fünften Kreuzzug Schiffe ein, die wesentlich zur Eroberung Damiettes beitrugen. Johanniter, Templer und Deutscher Orden verstärkten 1239 auch den Feldzug Graf Theobalds IV. von der Champagne. Nach der Niederlage eines Teil-Kontingents bei Gaza rieten sie zum Rückzug, was ihnen erhebliche Kritik einbrachte. Das Engagement der Orden führte oft zu hohen Verlusten. Nach dem endgültigen Fall Jerusalems im Juli 1244 zogen die Kreuzfahrer, darunter Templer, Johanniter, Deutscher und Lazarusorden, mit ihren syrischen Verbündeten, dem Sultan von Damaskus und dem Herrn von Kerak, dem ägyptisch-choresmischen Heer entgegen. Bei La Forbie (Gaza) kam es zu einer schweren Niederlage. Schon von den Templern fielen nach einem Bericht des Patriarchen von Jerusalem allein 312 Ritterbrüder und 324 Turkopolen, nur 33 Templer sowie 27 Johanniter und drei Deutschordensbrüder überlebten, keiner der Lazariter. Der Templer-Meister Armand de Pierregort und der Johanniter-Meister Guillaume de Châteauneuf gerieten in Gefangenschaft. Ersterer starb in Kairo, Guillaume kam 1250 als kranker Mann aus der Gefangenschaft frei.

Das Engagement der Orden setzte sich auch bei den Kreuzzügen Ludwigs IX. von Frankreich (1249-1254) und Eduards I. von England (1270–1272) fort, die ihrerseits auf die Brüder angewiesen blieben. Sie unterstützten Ludwig bei seinem Angriff auf Ägypten und den folgenden Maßnahmen zur Konsolidierung der christlichen Territorien im Heiligen Land, und sie entsandten Kontingente für mehrere Unternehmen Eduards I. in der Umgebung Akkons. Trotz aller Bemühungen wurde jedoch die Situation schon seit den 1260er Jahren immer schwieriger. Der Mamlūkensultan Baybars (1260–1277) ging Schritt für Schritt gegen die christlichen Besitzungen vor, eroberte Caesarea, Haifa und Arsuf und belagerte 1263 und 1267 Akkon. Dabei ging 1266 auch die Templer-Festung Safad endgültig verloren, während das Umfeld der Deutschordensburg Montfort so verwüstet wurde, dass die Brüder die Burg 1271 kampflos aufgeben mussten. Im selben Jahr fielen auch die Burgen im Umfeld Tortosas, so der Crac des Chevaliers der Johanniter und Chastel Blanc der Templer. Die letzte starke Festung der Johanniter war Margat, dessen Garnison bei Ausfällen lange noch aggressiv gegenüber den muslimischen Gegnern vorging. Angriffe auf die Burg 1280/81 blieben ohne Ergebnis, doch schließlich gelang Baybars' Nachfolger Qalawun im Mai 1285 nach einmonatiger Belagerung die Eroberung.

Danach verlagerten sich die Kämpfe in die Küstenstädte. 1289 fiel Tripolis, obwohl sich Johanniter unter dem Marschall Matthieu de Clermont an seiner Verteidigung beteiligt hatten. 1290 brachte der Hochmeister Burchard von Schwanden noch einmal rund 40 Deutschordensbrüder und 400 Kreuzfahrer ins Land, resignierte allerdings angesichts der Situation, so dass der Orden bei der Belagerung Akkons ohne Führung war. Der Angriff auf Akkon unter Qalawuns Nachfolger al-Ashraf begann am 5. April 1291. Zu den Verteidigern gehörten die Templer unter Großmeister Guillaume de Beaujeu, die Johanniter unter Meister Jean de Villiers, dazu Brüder des Deutschen Ordens und vielleicht auch der kleineren Orden.

Johanniter und Templer hatten einen Mauerabschnitt übernommen, konnten die Belagerung aber nicht mehr aufbrechen. Trotz des Eintreffens von Verstärkungen unter König Heinrich II. von Zypern Anfang Mai ließ sich die Stadt nicht halten. Am 18. Mai gelangten die mamlūkischen Truppen in die Stadt, die Templer verteidigten ihre städtische Burg noch bis zum 28. Mai. Guillaume de Beaujeau starb in den Kämpfen, Jean de Villiers gelangte schwer verletzt nach Zypern. Auch der Templer-Komtur Thibaut Gaudin konnte noch in letzter Minute mit dem Archiv und Schatz des Ordens fliehen. Angesichts ausbleibender Unterstützung mussten im Juli und August 1291 auch Sidon, Tortosa und Château Pélérin ('Atlīt) aufgegeben werden. Ein Versuch der Templer um 1300 bis 1302, auf der wasserlosen Insel Ruad vor Tortosa erneut Fuß zu fassen, scheiterte.

Die Ritterorden waren im 12. und 13. Jahrhundert auch auf der Iberischen Halbinsel und im Baltikum militärisch aktiv. Templer und Johanniter waren aber hier nicht in gleicher Weise präsent wie im Heiligen Land. Die iberischen Herrscher waren im 13. Jahrhundert stärker als der König von Jerusalem und standen zumeist selbst an der Spitze der militärischen Unternehmungen; im Baltikum kam dagegen nur den Schwertbrüdern und danach dem Deutschen Orden eine eigenständige Rolle zu. Auf der Iberischen Halbinsel waren die Templer dennoch spätestens seit 1147/48 an den Kämpfen beteiligt. So unterstützten sie Graf Raimund Berengar IV. von Barcelona bei der Belagerung Tortosas, die im Dezember 1148 nach sieben Monaten erfolgreich abgeschlossen werden konnte, und erhielten dafür einen Anteil

3 Die Etablierung der Ritterorden im 12. und 13. Jahrhundert

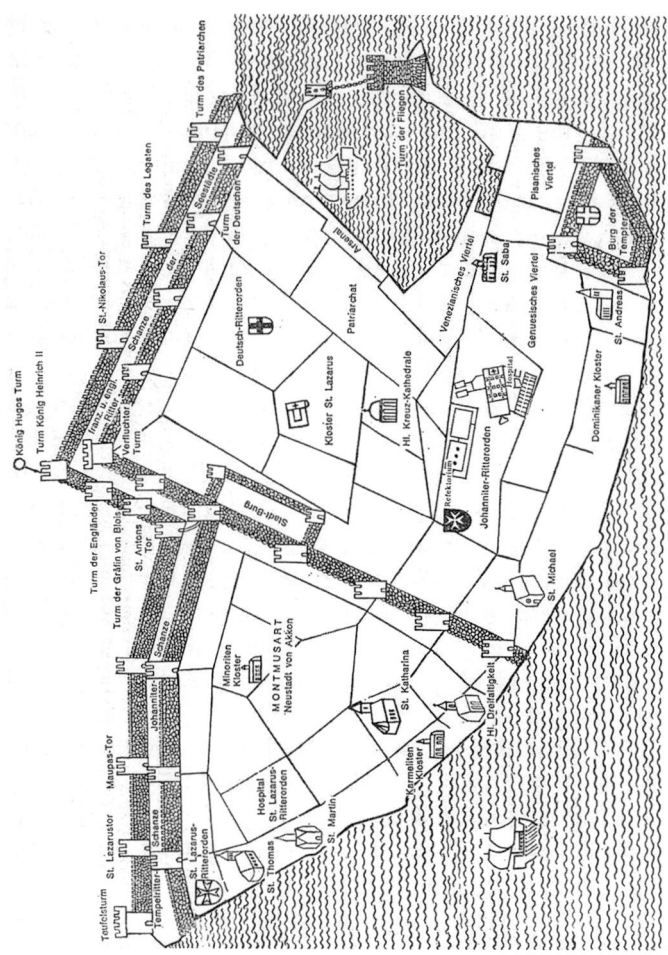

Abb. 4: Akkon vor 1291, moderne Rekonstruktion nach Marino Sanudo (14. Jh.) und anderen Quellen, mit den Sitzen der Ritterorden.

an der Stadt und einige Festungen zur Verteidigung übertragen. In Portugal halfen sie 1147 bei der Eroberung von Santarém nördlich des Tejo, in Kastilien hielten sie kurzzeitig Calatrava.

Bald traten die neu gegründeten spanischen Ritterorden an ihre Seite. So war der Orden von Santiago nicht nur in Kastilien, sondern auch in Portugal aktiv. 1217 erhielten die Brüder die nach zwischenzeitigem Verlust zurückeroberte Stadt Alcácer do Sal im Süden Portugals, die zum portugiesischen Zentrum des Ordens werden sollte, und bis zur Mitte des 13. Jahrhunderts beteiligten sie sich an den Kämpfen in der Algarve. Der Orden von Calatrava hielt zunächst um 1200 die Grenzfestung Salvatierra, die allerdings September 1211 nach längerer Belagerung an die Almohaden fiel. Der Kreuzzug von Las Navas de Tolosa, an dem alle Ritterorden teilnahmen, brachte dann aber im Juli 1212 die Rückeroberung der namensgebenden Grenzfeste Calatrava, die König Alfons VIII. unmittelbar wieder dem Orden übergab. Auch andere 1195/96 nach der almohadischen Offensive verlorene Burgen kamen wieder unter die Kontrolle des Ordens, Salvatierra allerdings erst 1226. Calatrava wie die anderen Ritterorden auf der Iberischen Halbinsel hatten erheblichen Anteil an den Erfolgen der Reconquista bis zur Mitte des 13. Jahrhunderts.

Der erste europäische Einsatz des Deutschen Ordens erfolgte nach 1211 im Burzenland nach einem Ruf durch König Andreas II. von Ungarn. Allerdings führten wachsende Spannungen zwischen dem Orden, dem König und dem ungarischen Adel 1225 zur Vertreibung. Dauerhafter wurde erst die Niederlassung des Ordens im ebenfalls noch heidnischen Preußen, nachdem der polnische Herzog Konrad von Masowien 1225/26 um Hilfe ersucht hatte. Dazu kam nach 1237 Livland, wo der Deutsche Orden auch die Aufgaben des Schwertbrüderordens übernahm. In beiden Regionen gelang eine Herrschaftsbildung, die immer wieder mit militärischen Einsätzen verbunden war und die weitere Entwicklung des Ordens bestimmte.

4 Die Entwicklung der Strukturen der Ritterorden im späteren Mittelalter

4.1 Die ordensinterne Gesetzgebung

Jede selbst organisierte Gemeinschaft braucht Regeln für ihr Zusammenleben. Je nach den Rahmenbedingungen reichen wenige mündlich vereinbarte Grundsätze, oder es bedarf eines umfangreichen Regelwerks. Je mehr die Gemeinschaft wächst, desto umfangreicher und elaborierter werden die Statuten. Im mittelalterlichen Ordenswesen gewann zunächst die Benediktsregel grundlegende Bedeutung. In den Reformbewegungen des 10. und 11. Jahrhundert wie bei Cluniazensern oder Zisterziensern wurde sie durch Gewohnheiten (*consuetudines*) erläutert und ergänzt. Der gemeinschaftlich lebende Weltklerus orientierte sich eher an der auf Vorschriften des heiligen Augustinus aufbauenden »Augustinusregel«. Diese bildete zum Beispiel die Grundlage für die Prämonstratenser, die von Anfang an auch Seelsorge betrieben und als regulierte Chorherren gelten konnten. An diese beiden Vorbilder schlossen sich trotz aller Unterschiede nicht nur die Ritterorden, sondern auch die im 13. Jahrhundert gegründeten Bettelorden an. Ritter- und Bettelorden bildeten jeweils eine eigene Gruppe, einen Ordenszötus, mit spezifischen Merkmalen, die in ihren Statuten ihren Niederschlag fanden.

Obwohl die Templer für alle späteren Gründungen vorbildhaft wurden, entstanden die jüngeren Ritterorden unter Rahmenbedingungen, die sie jeweils anderen Einflüssen öffneten. Selbst die Templer orientierten sich an unterschiedlichen Vorbildern. Allen Ritterorden gemeinsam ist dennoch die Verbindung der drei evangelischen Räte, Armut, Keuschheit und Gehorsam, mit der Verpflichtung zum Kampf gegen die Feinde der Christenheit. Anders als die monastischen oder Chorherren-Gemeinschaften zeichneten sich zudem alle durch die differenzierte, in der Regel dreigliedrige Mitgliedschaft aus, die Ritterbrüder, Priesterbrüder und dienende Brüder umfasste, teilweise ergänzt durch offenere Formen und weibliche Gemeinschaften. Anders auch als im auf den Abt konzentrierten benediktinischen Mönchtum entwickelten sich oligarchische Strukturen, in denen die Meister als Ordensleiter in enger Abstimmung mit den Führungsgruppen handeln mussten. Eine Ursache dafür könnte sein, dass den Ritterorden trotz der bekannten ersten Meister, Hugues de Payns bei den Templern, Gerard bei den Johannitern, Ramon Serra beim Orden von Calatrava, die charismatischen Gründergestalten fehlten. Wesentlich war aber vor allem, dass die adlige Herkunft in den Orden zunehmend an Gewicht gewann.

Die Entwicklung der Regeln und Statuten unterlag bei allen Unterschieden einer steten Erweiterung, Vertiefung und Veränderung. Den Ausgangspunkt bildeten oft einfache, zunächst nicht verschriftlichte Gewohnheiten, die nach dem Vorbild der Benediktiner oder – vor allem bei den spanischen Ritterorden – der Zisterzienser, teilweise auch nach der »Augustinusregel« – etwa bei den Johannitern, dem Lazarusorden oder dem Orden von Sant Jordi d'Alfama – ausformuliert wurden. Das grundlegende Korpus wurde dann an die weiteren Entwicklungen angepasst und weiterentwickelt.

Das lässt sich bereits bei den Templern verfolgen. Der Prolog der lateinischen Regel beschreibt, wie Hugues de Payns der Synode von Troyes im Januar 1129 zunächst mündlich über die in der Gemeinschaft praktizierten Gewohnheiten berichtete. Diese wurden dann im Einzelnen diskutiert, und die Ergebnisse wurden in einer Regelversion mit 71 Artikeln niedergelegt. Der Bericht Hugues könnte auch die Grundlage der ältesten französischen Regelversion gewesen sein, die in den ersten Artikeln in Reihenfolge und Wortlaut etwas abweicht. Die ältesten Bestimmungen zeigen, wie einfach ursprünglich das Leben der Brüder aussah. Sie nahmen an den Messen der Chorherren vom Heiligen Grab teil, speisten gemeinsam, trugen einfache Kleidung und vermieden Kontakte mit Frauen.

Die Synode erlaubte dem Patriarchen von Jerusalem, damals Étienne de la Ferté, zusammen mit dem Papst noch Änderungen in den

Vorschriften vorzunehmen. Das geschah aber offenbar nicht, vielmehr wurde die Regel durch Papst Innozenz II. mit seinem großen Privileg von 1139, *Omne datum optimum*, bestätigt. Darin heißt es:

»Durch diesen gegenwärtigen Erlass ordnen wir weiter an, dass das Ordensleben, das in eurem Hause dank der Inspiration durch göttliche Gnade eingeführt wurde, dort unverletzlich eingehalten werden soll und dass die Brüder, die dort dem allmächtigen Gott dienen, in Keuschheit leben sollen, ohne persönlichen Besitz, und sich in Bestätigung ihrer Gelübde in Wort und Sitten gegenüber ihrem Meister oder seinen Vertretern in allem unterwürfig und gehorsam zeigen sollen.« (Papsturkunden Templer, 1, 206; vgl. The Templars, hrsg. Barber/Bate, 61)

Das Privileg erwähnt darüber hinaus, wie schon erwähnt, Gewohnheiten (*consuetudines*), die nicht durch Dritte verändert werden dürfen. Vielmehr konnten Änderungen nur durch den Meister mit Zustimmung des größeren Teils des Kapitels vorgenommen werden. Dies verweist auf den Beginn einer ordensinternen Gesetzgebung, wie sie in allen Orden die ursprünglichen Regeln und Statuten ergänzte. Vermutlich handelt es sich dabei um die Anfänge der *retrais*, die Satzungen über die Festtage des Ordens, die Ämterhierarchie, die Kriegführung und Anderes enthalten und im Folgenden immer weiter ergänzt wurden. Auch die französische Regelversion dürfte auf dieser Grundlage entstanden sein, denn sie unterwirft ähnlich wie *Omne datum optimum* die Regel der Entscheidung des Meisters.

Bei den anderen Orden entwickelten sich die ersten Statuten ähnlich differenziert. Die Johanniter orientierten sich wohl aufgrund ihrer Nähe zu den Benediktinern in Sta. Maria Latina in Jerusalem zunächst an der Benediktsregel, doch ist dies in der eigentlichen, mit dem zweiten Meister Raymond du Puy verbundenen Regel nicht mehr fassbar. Vielmehr wird eine Nähe zu Regularkanonikern wie den Chorherren vom Heiligen Grab deutlich, die dazu führte, dass noch Papst Lucius III. die Johanniter 1184/85 den nach der Augustinusregel lebenden Gemeinschaften zuordnete. Die Regel mit 19 Artikeln ist eine Kompilation der späteren Jahre Raymonds du Puy, in der Artikel 16 bis 19 eine ältere, vielleicht noch auf das 11. Jahrhundert zurückgehende Stufe repräsentieren, insbesondere Artikel 16 zur Pflege und Aufnahme von Kranken.

4.1 Die ordensinterne Gesetzgebung

Artikel 1 bis 15 geben dagegen einen relativ geschlossenen Eindruck vom Leben im Orden um die Mitte des 12. Jahrhunderts. Neben einer Ermahnung, den Vorschriften der Regel zu folgen, enthalten sie Bestimmungen über die Gottesdienste, das Sammeln von Almosen, Kleidung, Ernährung, Ordensdisziplin und Totengedächtnis. Einen Hinweis auf die Datierung geben die Ausführungen zu den Priesterbrüdern des Ordens. Auch wenn es wahrscheinlich schon früher Priester im Orden gab, erhielten die Johanniter formal erst 1154 durch die von Anastasius IV. verliehene Bulle *Christianae fidei religio* die Erlaubnis zur Aufnahme eigener Priesterbrüder. Der kanonisch gewordene Text der Regel dürfte also danach kompiliert worden sein.

Ähnlich wie bei den Templern wurde diese Grundlage im Folgenden immer weiter ergänzt. So lassen sich seit dem Meister Jobert 1176/77 auf den Generalkapiteln beschlossene Statuten nachweisen, wenn auch nicht kontinuierlich. Einen Einschnitt markieren dabei insbesondere die unter Afonso de Portugal 1204/06 formulierten Bestimmungen, die erstmals die Militarisierung der Johanniter berücksichtigen und so nahezu zu einer zweiten Regel wurden. Kontinuierlicher erhalten sind die auf Generalkapiteln verabschiedeten Statuten ab 1262, seit der Zeit Hugues Revels. Daneben finden sich als eigene Kategorie Gewohnheiten (*usances*), die erstmals 1239 schriftlich festgehalten wurden, aber möglicherweise teilweise auf Beschlüsse weiterer Generalkapitel zurückgingen. An Bedeutung gewannen zudem im Laufe des 13. Jahrhunderts die Urteile der Ordensgerichte, der *esgarts des freres*, die in eigenen Sammlungen zusammengefasst wurden.

Als die deutsche Hospitalgemeinschaft in Akkon 1198/99 in einen Ritterorden umgewandelt wurde, konnte sie bereits auf erprobte Regelungen zurückgreifen. Mit der Erlaubnis Papst Innozenz' III. wurde für die militärischen Aufgaben die Templerregel, für die karitativen Aufgaben die Johanniterregel übernommen. Schon 1209 könnten aber in einer päpstlichen Urkunde mit *rationabiles consuetudines* darüber hinaus gehende Gewohnheiten belegt sein, endgültig in einem Privileg Honorius' III. von 1220, der neben den als Gewohnheiten bezeichneten Regeln auch *instituta* des Ordens anspricht. Als Papst Innozenz IV. dem Deutschen Orden 1244 erlaubte, die wohl auch unübersichtlich gewordenen Vorschriften mit Dopplungen aus Templer- und Johanniterregel den eigenen Bedürfnissen anzupassen, wurde eine grundlegende Revision vorgenommen, die wohl um 1250 abgeschlossen war. Die Statuten umfassten nunmehr wie bei den Johannitern eine grundlegende Regel, dazu allgemeinere Gesetze und Gewohnheiten. Bei den disziplinarischen Regelungen griff man selbst auf Vorschriften aus dem Bettelorden der Dominikaner zurück.

Ähnlich verlief die Entwicklung auch in den anderen Ritterorden. Der Orden von Santiago orientierte sich aufgrund seiner Geschichte gleichermaßen an der Augustinus- wie an der Benediktsregel. Eine erste, lateinische Fassung wurde schon 1175 von Alexander III. bestätigt, die längere kastilische Version entstand um die Mitte des 13. Jahrhunderts. Diese erfuhr nur noch im 15. Jahrhundert kleinere Änderungen, wurde aber spätestens seit Meister Pelayo Pérez Correa (1242–1275) durch Gewohnheiten (*establecimientos*) ergänzt.

Der Orden von Calatrava war hingegen in seiner Statuten-Entwicklung von den Zisterziensern abhängig, denen sich die Brüder angeschlossen hatten, seit 1187 genauer vom Mutterkloster Morimond und seinem Abt. Als sich der erste Meister García 1164 mit Bitte um Hilfe an das Generalkapitel der Zisterzienser wandte, adaptierte dieses die eigenen Gewohnheiten für ein Leben in einem Ritterorden, unter anderem mit Bestimmungen zu Kleidung und Ernährung. Damit waren auch die Benediktsregel und die *Carta caritatis* der Zisterzienser für den Orden grundlegend. Diese grundlegenden Regelungen wurden durch Bestimmungen ergänzt, die die Äbte von Morimond oder ihre Vertreter bei ihren Visitationen, regelmäßigen Kontrollbesuchen, erließen, durch die *difiniciones*. Die überlieferten 15 Texte stammen den aus den Jahren 1304 bis 1491, ergänzt durch zwei *difiniciones* der Meister von 1383 und 1397. Dennoch dürften sie vielfach Gewohnheiten des 12. und 13. Jahrhunderts repräsentieren. Die Regelungen waren zum Teil recht umfangreich, wenn etwa die *difiniciones* von 1468 66 Artikel enthielten. Sie waren von grundlegender Bedeutung für die Iberische Halbinsel, denn der Meister von Calatrava gab sie ebenfalls an die affiliierten Orden von Avis, Alcántara und Montesa weiter.

Bei allen Ritterorden wurden die Statuten im Laufe des späteren Mittelalters kontinuierlich vermehrt und ergänzt. So umfasste die französische Templerregel um 1160 schon rund 200 statt der ursprünglichen 71 Artikel, und am Ende hatte sich ihre Zahl bis 1268 mehr als verdreifacht, auf 686 Artikel. Das betraf zum einen viele Details der Kriegsführung, aber auch disziplinarische Probleme, zu denen allein zwischen 1257 und 1267 113 Statuten erlassen wurden. Zudem gab es regionale Sonderentwicklungen. Die katalanische Übersetzung für die Ordensprovinz Katalonien und Aragón übernahm nur die Bestimmungen, die man für die Region für relevant hielt, wurde aber auch nach 1268, dem Abschluss der französischen Fassung, weiter ergänzt. Wahrscheinlich verhinderte nur die Auflösung des Ordens 1312 eine weitere Entwicklung der Statuten.

Bei den Johannitern wurden zwar im 13. Jahrhundert zwischen 1204/06 und 1262 kaum neue Statuten beschlossen, aber mit dem Verlust des Heiligen Landes und der Verlegung nach Rhodos begann eine zunehmend intensivere Gesetzgebung. Die Generalkapitel erließen immer neue Bestimmungen, manche nur zur Bekräftigung oder nur mit kleineren Änderungen gegenüber der älteren Fassung. Zwischen 1305 und 1421 bzw. 1421 und 1475 wurde so der Umfang der Statuten jeweils mehr als verdoppelt. Die Statuten wurden nach Meistern und Generalkapiteln chronologisch aneinandergereiht, doch gab es in den Handschriften viele Unterschiede. Dazu kamen sprachlich verschiedene Fassungen, in Provenzalisch, (Nord-)Französisch, Deutsch und anderen Sprachen, die unterschiedliche Artikel enthielten.

Meister Roger de Pins suchte die Entwicklung schon 1357 in den Griff zu bekommen, indem er eine beglaubigte lateinische Fassung in Auftrag gab, die die Grundlage für die weitere Statuten-Entwicklung bilden sollte. Die Überlieferung der Statuten wurde jedoch im Laufe der Zeit immer unübersichtlicher. Teilweise behalf man sich mit Querverweisen und Listen, doch eine Reform erschien immer dringender. 1446/47 setzte Papst Eugen IV. im Zusammenhang mit dem ersten römischen Generalkapitel eine Reformkommission ein, deren eigenständig formulierte Statutenversion allerdings vom Orden nicht übernommen wurde. Erfolgreich war erst eine ordenseigene Reformkommission, die unter der Redaktion des Vizekanzlers Guillaume Caoursin eine systematisch aufgebaute, aber weitgehend am Wortlaut älterer Statuten orientierte Kodifikation vorlegte, die *Stabilimenta Rhodiorum militum*, die 1489 vom Generalkapitel angenommen und nach päpstlicher Bestätigung 1493 endgültig in Kraft gesetzt wurde. Während die vorher sakrosankte Regel Raymonds du Puy in einzelne Artikel aufgelöst und der ältere Bestand an Gewohnheiten und *esgarts* aufgegeben wurde, wurden neue Regelungen als Gewohnheiten aufgenommen, die die Entwicklung der Strukturen im 14. und 15. Jahrhundert spiegeln. Diese Statutenfassung blieb bis ins 18. Jahrhundert grundlegend.

Der Deutsche Orden, der erst um 1250 seine grundlegende Regel erhielt, nahm dagegen nur geringe Veränderungen an den Statuten vor. An den älteren Bestand wurden jeweils nur in chronologischer Reihenfolge die Gesetze späterer Hochmeister hinzugefügt. Erst die inneren Probleme des 15. Jahrhunderts führten zu erheblicher Unruhe. Der Kartäuser Heinrich Beringer warf den Brüdern in einer 1427 an Hochmeister Paul von Rusdorf gerichteten Schrift Verstöße gegen das Armutsgelübde und Vernachlässigung ihrer geistlichen Pflichten vor. Rusdorf erließ daraufhin »Amtsartikel«, die in Ergänzung zu den Statuten unter anderem die Einhaltung der Gelübde anmahnten.

Zu dieser Zeit hatten die Ordenszweige im Reich und in Livland bereits eine gewisse Autonomie gewonnen. Als sich der Deutschmeister Eberhard von Saunsheim nicht mit dem aus preußischer Perspektive unabdingbaren Friedensschluss von Brest (1435) abfinden wollte, kam es zur offenen Rebellion. Saunsheim ließ angeblich 1329 unter Hochmeister Werner von Orseln erlassene Statuten fälschen, die dem Deutschmeister das Recht zuwiesen, Wahl und Amtsführung des Hochmeisters zu kontrollieren, und Rusdorf hatte Mühe, sich dagegen zu behaupten. Obwohl sich die Auseinandersetzung um die Fälschung auch unter seinen Nachfolgern fortsetzte, gelang bereits Konrad von Erlichshausen der entscheidende Schritt. Auf dem Großen Kapitel zu Marienburg im Oktober 1442 wurde auf Grundlage der Handschriften eine verbindliche Statutenversion erarbeitet, die die in der älteren Überlieferung fehlenden, gefälschten Statuten nicht aufnahm. Zudem wurden neue Gesetze Konrads beschlossen, die Verstöße gegen die Gelübde mit hohen Strafen belegten und nicht zufällig die Verweigerung des Gehorsams gegenüber den Oberen auf dieselbe Ebene wie Simonie, Sodomie und Überlaufen zu den Heiden stellten, also mit Ausschluss aus dem Orden und lebenslanger Haft bestraften. Damit war bis zu den Reformen des frühen 17. Jahrhunderts ein gewisser Abschluss der Statutenentwicklung erreicht.

4.2 Die Führungsschicht der Orden

Die zunehmende Bedeutung adliger Herkunft führte fast überall zum Vorrang der Ritterbrüder, die bald die wichtigsten Ämter in den Orden übernahmen. Der Vorrang des Meisters war unbestritten, doch war er faktisch nur *primus inter pares* und den anderen erfahrenden Brüdern vielfach gleichgestellt, die in der Hierarchie der Orden zentrale Positionen besetzten. Die Ausgestaltung und Ergänzung der Statuten bestimmte und erweiterte den Kreis der führenden Amtsträger des Ordens, abhängig von der aktuellen Situation. Die 1489/93 beschlossenen *Stabilimenta* der Johanniter beschreiben dies als kontinuierlichen Prozess:

> »Obwohl unser Orden seit seinen Anfängen, als sich die Vielfalt der Probleme herausstellte, Ratgeber mit dem Titel bestimmter Würden hatte, die dem Meister zur Seite standen, wurde es dennoch im Laufe der Zeit als notwendig angesehen, Zungen und Provinzen zu unterscheiden und einzuteilen, die Baillis zu vermehren, Priore einzusetzen, damit sie sich, eingeschlossen in ihre Grenzen und geistlichen Herrschaftsbereiche, umso ruhiger dem Gelübde und der Verwaltung widmen können. Daher folgte einst und je nach der Gelegenheit der folgenden Zeiten der Unterscheidung der acht Zungen die Vermehrung der Konventualbaillis, die den Zungen vorstehen, und die Einsetzung der Priore, die die Provinzen leiten.« (Stabilimenta Rhodiorum militum, 198; dt. Übersetzung: Sarnowsky, Macht, 47)

Auf diese Weise entstand in allen Orden eine oligarchische Führungsschicht, die die Geschicke der Gemeinschaft bestimmte.

Als Papst Paschalis II. der Hospitalgemeinschaft des Hl. Johannes zu Jerusalem 1113 das Recht zugestand, sich ihren eigenen Leiter zu wählen, war das ein zentraler Schritt zur Eigenständigkeit, ähnlich wie die Bestimmung in *Omne datum optimum* für die Templer von 1139, dass die Meister jeweils von allen oder dem »vernünftigeren und besseren Teil« der Brüder gewählt werden sollten. Für die Meisterwahl entwickelten sich schon wegen der Bedeutung des Amtes elaboriertere Verfahren. Das grundlegende Modell dafür findet sich bei den Templern. Danach sollte der Marschall die Trauerfeierlichkeiten für den verstorbenen Meister organisieren und die führenden Brüder aus dem Osten in Jerusalem zusammenrufen. Diese wählten einen Großkomtur als Statthalter – später übernahmen mehrfach die amtierenden Großkomture diese Aufgabe. Die eigentliche Wahl begann mit der Bestimmung eines Wahlleiters durch die Brüder des Ordenshauses. Dieser wählte nach einer Nacht im Gebet einen weiteren Mitbruder, mit dem zwei weitere Brüder berufen wurden, und weiter, bis zu Ehren der Apostel die Zahl zwölf erreicht war. Diese bestimmten einen Priesterbruder. Das Wahlgremium bestand so am Ende aus 13 Brüdern, von denen acht Ritter-, vier dienende Brüder und einer Priesterbruder sein und die die Provinzen des Ordens vertreten mussten. Sie konnten mit Mehrheit entscheiden. War der Name des neuen Großmeisters bekannt gemacht, wurde ihm akklamiert, und er wurde unter einem *Te Deum* der Priesterbrüder zum Altar getragen.

Beim Deutschen Orden sollte der Statthalter durch den sterbenden Meister bestimmt, konnte aber auch durch die Gemeinschaft der Brüder abgesetzt werden. Er berief die Wahlversammlung ein, die den Termin und den Wahlleiter bestimmte. Durch sukzessive Kooptation wurde wiederum ein Wahlgremium von 13 Brüdern gewählt, in gleicher Zusammensetzung wie bei den Templern. Auch die Johanniter bestimmten auf dem Wahlkapitel zunächst einen Wahlleiter und zwölf Brüder für die Meisterwahl. Ab 1204/06 wurden unter einem Sitzungsleiter zuerst je ein Priesterbruder, ein Ritterbruder und ein Sergeant gewählt, die dann Schritt für Schritt zehn weitere Wahlmänner bestimmten. Die Einsetzung des Wahlgremiums löste sich mit der Einführung der Zungen im Konvent vom Generalkapitel. Sieben, später acht Brüder bestimmten in geheimer Sitzung einen Wahlpräzeptor, der sie für den folgenden Schritt vereidigte. Schließlich wählten sie in einem erneuten Konklave drei Brüder aus den Statusgruppen, die dann Schritt für Schritt zuerst zehn, dann dreizehn Brüder nachwählten, unter denen die Zungen paritätisch repräsentiert waren. Der zuerst gewählte Ritterbruder leitete das eigentliche Wahlverfahren und konnte bei

Stimmengleichheit die Entscheidung beeinflussen. Danach musste der neue Meister auch durch die im Konvent lebenden Brüder bestätigt werden.

Beim Santiagoorden gab es einen Rat der Dreizehn, der für die Meisterwahl zuständig war, während bei den Orden von Calatrava, Alcántara und Avis die Zustimmung des Abtes von Morimond zum Kandidaten eingeholt werden musste. Die Wahl des Meisters erfolgte bei Calatrava anfangs im Haupthaus oder einer nahegelegenen Burg, vielleicht durch ein Gremium aus dem Abt von Morimond, Nachbaräbten und den Meistern der abhängigen Orden wie Alcántara und Avis. Spätestens seit dem 14. Jahrhundert wählten die Ordensritter, genauer die Komture. Die Entscheidung sollte einstimmig oder mit Mehrheit fallen, aber ohne äußere Einflüsse. Eine endgültige Regelung findet sich erst in den *difiniciones* von 1444. Nach dem Tod des alten Meisters sollte der *Commendador mayor* alle Brüder innerhalb von zehn Tagen nach Calatrava rufen. Der Abt von Morimond wurde dabei wegen der sonst entstehenden Verzögerung durch den Prior von Calatrava vertreten. Am Wahltag wurde der neue Meister nach einer Messe durch den *maior et sanior pars* der Brüder gewählt und mit der Meisterstandarte ausgestattet. Sein erster Akt war ein Lehnseid gegenüber dem König von Kastilien, während die Komture und Ritter ihrerseits einen Lehnseid gegenüber dem neuen Meister leisteten.

Die Meister der Ritterorden hatten schon seit dem 12. Jahrhundert eine herausragende Stellung inne. Sie vertraten ihre Orden nach außen, verhandelten mit Königen, Päpsten, hohen Adligen und Geistlichen, waren geachtete Ratgeber und Heerführer und hatten wichtige Entscheidungen zu treffen. Dies zeigte sich schon früh bei den Templern in der Unterstützung, die man dem Meister zukommen ließ. Um 1160 standen dem Meister vier Pferde zu, ihm wurden zwei Ritterbrüder, ein dienender Bruder, ein Schreiber und ein Diener zugeordnet, und er hatte seinen eigenen Schmied, einen Koch und einen indigenen Schreiber, der auch als Übersetzer tätig werden konnte. Ähnlich war dies bei den anderen Orden. Vielfach entstand eine eigene Hofhaltung mit umfangreichem Personal. Als man bei den Johannitern 1476 für den Fall des Todes von Meister Giovanbattista Orsini vorsorgen wollte, erstellte man eine Liste von 17 Brüdern und 39 weltlichen Personen, die

Trauer tragen sollten. Zu den Brüdern zählten der Seneschall, der Einnehmer und verschiedene Kämmerer des Meisters, der Prior der Palastkapelle und drei weitere Kapläne, zu den weltlichen Personen der *vicecomes Rhodi*, dem die Söldner in der Stadt unterstanden, mehrere Köche und drei Diener des Seneschalls. Dazu kamen der Leiter des Haushalts des Meisters (*magister hospitii*) und ein nicht dem Orden angehöriger Knappenmeister (*magister scutifer*).

Grundsätzlich galt, wie es bei den Johannitern in einem Statut der Zeit Afonsos de Portugal von 1204/06 heißt,»die Brüder des Hospitals sind gehalten, dem Meister demütig für Christus zu gehorchen« (Cartulaire général, Bd. 2, Nr. 1193, 33). Dieser Gehorsam hatte aber Grenzen, z. B. durch die Gewohnheiten und Statuten des Ordens, deren Einhaltung die Johanniter-Meister seit dieser Zeit beschwören mussten. Darüber hinaus bedurften die Meister aber in vielen Fragen der Zustimmung der (führenden) Brüder. So legt bereits die grundlegende Regel des Deutschen Ordens fest, für welche Fragen Kapitel, Versammlungen des Ordens, einzuberufen waren:

>»Der Meister des Ordens, oder die an seiner Stelle sind, sollen alle anwesenden Brüder zusammenrufen, wenn sie endgültig über die Angelegenheiten sprechen und entscheiden wollen, die die Gemeinschaft des Ordens angehen, also [Statuten] aufzusetzen oder abzuschaffen, Land oder kleinere Landstücke zu verkaufen, für das man die Erlaubnis des Meisters und des Kapitels haben soll, und Brüder in den Orden aufzunehmen. Und was der bessere Teil der anwesenden Brüder beschließt, dem sollen der Meister, oder die an seiner Stelle sind, folgen [...].« (Statuten des Deutschen Ordens, R 27, 49, mit Differenzen in den verschiedenen Fassungen)

Weitere Aspekte, für die die Meister der Zustimmung der Brüder bedurften, waren die Übernahme von Burgen oder militärischen Verpflichtungen, die Entscheidung über Kriegsführung und Friedensschlüsse, die Besetzung von (zentralen und regionalen) Ämtern, die finanzielle Belastung der Häuser im Westen mit Abgaben, größere Ausgaben sowie generell Entscheidungen über die Politik der Orden. Abhängig von der Persönlichkeit, übten die Meister dennoch vielfach großen Einfluss auf die Geschicke der Orden aus. Das betraf alltägliche Angelegenheiten wie kleinere Ausgaben, aber auch die Vorbereitung der wichtigeren Entscheidungen.

4.2 Die Führungsschicht der Orden

Zu engeren, häufig konsultierten und einflussreichen Ratgebern entwickelten sich insbesondere die Inhaber jener zentralen Ämter, die ursprünglich die wichtigsten Aufgaben im Haupthaus wahrnahmen oder für die Aufgaben in den Einsatzgebieten entstanden. Bei den Johannitern erscheinen sie in den *Stabilimenta* als Konventualbaillis (*baiulivi conventuales*), beim Deutschen Orden werden sie als Großgebietiger bezeichnet. Diese Ämter finden sich schon bei den Templern und wurden von den anderen Orden mit einigen Änderungen übernommen. An erster Stelle war das der schon um 1130 belegte Seneschall, der Stellvertreter des Meisters, der das Ordensbanner führte. Das Amt wurde um 1200 durch das des Großkomturs, mit ähnlichen Aufgaben, ersetzt. Daneben sind der Marschall, der Drapier und der Komtur des Königreichs Jerusalem schon früh nachgewiesen.

Der Marschall war dem Seneschall gleichgestellt, befehligte im Krieg die dienenden Brüder und anderen Kämpfer, überwachte die Disziplin der Brüder und ihre Versorgung mit Pferden, Kriegsmaterial und Waffen. Der Drapier war dagegen insbesondere für die Ausstattung mit Tuchen, Kleidung und weiteren Materialien zuständig, in partieller Abhängigkeit von Komtur des Königreichs Jerusalem, der zugleich als Schatzmeister der Templer tätig war. Zusammen mit dem Meister zog er eingehende Gelder oder Beute ein, mit Ausnahme von Pferden und Waffen, die an den Marschall gingen. Im Heiligen Land spielten daneben der Komtur der Stadt Jerusalem, der auch den Pilgerschutz übernahm, die Komture von Akkon, Tripolis und Antiochia eine wichtige Rolle. Der Drapier gewann im Laufe der Zeit an Bedeutung, und um 1240 wurde der ursprünglich dem Marschall unterstellte Turkopolier, als Befehlshaber der leichter bewaffneten orientalischen Söldnertruppen, ein eigenständiges Führungsamt.

Bei den Johannitern bestand die ursprüngliche Gruppe hoher Amtsträger im 13. Jahrhundert aus Großpräzeptor, Marschall, Drapier und Thesaurar (Schatzmeister), dazu kam für die karitativen Aufgaben des Ordens der Hospitalar. Im 14. Jahrhundert ging Finanzverwaltung allmählich an den Großpräzeptor über, so dass der Thesaurar seine eigenständige Stellung verlor und schließlich dem Großpräzeptor untergeordnet wurde. Dafür entstanden um 1300 zwei neue, mit militärischen Aufgaben verbundene Ämter, das des Admirals, der insbe-

4 Die Entwicklung der Strukturen der Ritterorden im späteren Mittelalter

Abb. 5: Meister Pierre d'Aubusson und Konventualbaillis, Guillaume Caoursin präsentiert seine Geschichte der Belagerung von Rhodos 1480.

sondere für die Schiffe, das erforderliche Material und die Seesöldner zuständig war, und das des Turkopoliers, wiederum für die orientalischen Söldner.

Um 1330/40 wurden diese Ämter den im Konvent vertretenen regionalen Gruppen, den »Zungen«, zugewiesen. Der Großpräzeptor kam von nun an immer aus der provençalischen Zunge, der Hospitalar aus der *Francia*, der Marschall aus der Auvergne, der Admiral aus der italienischen, der Drapier aus der spanischen und der Turkopolier aus der englischen Zunge. Dabei war jedoch die um 1400 nicht in den Quellen fassbare deutsche Zunge noch nicht »versorgt«, so dass man für sie 1428 das Amt des Großbaillis für die Aufsicht über den festländischen Stützpunkt St. Peter (Bodrum) schuf. Nach längeren Streitigkeiten zwischen Zungen wurde 1462 zudem die spanische Zunge formal geteilt, wobei das Amt des Drapiers bei Aragon, Katalonien und Navarra verblieb und das neu geschaffene Ehrenamt des Kanzlers (als formaler Leiter der Kanzlei) Kastilien und Portugal übertragen wurde. Die Konventualbaillis spielten als Oberhäupter der Zungen im Orden eine zentrale Rolle. Neben den sieben bzw. acht Konventualbaillis kam noch dem Konventsprior ein hoher Rang zu. Er stand den Priestern im Konvent vor, hatte aber auch Kontrollfunktionen über die gesamten Priesterbrüder des Ordens. Diese Führungsschicht beanspruchte wohl auch das Recht, den Meister abzusetzen. Im Laufe des 14., 15. und 16. Jahrhunderts kam es aber nur einmal, 1317 unter Foulques de Villaret, zur Absetzung eines Meisters, die auf den Widerspruch von Papst Johannes XXII. stieß. Er setzte Villaret wieder ein, zwang ihn aber danach zum Rücktritt.

Der Deutsche Orden übernahm diese Ämter ohne größere Änderungen. Schon 1208 sind der Großkomtur, der Marschall und – in Analogie zu den Johannitern – der Spittler für das zentrale Ordenshospital belegt. Bis zur Mitte des 13. Jahrhunderts kamen der Trappier für das Tuchwesen, der Tressler für den Ordensschatz und (bis zum Verlust 1271) der Kastellan der Burg Montfort hinzu. Nach der Übersiedlung des Hochmeisters und der Großgebietiger nach Preußen wurden einige von ihnen mit regionalen Ämtern, Komtureien, verbunden, das Marschallamt mit der Komturei Königsberg, das Spittleramt mit Elbing und das Trappieramt mit Christburg bzw. Mewe. Sie bildeten mit den regional einflussreichen Komturen von Thorn und Danzig den »engeren Rat«, der auch über die Absetzung von Hochmeistern entschied, wie z. B. im Oktober 1413 von Heinrich von Plauen. Die erheblichen territorialen Verluste nach dem Zweiten Thorner Frieden von 1466 führten dann teilweise zu einer neuen Ämterverteilung, bei der das Amt des Tressler abgeschafft und letztlich durch (weltliche) Rentmeister ersetzt wurde. Der Spittler übernahm zunächst die Komturei Brandenburg, nach 1499 Osterode, der Trappier residierte in Balga, seit 1499 in Rhein.

Die spanischen Ritterorden entwickelten etwas andere Strukturen. Beim Orden von Calatrava gab es ebenfalls fünf große *dignidades*, aber teilweise mit anderen Funktionen: den Großkomtur (*comendador mayor*), *clavero*, Prior, Sakristan und *obrero*. Der schon 1174 nachgewiesene Großkomtur vertrat den Meister in allen Angelegenheiten in Kastilien, rief nach dem Tod des Meisters die Wahlversammlung zusammen und stieg häufig selbst in das Meisteramt auf. Der Einfluss des Großkomturs führte dazu, dass sein Amt 1397 zu einem Wahlamt wurde. Nach der Übergabe von Alcañiz an Calatrava 1179 entwickelte sich dieses zum Zentrum des Ordens in Aragón mit einem eigenen Großkomtur. Dieser gewann mit Unterstützung des aragonesischen Königtums im späteren Mittelalter an Einfluss und zeitweilig gewisse Selbstständigkeit. Von den weiteren Hausbeamten stand der *clavero* (»Bewahrer der Schlüssel«) in der Hierarchie unmittelbar hinter dem Großkomtur und war der Kastellan von Calatrava. Er hatte insbesondere die Ordenspriester mit Nahrung und Kleidung zu versorgen. Dagegen oblag dem *obrero* (»Werkmeister«) der Unterhalt des Konvents, insbesondere die Baumaßnahmen. Beide wurden durch den Meister eingesetzt.

Prior und Sakristan waren dagegen die höchsten geistlichen Ämter. Ähnlich wie der Konventsprior der Johanniter (oder auch der selten belegte Prior der Marienburg beim Deutschen Orden) war der Prior für das Seelenheil der Ritterbrüder zuständig und kontrollierte die Ordensgeistlichen. Der Sakristan verwaltete dagegen die liturgischen Gewänder, Geräte und Bücher. Aufgrund der besonderen Stellung des Calatravaordens war der Prior allerdings kein Ordensmitglied, sondern ein vom Abt von Morimond bestimmter Zisterziensermönch.

Großkomture und Prioren finden sich ähnlich auch bei den anderen spanischen Orden. Der Großkomtur am Sitz des Ordens verwaltete das Haupthaus sowie den damit verbundenen Landbesitz und vertrat den Meister bei dessen Abwesenheit oder, etwa im Orden von Alcántara, bei einer Vakanz. Ähnlich wie bei Calatrava hatte auch der Santiagoorden mehrere regionale Großkomture, jeweils einen in den iberischen Königreichen, mit gewisser Eigenständigkeit. Beim Orden von Alcántara verblieben aber die beiden Großkomture in Alcántara und La Serena stärker unter der Kontrolle des Meisters. Die Priore hatte überall ähnliche Aufgaben und konnten dafür meist die den Orden zugewiesenen Zehnten einziehen. Im Santiagoorden amtierte der Prior als Statthalter bei einer Vakanz im Meisteramt, dort und beim Orden von Alcántara wurde die Priore anders als bei Calatrava im Orden gewählt.

Zur Führungsschicht der größeren Orden gehörten aber nicht nur die hohen Amtsträger im Konvent, sondern auch die Leiter der Provinzen, wie das etwa für die regionalen Großkomture der spanischen Ritterorden galt. Bei den Templern waren vor allem die Komture von Tripolis und Antiochia an den Entscheidungen im Heiligen Land beteiligt. Die Provinzialmeister in den um 1160 nachweisbaren Provinzen dürften wegen der Entfernungen nicht oft auf den Generalkapiteln präsent gewesen sein, spielten aber nicht nur im Westen eine zentrale Rolle, wenn sich etwa der französische Meister Éverard des Barres während der Vorbereitung und Durchführung des Zweiten Kreuzzugs ständig bei König Ludwig VII. von Frankreich aufhielt. Der Komtur von Apulien und Sizilien hatte nicht zuletzt wegen der Versorgung des Heiligen Landes eine starke Stellung, auch wenn es daneben im 13. Jahrhundert einen eigenen Großkomtur in Italien gab, dem die Amtsträger in der Lombardei, der Toscana, Sardinien, Rom, der Mark Ancona und Spoleto unterstanden. Auf regionalen Versammlungen, den Provinzialkapiteln, wurde nicht nur über Rechtsfragen, Besitzverwaltung und disziplinarische Probleme im Westen, sondern auch über die Lage im Heiligen Land, die Zahlungen der Ordenshäuser und Anderes mehr verhandelt.

Die Provinzstruktur der Johanniter entwickelte sich noch vor der der Templer und war ähnlich flexibel. Auch wenn sich Terminologie und Strukturen erst allmählich verfestigten, bildeten die Priorate die grundlegende Verwaltungseinheit. Mithin waren die Priore neben auf Zeit berufenen Großkomturen oder Vertretern des Meisters die führenden Amtsträger im Westen. Eine gewisse Rolle spielten daneben nur die Kapitularbaillis, Amtsträger mit eigenen Aufgabengebieten, die vom Generalkapitel berufen bzw. bestätigt werden mussten und im späteren Mittelalter unmittelbar hinter den Prioren rangierten. Zu ihnen zählten neben den Präzeptoren auf Kos, Zypern, Euböa (Negroponte) und der Peloponnes (Morea) zunächst die Leiter einiger süditalienischer Häuser wie Sta. Eufemia, S. Stefano di Monopoli, Sta. Trinità di Venosa und S. Giovanni in Neapel, dann seit dem 15. Jahrhundert zunehmend die Leiter bedeutender Präzeptoreien wie Mallorca im Priorat Katalonien, Egle im Priorat England, Manosque im Priorat S. Gilles, Lureil im Priorat Auvergne und Caspe in der Kastellanei Amposta (faktisch das Priorat Aragón). Die Inhaber dieser Ämter stiegen im 15. Jahrhundert oft zu Prioren auf, und bei ihrer Anwesenheit im Konvent auf Rhodos waren sie an allen wichtigen Entscheidungen beteiligt.

Die Priore entstammten zwar zumeist dem Priorat, das sie verwalteten, wurden aber grundsätzlich durch die Generalkapitel bzw. in den Jahren dazwischen durch Meister und Rat berufen. Von ihnen wurde im 13. Jahrhundert erwartet, dass sie zumindest alle fünf Jahre auf eigene Kosten ins Heilige Land kämen. Schon um 1300 wurde der Versuch unternommen, die Häufigkeit der Anwesenheit der Priore im Konvent zu erhöhen, doch das scheiterte, zumal es auch mit dem Grundsatz kollidierte, dass die Brüder am Ort ihrer *beneficia*, ihrer Ämter, anwesend sein sollten. Dennoch wurde die Unterstützung der Priore im Konvent benötigt, so dass man 1420 festlegte, dass von nun an jeweils zwei Priore sowie jeweils zwei Präzeptoren aus verschiedenen Prioraten auf drei Jahre im Konvent anwesend sein sollten. 1466 wurde dies dahingehend verändert, dass nun mehr drei Priore auf jeweils zwei Jahre im Konvent bleiben sollten, und zwar im Wechsel zwischen sieben Dreiergruppen von Prioraten. Mit der Caoursinschen Statutenredaktion wurde dieses feste Schema wieder aufgegeben, der Wechsel zwischen den Prioren aber im Prinzip beibehalten. Die im Konvent anwesenden Priore waren automatisch Mitglieder des Rats und standen den Konventualbaillis als Ratgeber des Meisters faktisch gleichberechtigt gegenüber.

Als auf dem Generalkapitel zu Avignon 1297 der Prior von Navarra berufen wurde, erhielt er eine Vollmacht des Meisters, die seine Rechte und damit seine Aufgabengebiete definierte. Diese betrafen alle geistlichen und weltlichen Rechtsfälle, die Bevollmächtigung von Stellvertretern und die Verwaltung des Priorats. Alle geistlichen Ritterorden waren aufgrund ihrer besonderen Strukturen und ihrer Besitzansprüche häufig in Rechtsstreitigkeiten mit den lokalen Grundherren und anderen geistlichen Institutionen, oft auch den Bischöfen, verwickelt. Die Priore und ihre Beauftragten vertraten meist dabei den Orden. Im Zentrum standen aber ihre anderen Aufgaben im Priorat. So entschieden die Priore in vielen Fällen über die Besetzung der Ordenshäuser, der Präzeptoreien, sofern nicht Meister und Rat Ansprüche geltend machen konnten. Sie hatten auch die Disziplinargewalt über die Brüder in ihrem Priorat und kontrollierten durch regelmäßige Visitationen, ob die Präzeptoreien ordnungsgemäß verwaltet wurden. Ein wichtiges Instrument waren auch die Provinzialkapitel, die die Generalkapitel vorbereiteten sowie die Aufnahme von Brüdern, den Einzug der Abgaben an die Ordensleitung, der Responsionen, und die Verwaltung des Priorats kontrollierten. Die Priore entschieden auch über die Verwaltungsstrukturen des Priorats.

Beim Deutschen Orden führte schon die Besitzkonzentration im Heiligen Römischen Reich und im Baltikum zu einer etwas abweichenden, letztlich auf vier Ebenen etablierten Struktur. Unmittelbar unter dem Hochmeister rangierten der Deutschmeister und die beiden Landmeister in Preußen und Livland. Mit der Übersiedlung der Hochmeister zunächst nach Venedig, dann nach Preußen (1309, endgültig 1324) wurden dabei einige Veränderungen vorgenommen. Der Ordensbesitz im Mittelmeerraum und in Frankreich, der sich von Preußen aus noch schwerer kontrollieren ließ, wurde um die Mitte des 14. Jahrhunderts dem Deutschmeister unterstellt, der damit zum »Meister in deutschen und welschen Landen« wurde. Das betraf die Balleien Romania (Griechenland), Apulien, Sizilien, Lombardei, Spanien (um La Mota nordwestlich von Tordesillas) und Frankreich sowie Besitzrechte in Montpellier und Arles. Die Häuser in Mittelitalien dienten vor allem der

Versorgung des seit 1257 nachgewiesenen Generalprokurators des Deutschen Ordens an der Kurie. Schon zuvor wurde das Amt des Landmeisters in Preußen abgeschafft; der letzte Amtsinhaber, Friedrich von Wildenberg, schied im Mai 1325 aus. Dagegen kam dem Meister in Livland neben dem Deutschmeister wachsende Bedeutung zu. Das zeigte sich schon an ihrer Berufung. Nachdem Hochmeister und Generalkapitel lange Zeit die livländischen Meister eigenständig ernannten, setzte sich seit 1413 durch, dass dem Hochmeister von den Brüdern in Livland zwei Kandidaten vorgeschlagen wurden, aus denen er einen auswählte, und nach 1470 wurden dem Hochmeister die Namen der Gewählten nur noch zur Bestätigung mitgeteilt. Bei den Deutschmeistern gewannen die Gebietiger der Ballei Franken zunehmend an Einfluss, bis sie 1444 die anderen hohen Amtsträger im Reich verdrängten. Das beeinflusste auch die Berufung der Deutschmeister. Spätestens seit 1489 entschieden die fränkischen Gebietiger über die Nachfolge und schlugen dem Hochmeister nur noch einen Kandidaten zur Bestätigung vor.

Die dritte Ebene der Ordensverwaltung bildeten – mit Ausnahme Preußens und Livlands – die Balleien mit den Landkomturen an der Spitze, die allerdings eine sehr unterschiedliche Stellung hatten. Sieht man von den Balleien außerhalb des Deutschen Reiches ab, die mit Ausnahme Siziliens und Apuliens nur relativ wenige Besitzungen vereinten, aber im Laufe des 15. Jahrhunderts verloren gingen, unterstand nur ein Teil von ihnen dem Deutschmeister, der andere Teil des Hochmeister. Der Deutschmeister kontrollierte – neben einigen ihm direkt unterstellten Häusern im Rhein-Main-Neckar-Raum, die wohl seit Wolfram von Nellenburg (1331–1361) als »Deutschmeistertum« bezeichnet werden – insbesondere die Balleien Franken, Thüringen, Sachsen, Marburg, Westfalen, Utrecht, Altenbiesen, Lothringen und Elsass-Burgund. Letztere ging nach 1386 aufgrund finanzieller Probleme an den Hochmeister über, der weiter Koblenz, Böhmen, Österreich und Bozen als Kammerballeien verwaltete. Die Brüder zogen die Zuordnung zur hochmeisterlichen Kammer der Kontrolle durch den in der Nähe residierenden Deutschmeister vor. Die einzelnen Häuser (und die ihnen in Preußen und Livland zugewiesenen Amtsbezirke) unterstanden auf der untersten Ebene den Komturen, teilweise auch Vögten und Pflegern.

4.2 Die Führungsschicht der Orden

Die zentrale Aufgabe der Landkomture wie auch der Landmeister war die Verwaltung des Ordensbesitzes. Der Abschluss der Eroberungen im Baltikum und die Maßnahmen zur Versorgung der Hochmeister in Preußen führten jedoch dazu, dass es spätestens seit dem früheren 14. Jahrhundert nicht mehr nötig war, materielle Unterstützung zu senden. Vielmehr kehrte sich vor 1410 die Situation geradezu um. Der Deutschmeister und seine Gebietiger gerieten in wirtschaftliche Schwierigkeiten und mussten schließlich beim Hochmeister 1386 eine Anleihe aufnehmen, die die Verpfändung der Ballei Elsass-Burgund und ihren Übergang an die hochmeisterliche Kammer zur Folge hatte. Es blieb nur die Organisation personellen Nachschubs, die seit dem 14. Jahrhundert immer stärker in eine Trennung der Karrieren mündete. Daneben musste die innere Verwaltung der Ballei organisiert werden. Dazu gehörte die Kontrolle der Lebensführung der Brüder, der Erwerbungen und der Wirtschaftsführung der einzelnen Häuser. Die Landkomture wie die Landmeister beriefen dazu regelmäßig Kapitel ein, auf denen die untergeordneten Amtsträger abrechnen und ihre Ämter niederlegen mussten. Zudem waren sie für die Aufnahme neuer Brüder, die Aufsicht über die Priesterbrüder und über die Hospitäler des Ordens zuständig. Auch wenn sich die Hochmeister und die Großgebietiger alle Eingriffe vorbehielten, ergab sich damit eine Dezentralisierung, die sich in den kleineren Orden, vielleicht außer für die *commendadores mayores* im Orden von Santiago, so nicht beobachten lässt.

Die führenden Brüder trafen sich, wenn auch bei wachsender Ausdehnung des Ordensbesitzes mit Einschränkungen, zu (lokalen, regionalen) Kapiteln und Generalkapiteln. Kapitel gab es schon lange in den älteren monastischen Gemeinschaften, um finanzielle Probleme, die Aufnahme und den Status von Brüdern, Fragen der Disziplin und auch die Neuwahl von Amtsträgern zu verhandeln. Darüber hinaus übten die Generalkapitel auch eine Kontrolle über die Meister aus, besonders bei internen Spannungen oder Konflikten. So reagierte das Generalkapitel des Santiagoordens im 13. Jahrhundert gegen die Absichten des Meisters Pelayo Pérez Correa sogar mit der Ausbildung einer korporativen Identität. Schon in der lateinischen Fassung der Templerregel bedurfte der Meister für wichtige Entscheidungen über den Orden, aber auch für die Vergabe von Ordensbesitz und für die Aufnahme und Entsendung von Brüdern der Zustimmung des Generalkapitels. Bei den Johannitern ging die umfangreiche interne Statutengesetzgebung auf die Beschlüsse der Generalkapitel zurück, auch beim Deutschen Orden wurde die lange Zeit gültige Fassung der Statuten 1442 durch ein Generalkapitel auf der Marienburg bestätigt.

Die frühen Regeln und Statuten sehen teilweise jährliche Kapitel vor, doch ließ sich das bei den wachsenden Zahlen von Brüdern wegen des damit verbundenen Aufwands nicht mehr durchhalten. Versuche, einen regelmäßigen Zyklus für die Generalkapitel einzuführen, etwa bei den Johannitern alle fünf Jahre, blieben ohne Erfolg. Vielmehr wurden Generalkapitel bei Bedarf einberufen, bei den Johannitern zweimal im 15. Jahrhundert auch auf Initiative der Päpste. Die Johanniter haben auch die ausführlichsten Statuten zum Ablauf eines Generalkapitels erlassen. Dieses begann mit einer Messe, Prozession, Gebeten, Gesängen und einer Regellesung. Wenn alle nicht ausdrücklich zum Generalkapitel Geladenen fort waren, gab zunächst der Meister einen Überblick über die Probleme und Aufgaben. Nach der Übergabe der Abrechnungen und der Ämter wurde ein Ausschuss von 16 »Kapitularen« gewählt, die in geheimer Beratung über zusätzliche Abgaben, die Finanzen des Ordens, bessere Ordensdisziplin, neue Statuten und Anderes entscheiden sollten. Nach der Verkündigung der Beschlüsse vor dem Kapitel wurden die Amtsträger neu eingesetzt, und das Kapitel endete mit gemeinsamen Gebeten. Auch wenn die 16 »Kapitularen« eine Besonderheit der Johanniter waren, dürften die Generalkapitel der anderen Orden nicht viel anders abgelaufen sein.

Die Zeiten zwischen den Generalkapiteln wurden vielfach mit Hilfe anderer Gremien überbrückt. Beim Deutschen Orden war dies der »engere Rat«, bei dem die Großgebietiger durch zwei preußische Amtsträger, die Komture von Danzig und Thorn für die Landesteile Pommerellen und Kulmerland, ergänzt wurden. Im Santiagoorden gab es einen »Rat der Dreizehn«, in den Orden von Calatrava und Alcántara *ancianos* oder *seniores*. Auch bei den Johannitern spielten Rat und Konventualbaillis eine zentrale Rolle, gestützt und vernetzt durch die Institution der Zungen, der regionalen Interessengruppen im Konvent, die seit den Jahren um 1300 entstanden waren. Die 16 »Kapitularen« der Statuten von 1489/1493 mussten paritätisch aus den (acht)

Zungen kommen, ebenso die Wähler des Meisters, die Kontrolleure der Finanzen oder die Mitglieder der ordensinternen Gerichte, der *esgarts des frères*. Alle diese Instanzen spiegeln die oligarchische Struktur der Ritterorden.

4.3 Die Stellung der untergeordneten Ämter

Schon die Übersicht über die führenden Ämter hat gezeigt, wie flexibel die Brüder in den Ritterorden die Strukturen ihrer Gemeinschaften gestalteten und an die jeweiligen Bedürfnisse anpassten. Das gilt umso mehr für die untergeordneten Ämter. Generell muss dabei zwischen den untergeordneten zentralen und den lokalen Ämtern unterschieden werden. Im Haupthaus oder in zentral gelegenen Niederlassungen der Orden gab es zahlreiche Ämter auf einer unteren Ebene, die teilweise wichtige Funktionen für ihren gesamten Orden ausübten. Eine größere Zahl von niederen Ämtern mit verschiedenen Aufgaben strukturierte auch das Leben in den lokalen Ordenshäusern, in den Komtureien oder Präzeptoreien, die die Basiseinheit der Ritterorden bildeten.

Die untergeordneten Ämter mit zentralen Aufgaben variierten – anders als die Großämter, Konventualbaillis und Großgebietiger – von Orden zu Orden erheblich. Bei den Templern lassen sich zunächst die Ämter mit militärischen Funktionen nennen. Ein Beispiel ist das Amt des Turkopoliers, der für die leichter bewaffneten, orientalischen Söldnertruppen des Ordens zuständig war. Ursprünglich dem Marschall unterstellt, stieg er um 1240 in die Reihe der Großämter auf. Dem Marschall war weiterhin ein Untermarschall zugeordnet, der das Personal in den Ställen kontrollierte. Zwei weitere untergeordnete Ämter in Akkon waren der Ritterkomtur und der Komtur des Gewölbes zu Akkon, die dem Komtur des Königreichs Jerusalem unterstanden. Gerade der Komtur des Gewölbes zu Akkon hatte besondere Bedeutung, denn er organisierte als »Hafenkomtur« die Schiffsbewegungen im Hafen von Akkon, kontrollierte die Schiffe des Ordens und verwaltete, unterstützt von einem weiteren Bruder, die Eingänge an Lebensmitteln und Materialien. Entsprechende Aufgaben könnten Brüder in Marseille wahrgenommen haben, die in Urkunden des 13. Jahrhunderts als »Komtur der Schiffe« bzw. später als »Meister der Überfahrt (*passagium*)« bezeichnet werden. Ähnliche Ämter finden sich auch bei den Johannitern, so im 13. Jahrhundert ebenfalls in Marseille ein »Komtur der Schiffe (*commendator navium*)«, der anders als die ähnlich bezeichneten Kapitäne der Ordensschiffe wohl für die Konstruktion, Ausstattung und Aussendung von Schiffen ins Heilige Land verantwortlich war. Im militärischen Bereich unterstand dem Marschall der »Knappenmeister« des Konvents, der zunächst für die Versorgung und Disziplin der den Brüdern zugeordneten Knappen und Sergeanten sorgen musste. Selbst ein Sergeant, verfügte er über einen eigenen Haushalt und musste nach einem Statut von 1301 monatlich abrechnen. Auf Rhodos wurden dem Knappenmeister zuerst die Bogenschützen und Verteidiger der Ordensfestung zugeteilt, doch hatte er dort den Marschall auch in der ordensinternen Rechtsprechung und bei der Einforderung von Schulden zu unterstützen, zusammen mit zwei erfahrenen Brüdern. Ähnlich wie bei den Templern in Akkon gab es auf Rhodos auch eigene Amtsträger zur Verwaltung der Waren und Lebensmittel des Ordens. So unterstanden dem Großpräzeptor einer »Kleinpräzeptor« sowie Präzeptoren des Kellers und des Getreidespeichers, die monatlich vor ihm abrechnen mussten und zudem von zwei erfahrenen Brüdern aus verschiedenen Zungen kontrolliert wurden.

Bei den Ritterorden, die eine eigene Landesherrschaft aufbauen konnten, erlangten zudem einige Ämter an Bedeutung, die nicht aus den Strukturen der Korporation hervorgegangen waren. Die Johanniter führten auf Rhodos die im zweijährigen Turnus durch die Zungen mit Ordensbrüdern besetzten Ämter des Kastellans von Rhodos und des Baillis des *commerchium* ein. Der Kastellan hatte einen eigenen Amtsbezirk, war aber zusammen mit zwei Richtern sowohl für die Strafgerichtsbarkeit wie auch für die zivile Rechtsprechung auf Rhodos zuständig. Das Amt des Baillis des *commerchium* entstand bei der Übernahme einer wohl schon in byzantinischer Zeit erhobenen Hafenabgabe, des *commerchium*. Daraus erwuchs die Kontrolle über die Handelsgerichtsbarkeit, mit drei Instanzen, denen der Bailli vorstand. Im 15. Jahrhundert hatte sich eine umfangreiche Register- und Aktenführung entwickelt, die drei Schreiber erforderlich machte. Am *commerchium* wurden nicht nur die Handelsgeschäfte des Ordens erfasst, sondern auch die Kaufleute ließen verschiedenste Geschäfte eintragen.

Der Deutsche Orden führte ähnlich aufgrund eines Zolls, des von den preußischen Hansestädten in mehreren Schritten übernommenen Pfundzolls, um 1400 das Amt des Pfundmeisters zu Danzig ein. Kontrollierte dieser zunächst nur die Pfundgelderhebung durch die Städte, übernahm er nach 1409 zusammen mit einem weiteren Bruder, dem Mündemeister, die Pfundgelderhebung selbst und wurde so zu einem der wichtigsten Amtsträger mit wirtschaftlichen Aufgaben. Um 1430 nahm er die Versorgung der Marienburg wahr, die zuvor durch einen der »Handelsbeamten« des Ordens, den Marienburger Großschäffer organisiert wurde; und in den Jahren nach 1466 kontrollierten die Amtsinhaber nicht nur die Pfundgelderhebung in Königsberg, sondern (als Nachfolger der bis 1454 belegten Bernsteinmeister) auch den Verkauf des im Ordensland gewonnenen Bernsteins. Um 1500 fielen damit am Hof des Hochmeisters Friedrich von Sachsen zeitweilig die Ämter von Pfund-, Rent- und Kammermeister zusammen, bis ein nicht dem Orden entstammender Rentmeister eingesetzt wurde. Vergleichbare Ämter in Preußen waren die der Großschäffer zu Marienburg und Königsberg, die um 1400 ein umfangreiches Handelsnetz zur Versorgung der zentralen Ordensburgen aufbauten, sowie das des Münzmeisters zu Thorn, der mit der Münzprägung des Landes in den Jahren vor 1454 auch eine Kontrolle über die Edelmetallvorräte anstrebte.

Auch wenn die Ritterorden für neue Aufgaben immer wieder neue Strukturen schufen, behielt eines der untergeordneten Ämter seine grundlegende Bedeutung: das der Komture oder Präzeptoren, der Verwalter der einzelnen Konvente oder Ordenshäuser. In der Deutschordensregel wird diese Basiseinheit als ein Haus definiert,

> »da [ein] Konvent von Brüdern ist, das sind zwölf Brüder und ein Komtur zur Zahl der Jünger unseres Herrn Jesu Christi.« (Statuten des Deutschen Ordens, R 13, S. 41)

Diese Orientierung am Vorbild Jesu und der Apostel bestimmte auch das Verhältnis der Oberen zu den Brüdern. So heißt es in den Gewohnheiten des Deutschen Ordens:

> »Darüber hinaus liest man im Evangelium von unserem Herrn Jesus Christus, […] dass er […] seinen Nachfolgern damit Lehre und Vorbild gegeben hat, dass sie gerne gute Lehren hören und Rat suchen und diesem folgen. Darum ziemt es dem Meister wohl, der da die Stelle unseres Herrn Jesus Christus innehat, und auch den Komturen, die unter ihm sind, dass sie gerne und fleißig Rat suchen und gutem Rat geduldig folgen […].« (ebd., Gw 7, S. 96)

Die niederen Amtsinhaber und die anderen Brüder in den Konventen waren den Komturen zwar zu Gehorsam verpflichtet, die Komture waren aber in zentralen Fragen auf die Zustimmung ihrer Mitbrüder, zumal der erfahrensten und ältesten, verwiesen. Auch wenn die ähnlich für andere monastische Institutionen als Ideal beschriebene Gemeinschaft von zwölf Brüdern und einem Leiter die Ausnahme war – die Zahlen der Brüder in den Konventen variieren erheblich –, beschreiben diese Regeln doch den Kern des Ordenslebens. Die Komtureien oder Präzeptoreien wurden dort eingerichtet, wo Schenkungen oder später auch käuflicher Erwerb von Grundbesitz, Einkünften und Rechten die Ansiedlung einer Gruppe von Brüdern erlaubte, aber auch die Besitzverwaltung von einem lokalen Zentrum aus als sinnvoll erscheinen ließ. Das bedeutete nicht, dass man überall Burgen errichtete. Das geschah vor allem in den Einsatzgebieten, im Heiligen Land, in Spanien und im Baltikum. Vielfach glichen die Häuser der Ritterorden im Westen größeren Landsitzen, vielleicht nur ergänzt durch einen Kreuzgang. Bei der vorläufigen Übernahme des Templerbesitzes durch den englischen König 1308 bestand zum Beispiel der Konvent in Templehurst in Yorkshire aus einer Kapelle, Halle, Schlafsaal, Küche, Vorratskammer, Back- und Brauhaus.

Die Zusammensetzung der Ordenshäuser war zumeist gemischt. Nur in wenigen Ausnahmen, so im Orden von Santiago, bei den Johannitern und im Deutschen Orden, gab es einige Priesterkonvente, und in den Orden, in die man Ordensschwestern aufgenommen hatte, gab es in der Regel eigene Schwesternkonvente. 1220 wurde zum Beispiel auch beim Orden von Calatrava verfügt, die verstreut lebenden

Schwestern an einem Ort in der Nähe Calatravas zusammenzuführen. Sonst aber lebten Ritter- und Priesterbrüder sowie dienende Brüder vielfach zusammen. Die größten Ordenshäuser gab es in den Einsatzgebieten, während die Häuser in den Herkunftsregionen oft nur mit wenigen Brüdern besetzt waren. Im 12. und 13. Jahrhundert waren auf den bedeutenderen Burgen im Heiligen Land teilweise 50 bis 80 Ritterbrüder stationiert, im Westen deutlich weniger.

So lebten bei den Templern im bedeutsamen Haus Richerenches in der Vaucluse-Region im 12. Jahrhundert zwischen zehn und zwölf Brüder, in acht davon abhängigen Häusern sogar nur zwei bis drei. Beim Deutschen Orden sind 1296 immerhin 15 Brüder in der Komturei Altenburg in Thüringen nachweisbar, in Nachbarkomtureien wiederum viel weniger. Im Laufe des 14. und 15. Jahrhunderts gingen die Zahlen weiter zurück, meist in der Folge bewusster Aufnahmebeschränkungen. Die Erhebung von 1338 für die Johanniter in England nennt insgesamt nur 114 Brüder in rund 50 Niederlassungen. In Nordostfrankreich gab es nach der Erhebung von 1373 in 70 (von insgesamt 106) Ordenshäusern noch 124 Priesterbrüder, 49 Servienten und fünf Ritterbrüder, während 25–30 Ritterbrüder im Konvent oder anderswo außerhalb des Priorats tätig waren. Im Haus Manosque in der Provence nahm die Zahl der Brüder vom Anfang des 14. Jahrhunderts bis 1411 deutlich ab, mit 51 bzw. 21 Brüdern.

Die Entwicklung war beim Deutschen Orden ähnlich, allerdings verstärkt nach 1410. Bis zur Mitte des 15. Jahrhunderts ging die Zahl der Brüder im Reich von rund 360 auf 230 zurück, in Preußen von vielleicht 700 auf 350, in Livland von rund 300 auf 200. Die größten Konvente waren Marienburg und Königsberg. In Elbing, Balga, Brandenburg und Danzig lebten nach der Erhebung von 1438 zwischen 54 und 34 Ritterbrüder, in kleineren Konventen wie Rheden, Graudenz, Mewe und Gollub deutlich unter zehn Ritterbrüder. Für die Vogteien, Pflegen und weiteren lokalen Ämter kann man sogar nur von ein bis zwei Brüdern ausgehen. Gegenläufig war im 14. und 15. Jahrhundert nur die Entwicklung im zentralen Konvent der Johanniter auf Rhodos, weil dies die Planungen des Ordens vorsahen. Während die realen Zahlen noch deutlich geringer waren, legte das Generalkapitel von 1466 fest, dass auf Rhodos mindestens 300 Ritter-, 30 Priesterbrüder und 20 Servienten aus den verschiedenen Prioraten anwesend sein sollten. Tatsächlich gelang es, auch angesichts der wachsenden Bedrohung der Ordensherrschaft, immer mehr Brüder in den Konvent zu beordern, bis 1513 immerhin die Zahl von 551 Brüdern erreicht wurde. Das Ordensleben funktionierte aber nicht ohne umfangreiches Personal, dessen Zahl häufig die der Brüder überstieg. Zum Beginn des Templerprozesses, 1307, lassen sich in Baugy in der Normandie neben drei Brüdern noch 24 andere Bewohner namentlich nachweisen. Dabei handelte es sich zunächst um drei vom Orden versorgte Personen, darunter ein Ehepaar, und einen offenbar nicht dem Orden angehörenden Kaplan. Dazu kamen ein Schreiber, Förster, Bäcker, Koch, Türwächter, Diener des Komturs, mehrere Hirten und wahrscheinlich sechs Handwerker, die Ackergeräte, Waffen und Rüstungen instandhielten. Bei vielleicht 40 bis 50 Ritterbrüdern nennt der »Wirtschaftsplan« des Elbinger Konvents von 1386 beim Deutschen Orden allein 152 ständig für das Haus tätige Knechte, fünf Köche und nicht zahlenmäßig erfasste Kapläne und andere Geistliche, einen Schreiber, einen Pferdearzt, einen Zimmermann und weitere Personen, die versorgt werden mussten. Besonders unausgeglichen war dieses Verhältnis in den kleineren Ordenshäusern. So hatte der Pfleger von Seehesten 1448/1449 zusammen mit einem Priesterbruder noch 39 namentlich benannte Beschäftigte, die die Aufgaben insbesondere in der Eigenwirtschaft wahrnahmen.

Die personelle Zusammensetzung verdeutlicht bereits die wesentlichen Aufgaben der Komture oder Präzeptoren. An erster Stelle war das die Verantwortung für die Brüder und das weitere im Haus lebende Personal. Das betraf die Einhaltung der Ordensdisziplin und die lokale Gerichtshoheit wie auch die Versorgung mit Kleidung und Lebensmitteln. Dort, wo die Orden Grundherrschaft ausübten oder auch eigene Territorien aufbauten, kontrollierten die Komture ebenfalls die einheimische Bevölkerung, verliehen Rechte, entschieden Gerichtsfälle, zogen die Abgaben ein und organisierten teilweise militärische Aufgebote.

Ihre für die Orden wohl wichtigste Aufgabe war die Verwaltung des Ordensbesitzes. Grundsätzlich sollten die Rechte und Einkünfte des Ordens gewahrt, möglichst aber vermehrt werden. Bei den Johannitern konnte im 15. Jahrhundert niemand ein neues Amt übernehmen, wenn er nicht seine bisherige Präzeptorei »verbessert« hatte (*melioramentum*). Dies wurde teilweise sogar durch Provinzial- oder Generalkapitel überprüft. Entfremdungen von Ordensbesitz sollten nach Möglichkeit verhindert oder rückgängig gemacht werden, um den Transfer von Überschüssen zur Finanzierung der Kernaufgaben der Orden sicher zu stellen. Nicht zufällig wurden die Komture nicht in den Ordenshäusern, sondern durch übergeordnete regionale oder zentrale Instanzen (Provinzial- und Generalkapitel, Provinzialmeister, Priore, Landkomture und Meister) eingesetzt und kontrolliert. Dazu gehörte auch eine intensive Rechnungslegung, die jährlich oder zu den Provinzialkapiteln zu erfolgen hatte.

Ein wichtiges Kontrollinstrument waren auch die auch in anderen monastischen Gemeinschaften üblichen Visitationen. Während beim Orden von Calatrava und den anderen mit den Zisterziensern verbundenen Orden die Äbte von Morimond als externe Instanz visitierten und auf dieser Grundlage neue Statuten erließen, wurden Visitationen in den anderen Orden in der Regel durch die Ordensleitung, die Meister und die führenden Brüder, angeordnet. Das Vorgehen dabei regelten nicht nur die Statuten, sondern auch eigene Visitationsordnungen, wie sie etwa bei den spanischen Ritterorden, dem Christusorden, Santiago und Avis, belegt sind. Beim Deutschen Orden wurde unter Hochmeister Winrich von Kniprode (1352–1382) bestimmt, dass dafür jeweils zwei selbst vorbildlich lebende Brüder ausgesandt werden sollten, die die Aufgabe hatten, das Verhalten aller Brüder zu korrigieren und zu bessern. Auch wurde gefordert,

> »dass man ihnen beim heiligen Gehorsam gebiete, dass sie weder aufgrund von Liebe, Leid, Furcht oder Drohungen anders visitieren als nach der Gerechtigkeit bei den Niedersten und den Obersten [...].« (Statuten des Deutschen Ordens, GWi VII, S. 156)

Teilweise wurden die Visitationen von einem Ritter- und einem Priesterbruder durchgeführt, manchmal auch zusammen mit einem Schreiber, der die Ergebnisse festhalten sollte. Auf diese Weise konnte die Ordensleitung bis in die unterste Ebene der Ordensverwaltung eingreifen, aber auch die regionalen Amtsträger, etwa die Priore der Johanniter in ihren Prioraten, führten eigene Visitationen durch.

4.4 Die Statusgruppen in den Orden

Bischof Simon von Noyon und sein Domkapitel lobten 1130/31 die Templer in einer Urkunde dafür, dass sie mit ihrem Orden die gottgegebene Ordnung der Gesellschaft, die Dreiteilung in Beter, Kämpfer und Arbeiter (*oratores, bellatores* und *laboratores*), auf ideale Weise wiederhergestellt hätten. Tatsächlich unterschied schon die lateinische Regel von 1129 zwischen Ritterbrüdern und dienenden Brüder oder *sergeants*. Spätestens mit der grundlegenden Urkunde Innozenz' II. von 1139 kamen dann noch die »Beter«, die Priesterbrüder, hinzu. Dieses Modell wurde auch für die anderen geistlichen Ritterorden vorbildlich. Allerdings kam es angesichts der verschiedenen Aufgaben in den Orden bald zu einer Differenzierung bei den dienenden Brüdern, die sowohl militärisch als auch in der Wirtschaftsführung eingesetzt wurden, und weitere Gruppen schlossen sich den Orden an. Bei den Templern nahmen vor allem anfangs *milites ad terminum*, auf bestimmte Zeit verpflichtete Ritter, an den Unternehmen des Ordens teil. Zudem gab es Donaten und Familiaren, die sich unter bestimmten Bedingungen am Leben in den Orden beteiligten, sowie Pfründner, Einzelpersonen, darunter auch Frauen, oder Verheiratete, die gegen die Übertragung von Besitz in den Ordenshäusern versorgt wurden.

Bernhard von Clairvaux hatte noch darauf hingewiesen, dass es bei den Templern keine Rangunterschiede gebe, dass nicht der Adel, sondern nur die Leistung gewürdigt werde. Entsprechend sieht etwa die Regel des Ordens von Santiago Strafen für die vor, die gegenüber anderen ihre Herkunft hervorheben:

> »Wer seinen Besitz in Erinnerung ruft, den er vor oder nach dem Eintritt in den Orden hatte, oder den Adel seiner Familie, und sich deshalb selbst erhöhen will, soll, nachdem er die Verzeihung erhalten hat, geschlagen und der Strafe unterworfen werden, die er nach dem Umfang und der Art seiner Schuld verdient, gemäß dem Wort des Herrn, ›wer sich selbst erhöht, soll erniedrigt werden‹.« (The Rule, ed. Gallego Blanco, LXX, 140)

Dennoch wurden die Statusgruppen nach ihrem gesellschaftlichen Rang und ihrer Stellung in den Orden unterschiedlich behandelt. Das verschiedene Gewicht – und nur partiell auch die Zahl – spiegelt sich unter anderem in den Regelungen zur Meisterwahl. Von den 13 Brüdern, die bei den Templern und beim Deutschem Orden die Wahl vornahmen, sollten acht Ritterbrüder, vier dienende Brüder und nur einer ein Priesterbruder sein. Die Ritterbrüder, denen überall die führende Rolle zukam, rekrutierten sich zudem bald ausschließlich aus dem Adel.

So wurden bei den Johannitern bereits unter den Meistern Afonso de Portugal und Hugues Revel im 13. Jahrhundert die ersten Regelungen zur adligen Abstammung der Ritterbrüder erlassen, und bei den Templern konnten spätestens um 1250 nur jene als Ritterbrüder aufgenommen werden, die aus ritterlichen Familien stammten und ehelich geboren waren. Ähnlich war dies in allen anderen Ritterorden. Der Orden von Calatrava nahm seit 1325 nur noch Ritter und Knechte (*caballeros* und *escuderos*) auf, bald wurden auch unehelich Geborene ausgeschlossen, und um 1500 durften keine Neugetauften mehr dem Orden beitreten. Der Deutsche Orden erhielt bereits 1216 von Papst Honorius III. die Bestätigung dafür, dass nur Adlige zu Hochmeistern gewählt werden konnten. Der Orden wurde im Reich seit dem 14. Jahrhundert – durchaus positiv verstanden – zum »Spital des Deutschen Adels«, also zu einem Versorgungsinstitut der jüngeren Adelssöhne, und um 1450 forderte Deutschmeister Jost von Venningen ausdrücklich, Kandidaten sollten zwei adlige Verwandte im Alter von mindestens 40 Jahren mitbringen, um ihre Abstammung nachzuweisen. Um 1500 wurden dann Adelsproben verlangt. Bei den Johannitern wurde die Herkunft der Ritterbrüder im 15. Jahrhundert in der Regel durch die Priore und Provinzialkapitel überprüft, auch mit Hilfe von Verwandten und weiteren Zeugen. Das war aber offenbar nicht immer erfolgreich, denn unter Meister Jacques de Milly wurde die Strafe für die Aufnahme Nichtadliger als Ritterbrüder noch einmal verschärft.

Die Ritterbrüder übernahmen mit wenigen Ausnahmen die höchsten Ämter in den Orden, insbesondere das Meisteramt, die Großämter, die regionalen Führungspositionen und selbst die meisten Komtureien oder Präzeptoreien. Die ritterliche Dominanz führte gelegentlich auch zur Kritik von außen. So schreibt der unbekannte Autor der *Reformatio Sigismundi*, einer deutschen Reformschrift der 1430er Jahre, zur Situation beim Deutschen Orden und den Johannitern:

»Die Komture, klein oder groß, die tragen den Orden, das Kreuz und singen und lesen nicht [die Messe]; und die Priester, die sie im Orden haben, die halten sie für nichts und für ihre Knechte.« (Reformation Kaiser Siegmunds, hrsg. Koller, S. 184, Version N)

In den Orden selbst scheint das aber kaum Spannungen verursacht zu haben, mit wenigen Ausnahmen. So kam es im Orden von Santiago im 13. Jahrhundert zu längeren Konflikten um die Zehntzahlungen an die Priesterbrüder. Als der Prior, das Haupt der Ordenspriester in Uclés, 1215 ohne Zustimmung des Meisters zum vierten Laterankonzil reiste, nahm dieser die Priester für einige Tage gefangen, zog ihren Besitz ein und setzte einen Laien als Prior ein. Die Priesterbrüder verzichteten zwar 1231 gegen die Versorgung durch den Orden auf die Zehnten, dennoch dauerten die Spannungen trotz wiederholten päpstlichem Eingreifen an. Bei den Johannitern müssen sich um 1450 Priesterbrüder an der Kurie über ihre untergeordnete Stellung beklagt haben, da Kalixt III. im Juni 1456 eine Reform zugunsten der Priesterbrüder einleiten wollte. Allerdings wurde seine Forderung bereits im Januar 1457 wieder zurückgenommen, die erste Bulle wurde im päpstlichen Register gestrichen. Trotz päpstlichen Eingreifens konnten die Ritterbrüder in beiden Fällen am Ende ihren Vorrang wahren.

Die Priesterbrüder hatten innerhalb der sich entwickelnden Strukturen ihre festen Aufgaben und Positionen, die niemand in Frage stellte. Auch wenn die Templer und der Orden von Santiago erst nach ihrer Gründung Priesterbrüder aufnahmen, während etwa bei den Johannitern und beim Deutschen Orden Geistliche ohne militärische Aufgaben von Anfang an dazu gehörten oder sogar den älteren Kern der Gemeinschaft bildeten, unterschied sich ihre Tätigkeit im Kern wenig. Francisco de Rades y Andrada, der Historiker der spanischen Ritterorden aus dem 16. Jahrhundert, hat in der Einleitung zu seinem Werk darauf verwiesen, dass die Orden eben nicht nur aus *cavalleros de armas* (bewaffneten Rittern), sondern auch aus *religiosos clerigos* (Ordensklerikern) bestünden,

»die sich an erster Stelle der Messe und dem Kampf gegen die Mauren mit geistlichen Waffen widmen, d. h. mit Gebeten, Fasten, Keuschheit und anderen frommen Taten.« (Rades y Andrada, Crónica, Prolog)

Ganz ähnlich lauteten bei den Johannitern die Gründe, wozu die Priesterbrüder jeweils auch für einige Zeit in den Konvent nach Rhodos gerufen wurden. Allgemein waren die Priesterbrüder für das Lesen der Messen in den Ordenshäusern, für das Seelenheil der Ritter- und dienenden Brüder, die seelsorgerische Betreuung der Kranken, Begräbnisse, die Aufnahmerituale, Bußen, Tischgebete und -lesungen, Beichten und Anderes mehr zuständig. Dieselben Aufgaben übernahmen sie auch für die den Orden verbundenen Personen und die von ihm abhängige Bevölkerung.

Ihre Literalität, die Fähigkeit zum Lesen und Schreiben, unter Einschluss des Lateinischen, führte zu ihrem Einsatz als Schreiber und höhere Amtsträger in der Kanzlei. So war etwa der Kaplan des Provinzialmeisters der Templer in Aragón um 1200 zugleich als dessen Schreiber tätig, und bei den Johannitern nahm der deutsche Priesterbruder Johannes Erfstein von Straßburg noch in den 1470er Jahren gleichzeitig die Funktionen eines Meisterkaplans und eines Schreibers der Ordenskanzlei wahr. Gerade beim Deutschen Orden führte das Wirken als Hochmeisterkaplan und Kanzler mehrfach zu einer längeren geistlichen Karriere. Wikbold Dobbelstein, Hochmeisterkaplan und Kanzler unter Winrich von Kniprode (1352–1363), wurde 1356 Mitglied des Domkapitels von Pomesanien und 1363 schließlich Bischof von Kulm, und ein anderer Hochmeisterkaplan und Kanzler, Sylvester Stodewescher, stieg 1448 sogar zum Erzbischof von Riga auf.

Auch die Tätigkeit im Orden im engeren Sinne bot Aufstiegsmöglichkeiten. Die Priesterbrüder bildeten eine eigene, sich teilweise auch zu Versammlungen treffende Statusgruppe der Ritterorden, die zumeist einem Prior unterstand. Die Konventspriore der Johanniter sind zuerst 1153 und 1164 belegt, während sie bei den Templern erst im 13. Jahrhundert erscheinen. Beim Deutschen Orden findet sich der erste Konventsprior für das Haupthaus in Akkon 1242, bei den spanischen Ritterorden noch früher. Die Konventspriore auf Rhodos und der Marienburg erhielten im 15. Jahrhundert durch die Päpste eine Rangerhöhung und konnten bei festlichen Anlässen bischöfliche Insignien tragen. Gerade der Konventsprior auf Rhodos, dem formal alle Priesterbrüder der Johanniter unterstanden, hatte als Zweiter hinter dem Meister eine herausgehobene Stellung.

Priesterbrüder konnten aber auch zahlreiche weitere Ämter und Aufgaben übernehmen. Sie wirkten in den eigenen Kirchen des Ordens wie in Kirchen mit Ordenspatronat, lebten in eigenen Gemeinschaften mit besonderen spirituellen Pflichten wie unter anderem die Deutschordenspriester in Zschillen in Thüringen oder die Johanniterpriester in Caspe in Aragón oder leiteten selbst Komtureien oder Präzeptoreien. Das betraf einmal Häuser, die eng mit Pfarrkirchen und Seelsorge verbunden waren, wie in den Priesterkommenden des Deutschen Ordens in Mühlhausen in Thüringen und im friesischen Nes bzw. bei den Johannitern im friesischen Sneek. Zum anderen waren aber auch bei anderen Ordenshäusern keine Ritterbrüder vor Ort, da sie in den Einsatzgebieten gebraucht wurden. So wurden 1373 z. B. im französischen Priorat der Johanniter (um Paris) über 60 % der Präzeptoreien durch Priesterbrüder geleitet. Ein Sonderfall sind dann auch die dem Deutschen Orden in Preußen inkorporierten Domkapitel in den Bistümern Kulm, Pomesanien und Samland (sowie in Kurland), über deren Wahlrecht die Bischöfe zumeist auch aus dem Orden kamen.

Noch vielgestaltiger war die dritte Statusgruppe, die der dienenden Brüder, die in den Quellen als Sergeanten, Servienten oder (beim Deutschen Orden) als Graumäntler erscheinen. Sie werden schon mit den ältesten Statuten der Templer eingeführt und sollten sich durch ihre braune oder schwarze Kleidung von den weißen Gewändern der Ritter unterscheiden, wohl in Anlehnung an die Konversen der Zisterzienser. Sie waren volle Ordensmitglieder nicht-adliger Herkunft und wurden für untergeordnete Aufgaben eingesetzt, sowohl in der Verwaltung der Ordenshäuser wie auch bei militärischen Einsätzen. Sie bildeten immer einen erheblichen Teil der Besatzung der Konvente. Für die Templerburg Safad setzte man um 1250 neben 50 Ritterbrüdern auch 30 dienenden Brüdern an, dazu kamen allerdings noch 50 Turkopolen, 300 Armbrustschützen, 820 Lohnarbeiter und 400 Sklaven. Im Westen stellten sie teilweise sogar den größeren Teil der Brüder. In der schon angesprochenen Erhebung für die Johanniter in England von 1338 lassen sich 47 Brüder als Servienten, aber nur 31 als Ritter- und 34 als Priesterbrüder identifizieren.

Die Servienten oder – nach der Farbe ihres Mantels so bezeichneten – Graumäntler des Deutschen Ordens lassen sich in Preußen zahlenmäßig schwer fassen, da sie in Listen der Brüder nicht besonders ausgewiesen sind, finden sich aber häufig in den unteren Ämtern der Ordenshäuser. Nach einer Abgabenliste aus den Jahren um 1450 waren zu dieser Zeit zum Beispiel der Trappier, der Schnitzmeister, der Schmiedemeister, der Schuhmeister und der Backmeister der Marienburg Graumäntler. Ähnliches galt wohl für die anderen Ordenshäuser auch. Bei den Johannitern entwickelte sich im 15. Jahrhundert eine klare Abgrenzung der für Servienten bestimmten Ämter, die ein Ritterbruder nicht (mehr) übernehmen sollte. Nach 1449 betraf das zunächst Ämter im Konvent auf Rhodos, das des »kleinen Präzeptors«, des Präzeptors des Kellers und des Getreidespeichers, nach 1462 wurde das auf alle Ordensämter ausgedehnt, die klar mit einer der Statusgruppen verbunden werden sollten. Dennoch kam es immer wieder zu Konflikten, die letztlich von Meister und Rat entschieden werden mussten. So musste die französische Zunge nach einer Entscheidung von 1464 für das dem Hospitalar unterstellte Amt des Infirmars einen Servienten vorschlagen.

Donaten, Familiare und Pfründner konnten zwar auf ihre Weise in den Orden wirken, hatten aber als Nicht-Mitglieder der Korporation kaum Einfluss auf die Entwicklungen. Ähnlich war das auch bei einer weiteren Statusgruppe in den Orden, den Schwestern (*sorores*) oder Halbschwestern (*consorores*), die sich aber sehr unterschiedlich entwickelte. Die Statuten der Templer schrieben vor, dass sich die Brüder von Frauen, selbst von Verwandten, fernhalten sollten, und auch die Aufnahme von Frauen in den Konventen wurde nach einiger Zeit verboten. Obwohl diese Regelung für den Orden insgesamt nicht mehr geändert wurde, war die Situation in einzelnen Häusern anders. So wurden Frauen insbesondere im Zusammenhang mit Schenkungen aufgenommen, wenn sie versprachen, ein keusches und religiösen Normen, insbesondere der Templerregel, verpflichtetes Leben zu führen. Oft dürfte es sich dabei wie um 1190 bei Johanna, der Frau eines Ritters aus Wiltshire, um Damen höheren Alters gehandelt haben. Ganz ähnlich unterstellten sich 1305 zwei Kölner Bürgerinnen, Godelevis und ihre Tochter Mechtild, dem Deutschen Orden in Köln und übertrugen ihm unter dem Vorbehalt lebenslanger Nutzung ihren gesamten Besitz. Das sicherte ihre Versorgung und schützte sie vor möglichen Übergriffen anderer.

Die Aufnahme von Frauen ging aber bei einigen der Orden, so bei den Johannitern, dem Deutschen Orden und dem Orden von Calatrava, noch darüber hinaus. Einen Grund dafür nennen die Statuten des Deutschen Ordens, die zwar zunächst vom schädlichen Einfluss der Frauen auf die Männer sprechen, die man deshalb nicht voll in den Orden aufnehmen solle, dann aber ergänzen:

> »Und dennoch, weil man etliche Dienste an den Kranken in den Hospitälern und auch die Viehzucht besser mit dem weiblichen als mit dem männlichen Geschlecht ausführen kann, sei euch auch erlaubt, dass ihr zu solchen Diensten Frauen zu Halbschwestern empfangt.« (Statuten des Deutschen Ordens, R 31, S. 52)

Tatsächlich finden sich sowohl bei den Johannitern wie bei Deutschen Orden anfangs (Halb-) Schwestern in den einzelnen Ordenshäusern, oft mit untergeordneten Aufgaben betraut. Ein preußisches Beispiel ist Katharina Mulner, die im ausgehenden 14. Jahrhundert in Marienwerder die später im Ordensland als Heiligen verehrte Dorothea von Montau versorgte. Ähnlich war die Stellung von Frauen kleinbäuerlicher Herkunft bei den friesischen Johannitern. Diese »weiblichen Servienten« lebten in eigenen Schwesterhäusern unter der Leitung einer Oberin und arbeiteten vor allem in Haus, Küche und Garten.

Einen ganz anderen Charakter hatten dagegen die Frauenkonvente der Johanniter in Spanien, Italien und der Provence. Spätestens seit der Reform der Statuten des Ordens von 1489/1493 galt, dass die Schwestern ähnlich wie die Ritterbrüder ihre adlige Abstammung und ihre eheliche Geburt nachweisen mussten. Es handelte sich um adlige Nonnenklöster mit strenger Klausur, deren Lebensnormen sich wenig von denen der Benediktinerinnenklöster unterschieden, nur dass sie – wie das 1188 gestiftete Sigena in Aragón – der Kontrolle der Oberen eines geistlichen Ritterordens unterstanden. Für Sigena war neben dem Bischof von Osca insbesondere der Kastellan von Amposta zuständig. Der weibliche Zweig der Johanniter erfreute sich mit Gründungen bis ins 16. Jahrhundert gewisser Beliebtheit. In England wurden die Schwestern schon im späten 12. Jahrhundert in Buckland zusammengeführt. Auch in anderen Orden gab es reine Frauenkonvente, so beim Orden von Calatrava in San Felices de los Barrios seit dem Beginn des 13. Jahrhunderts.

Einen interessanten Sonderfall erlaubt die Regel des Santiagoordens. Ritterbrüder konnten danach auch zusammen mit ihren Frauen in den Orden eintreten. Im Rahmen der drei Gelübde versprachen die Brüder nur die Einhaltung der ehelichen Keuschheit, also die Beschränkung sexueller Aktivität auf die Ehe, wobei diese auch nur außerhalb hoher Festtage oder der Fastenzeit erlaubt war. Während der Fastenzeit sollten zudem Männer und Frauen getrennt in eigenen Konventen leben, ebenso wie die Frauen während der Beteiligung der Männer an militärischen Unternehmungen in Frauenkonvente gehen sollten. Kindern aus der Ehe wurde ab Volljährigkeit die Entscheidung freigestellt, ob sie im Orden bleiben oder ins weltliche Leben zurückkehren wollten. Im letzteren Fall sollten sie auch den Besitz der Familie übertragen bekommen. Diese Regelung wurde lange kritisch gesehen und an der Kurie intensiv diskutiert. Daher stieg in den ersten 200 Jahren kein verheirateter Ritterbruder zum Meister des Santiagoordens auf. Dann aber entwickelte sich diese Lösung zu einem Modell, das 1440 mit Erlaubnis Papst Eugens IV. für den Orden von Calatrava, 1496 auch für den Orden von Avis übernommen wurde. Für die Mitglieder der protestantischen Zweige der Ritterorden galt seit dem 16. Jahrhundert ebenfalls die Forderung nach ehelicher Keuschheit.

4.5 Die Wirtschaftsführung der Orden

Unabhängig von der jeweiligen regionalen Situation und der Entwicklung der geistlichen Ritterorden bildete die Landwirtschaft für alle die Grundlage der Wirtschaftsführung. Die Ordensleitungen mussten daher bestrebt sein, den aus Schenkungen entstandenen Ordensbesitz auszubauen, zu arrondieren und abzusichern. Vor Ort musste jeweils entschieden werden, welche Ländereien gegen Zins ausgegeben und welche unter direkter Ordenskontrolle bewirtschaftet werden sollten, welche Anbauformen den größten Erfolg versprachen und wieweit neben der Deckung des Eigenbedarfs auch Verkäufe zum Erwerb finanzieller Mittel möglich waren. Eine erfolgreiche Wirtschaftsführung hing damit aber auch von vielen kaum kontrollierbaren Rahmenbedingungen ab. Missernten aufgrund schlechten Wetters, der Ausbruch einer Epidemie oder die Zerstörung von Feldern und die Wegführung von Vieh durch kriegerische Ereignisse konnten alle Planungen in Frage stellen. Gerade die zahlreichen militärischen Konflikte führten immer wieder zu Ausfällen und Einnahmeverlusten.

Die Schenkungen an die Ritterorden gingen im 13. bzw. – bei jüngeren Orden wie dem Deutschen Orden – im 14. Jahrhundert deutlich zurück. Umso mehr wurden weitere Rechte durch Kauf oder Tausch erworben. Das lässt sich etwa am Beispiel des Templerbesitzes in Huesca im nördlichen Aragón verfolgen. Dort schaltete sich der Orden im 12. und 13. Jahrhundert in Geschäfte mit Weinbergen, Olivenbaumpflanzungen, Mühlen, Gärten und Weideland ein und verdichtete dabei seinen Besitz. Noch im September 1294 tauschten die Brüder ihren wegen zahlreicher Konflikte problematischen Anteil an der Stadt Tortosa mit dem König gegen ausgedehnte Ländereien im Norden des Königreichs Valencia mit umfangreichen Einnahmen und kauften 1303 unter erheblichem finanziellen Aufwand ein Gebiet dazu, um ihren Besitz abzurunden. Ähnlich verfuhren die Johanniter, etwa bei der Übernahme des Templerbesitzes im Raum Brandenburg-Mecklenburg durch den Vertrag von Kremmen (1318). Anstelle ehemaliger Templergüter wie Großendorf und Zielenzig erwarben sie Lagow, das zu einer Präzeptorei ausgebaut wurde (endgültig 1350). Auch der Deutsche Orden suchte in Preußen, wo er bereits 50–60 % der Böden kontrollierte, seinen Anteil am Grundbesitz weiter zu erhöhen, indem er Dienstgüter aufteilte und an zinspflichtige Bewohner ausgab. Nach dem Erwerb der Neumark 1402 begannen die Brüder auch dort eine Politik der Stärkung der landesherrlichen Stellung, unter anderem durch den Ankauf von Mühlen(rechten).

In der Nutzung ihres Besitzes waren die Orden wenig innovativ, sondern folgten den in der jeweiligen Region üblichen Anbauformen. Entsprechend variieren die Anteile an Ackerbau und Viehzucht, die Nutzung der Mühlen und die Bedeutung von Sonderkulturen wie Weinbau. Das Templerhaus in Baugy in der Normandie hatte beim Übergang an den französischen König 1307 ein in etwa gleichgewichtiges Verhältnis von Getreideanbau und Viehhaltung und eine Domäne in Eigenwirtschaft von rund 30 Hektar, während in der Komturei Sainte-Eulalie-du-Larzac in Südwest-Frankreich die Schafzucht dominierte, mit Herden von bis zu 1.700 Tieren. In dieser Region profitierten die Templer auch vom Weinbau und erhielten von den Bauern regional verschieden oftmals ein Viertel der Ernte (sogenannter »Teilbau«). Ähnlich war dies beim Deutschen Orden in der Ballei Koblenz mit ihren Weinbergen. Nach der Mitte des 14. Jahrhunderts ging dort jedoch der Weinbau aufgrund klimatischer Veränderungen, geringerer Absatzmöglichkeiten und Problemen bei der Pflege zurück. Auch die Pachtverhältnisse veränderten sich, wo zeitlich begrenzte Pacht an die Stelle von Erbpacht trat. Der Anteil der Eigenwirtschaft hing jedoch von der Konzentration des Besitzes ab. Dort, wo wie bei den Johannitern in Essex, die Ländereien des Ordens klein und verstreut waren, blieb es bei der Vergabe gegen Zins.

Daneben boten insbesondere die Mühlen vielfältige, teilweise schon vorindustrielle Nutzungsmöglichkeiten. Templer und Johanniter konkurrierten so nicht zufällig im Heiligen Land um Mühlen oberhalb von Akkon, und die Johanniter besaßen nahe bei London sogar eine Gezeitenmühle. Mühlen der Templer in der Komturei Douzens dienten der Tuchbearbeitung, andere des Deutschen Ordens in Preußen wurden für die Metall- und Holzverarbeitung eingesetzt. Im Gebiet des Rio Cinca in Aragón unterhielten die Templer ein komplexes, allgemein zugängliches Bewässerungssystem und bekamen dafür wiederum Abgaben aus den Mühlen. An anderen Orten standen die Orden in engen Beziehungen zu Handwerkern. So erhielten die Templer jedes zwanzigste Brot aus Backöfen in Valencia und Pacht für eine Ziegelei in Provins. Viele Handwerker arbeiteten auch auf den Ordensburgen, etwa beim Deutschen Orden in Preußen. So waren unter den 152 Nicht-Ordensmitgliedern in Elbing im Jahr 1386 zahlreiche Handwerker, auch wenn man für qualitativ hochwertige Produkte eher die städtischen Handwerker beauftragte. Weitere Einkünfte der Ritterorden kamen aus Markt- und Wegerechten. Die Templer bekamen jeweils einen Anteil aus den Gebühren für die Teilnahme an den Messen zu Troyes.

Eine nicht unerhebliche Rolle spielten vielfach die Überschüsse aus der Eigenwirtschaft und den grundherrlichen Einkünften, die in den

Handel gebracht wurden. Die Templer in den englischen Midlands und in Essex exportierten Getreide und Wolle, und der Orden durfte auf den Messen zu Provins jeweils 40 Fass Wein ohne die Zahlung der üblichen Abgaben verkaufen. Die Johanniter verkauften Wein und Getreide aus Sizilien, Holz aus Wäldern in England und in Aragón. Nach einem königlichen Privileg von 1351 durfte der Kastellan von Amposta am Ebro bei Ulldecona einen eigenen kleinen Hafen unterhalten, um von dort Überschüsse an Wein, Getreide und anderem zu exportieren. Seit 1210 hatten Johanniter zudem eine eigene Zuckerproduktion in Kolossi auf Zypern, aus der sie bis ins 16. Jahrhundert teilweise hohe Gewinne erwirtschafteten. Hohe Erträge brachten auch die oft als Abgaben an den Orden, als Responsionen, von den englischen Johannitern exportierten englischen Tuche.

Der Deutsche Orden profitierte wie die anderen Ritterorden von regionalen Zollbefreiungen, wie etwa beim Export von Wein aus der Ballei Koblenz nach Antwerpen und Mecheln über den Rhein mit seinen zahlreichen Zollstellen, um dann für die Ballei notwendige Güter wie Tuche, Salz und Heringe einzuführen. Unter anderem auf der Grundlage zweier päpstlicher Privilegien Alexanders IV. und Urbans IV. von 1257/1263 gelang dem Deutschen Orden zeitweilig der Aufbau eines intensiven Eigenhandels, der um 1400 auf der Grundlage der preußischen Überschüsse an Getreide und des dort gewonnenen Bernsteins nicht nur die Versorgung der preußischen Ordenshäuser mit west- und südeuropäischen Waren sicherstellte, sondern auch zu den Einkünften beitrug. In dieser Zeit hatte die Marienburger Großschäfferei rund 52.000 Mark an sicheren Waren und Forderungen, die Königsberger sogar rund 77.000 Mark, erhebliche Summen, die auch der Kooperation mit preußischen Kaufleuten geschuldet waren. Allerdings führten die politischen Ereignisse dann zu einem wirtschaftlichen Niedergang, viele der Forderungen mussten abgeschrieben werden, so dass es am Ende bei einem insbesondere der Versorgung der Konvente dienenden Handel blieb.

Solange die wirtschaftliche Situation insgesamt günstig war – seit dem 14. Jahrhundert gab es allerdings zunehmend Krisenphänomene, nicht nur durch die Pestepidemien, sondern auch durch Kriege und klimatische Veränderungen –, konnten die Ritterorden vielfach erhebliche Einkünfte erzielen und sie wiederum für die Erfüllung ihrer Aufgaben nutzen. Der dafür notwendige Transfer von Mitteln ins Heilige Land und andere Einsatzgebiete eröffnete auch die Möglichkeit, sich an Finanzgeschäften zu beteiligen. So erhielten insbesondere die Templer im 12. und 13. Jahrhundert von Kreuzfahrern und Pilgern im Westen Gelder zur Verwahrung, die dann im Heiligen Land wieder ausgezahlt werden sollten. Sie verwalteten Testamente und Stiftungen für die Kreuzzüge und nahmen zum Beispiel 1220 und 1281 am Einzug von Kreuzzugszehnten und -steuern teil. Dazu kam, dass die englischen wie die französischen Herrscher und ihre Familien zeitweilig die Sicherheit der großen Ordenshäuser in London und Paris nutzten, um Teile ihres Vermögens oder sogar des Staatsschatzes dort zu deponieren.

Die Umrechnung von Münzsorten, die Abrechnung über die Deposita, die Hinterlegung von Wertgegenständen als Pfand bei Darlehen, Auszahlungen und Einzahlungen erforderten eine genaue Buchführung. Zu den Depositaren der Templer gehörte im 13. Jahrhundert Blanche von Kastilien, die Mutter Ludwigs IX. und zeitweilig auch Regentin Frankreichs. Für ihre Deposita haben sich aus den 1240er Jahren dreimal jährlich, zum 2. Februar, zu Christi Himmelfahrt und zum 1. November, angelegte »Bankauszüge« erhalten, die jeweils das Ausgangssaldo, die einzelnen Ein- und Ausgänge sowie ein Abschlusssaldo enthalten. Noch weitaus detaillierter sind die die Abrechnungen, die in Fragmenten für die Jahre 1295/1296 aus dem Pariser Temple überliefert sind. Sie umfassen rund 60 Konten der königlichen Familie, geistlicher und weltlicher Würdenträger sowie Pariser Kaufleute und die jeweils erfolgten Ein- und Auszahlungen. Zudem ist notiert, welcher der Brüder an welchen Tagen Dienst hatte und wie viele Geschäfte getätigt wurden. Für den November 1295, einem relativ aktiven Monat, sind so an 23 Öffnungstagen 75 Geschäfte belegt. Die in den Ordenshäusern gelagerten Gelder dienten immer wieder zu größeren Darlehen. Schon Ludwig VII. von Frankreich nahm bei den Templern 1147/1148 Geld zur Finanzierung des Zweiten Kreuzzugs auf, und König Johann von England bezahlte 1215 die Söldner für den Kampf gegen die englischen Barone mit einem Darlehen der Templer.

Die Johanniter waren bei Finanzgeschäften wesentlich zurückhaltender als die Templer, vielleicht auch wegen des mehrfach eingeschärften Zins- und Wucherverbots. Dennoch bedurfte man ebenfalls des Geldtransfers aus den Prioraten ins Heilige Land bzw. nach Rhodos. Dafür bediente sich der Orden häufig fremder Kaufleute aus Venedig, Barcelona und anderen Metropolen des Mittelmeerraums. In Handelszentren wie Florenz und Lyon saßen zudem Depositare, vom Orden für ihre Dienste entlohnte Kaufleute, die die Responsionen und weiteren Abgaben im Orden einzogen, im Osten benötigte Waren wie Getreide einkauften oder auch die Gelder direkt ins Einsatzgebiet transferierten. Weiterhin übergaben Pilger und Kaufleute, die im 14. und 15. Jahrhundert während ihrer Rückreise von Rhodos Verluste durch Piratenüberfälle oder Schiffsunglücke befürchteten, ihr Geld dem Orden, um es dann in einem der westlichen Ordenshäuser wieder einfordern zu können. Sie erhielten dafür einen Schuldschein, den die Brüder im Westen auf der Grundlage der von ihnen zu zahlenden Responsionen einlösen sollten. Die Ordensleitung nutzte dies als ein Instrument, um eine bessere Zahlungsmoral der Amtsträger durchzusetzen.

Beim Deutschen Orden lassen sich die im 13. Jahrhundert sicher notwendigen Transfers von Geld und Materialien ins Heilige Land und nach Preußen nur schwer fassen. Ab dem 14. Jahrhundert konnten sich die Ordenszweige in Preußen und Livland weitgehend aus den regionalen Einkünften finanzieren, so dass kaum Transfers erforderlich waren. Eine Ausnahme bildeten die Gelder, die die Teilnehmer an den Kreuzzügen gegen die Litauer für ihren Bedarf in Preußen vom Orden aufnahmen. Verschiedene Amtsträger liehen den westeuropäischen Adligen teilweise erhebliche Summen, 300 Mark, 1.000 Mark oder auch einmal 6.000 Mark, für die meist preußische Kaufleute die Bürgschaft übernahmen. Diese sorgten dann dafür, dass der Orden die Gelder in Preußen zurückbekam, während sie die Forderungen selbst in Brügge oder an anderen Handelsplätzen einzogen. Daneben wurden gelegentlich die Ballei Koblenz oder andere Ordensämter im Westen eingeschaltet, doch wurde der Transfer der zurückgezahlten Darlehen nach Preußen im Wesentlichen den Kaufleuten überlassen.

In den Jahren um 1400 vergab der Deutsche Orden in Preußen zudem größere Kredite an Fürsten und Herren in seinem ostmitteleuropäischen Umfeld. Dies hatte weniger mit Finanzpolitik als mit der landesherrlichen Politik des Ordens zu tun, denn die Kreditnehmer sollten so auch für den Fall eines Konflikts mit Polen-Litauen stärker an den Orden gebunden werden, und in einigen Fällen wurden diese Darlehen gegen die Verpfändung einzelner Territorien wie des Landes Dobrin – oder später auch der Neumark – vergeben, die auf Zeit in die Verwaltung des Ordens übergehen. Während sich dabei nichts über Zinsen erschließen lässt, regelte Hochmeister Konrad Zölner von Rotenstein 1386 generell die Höhe der Zinsen im Ordensland. Sie sollten nicht mehr als eine Mark je zwölf Mark Darlehen betragen, als einen Zins von 8,33 % nicht übersteigen. Obwohl sich einige Amtsträger des Ordens im 15. Jahrhundert nicht an diese Vorgabe hielten, galt der Zinssatz noch Ende des 15. Jahrhunderts für die Schulden, die der Orden bei Söldnern aus dem Dreizehnjährigen Krieg hatte.

Weitere Einnahmequellen erschlossen sich aus den Kernaufgaben der Orden. Erfolgreich geführte militärische Auseinandersetzungen konnten – neben der Kriegsbeute – nicht unerhebliche Summen aus Lösegeldern einbringen. So erhielten die Templer 1154 allein 60.000 Dinare als Lösegeld aus Ägypten. Dazu kamen gelegentlich jährliche Tribute, wie die 2.000 Dinare, die den Templern in den früheren 1170er Jahren von den syrischen Assassinen gezahlt wurden. Die Johanniter profitierten auf Rhodos zumindest indirekt von Überfällen auf muslimische Schiffe, da sie Piraterie, die nicht gegen Christen gerichtet war, duldeten und von dem geraubten Gut, das nach Rhodos gebracht wurde, einen höheren Zoll als von Handelswaren einforderten. Seit dem früheren 15. Jahrhundert wurde dies als *corso*, von Meister und Rat autorisierte Kaperei, in feste Formen gebracht. Unter den mit einem Kaperbrief, der Erlaubnis zum *corso*, ausgestatteten Kämpfern zur See fanden sich, wie etwa im April 1413, oftmals Ordensbrüder, in diesem Fall zwei Mitglieder der (nord)französischen Zunge, die auf eigene Kosten gegen muslimische Gegner des Ordens vorgehen und die fremden Güter wegnehmen durften. Die Briefe des Ordens regelten die Einsatzgebiete und möglichen Gegner. Wer dagegen verstieß, wurde in Rhodos vor Gericht gebracht. Alle Verbündeten der Johanniter und auch jene Muslime, mit denen der Orden einen Waffenstillstand vereinbart hatten, durften nicht angegriffen werden.

Templer und Johanniter verfügten zudem zumindest bis zum Verlust des Heiligen Landes 1291 über Einnahmen aus dem Transport von Pilgern. Dies lässt sich allerdings nur indirekt aus einem Vertrag erschließen, den die beiden Orden im April 1234 nach vorangehenden Konflikten mit Vertretern der Stadt Marseille schlossen. Darin wurde ihnen gestattet,

> »nur zwei ihrer eigenen Schiffe zweimal im Jahr im Hafen von Marseille zu halten, zu beladen oder zu entladen, nämlich zwei Schiffe im *passagium* des Augusts, und zwar eins vom Templerorden, das andere vom Hospitalorden, und im Passa- oder März-*passagium* ebenfalls zwei Schiffe, eins vom Tempel, eins vom Hospital, zur Beförderung der Angehörigen und des Eigentums der beiden Orden. Und in jedem Schiff sollen sie aufnehmen können bis höchstens 1.500 Pilger, Kaufleute aber so viele sie wollen, vorausgesetzt, dass die gewöhnlichen städtischen Abgaben von allen Gegenständen gezahlt werden, die von Kaufleuten wie von anderen Personen in der Stadt vertrieben werden. Sollten aber die genannten Orden mehrere Schiffe zum Transport ihres Eigentums benötigen, so sollen sie diese haben dürfen, doch sollen sie in ihnen keine Pilger und keine Kaufleute befördern.« (Cartulaire général, Bd. 2, Nr. 2067, 463; zur Übersetzung [nach Karl Herquet] vgl. Der Johanniter-Orden, hrsg. Wienand, S. 593)

Während der zwei Haupt-Reisezeiten für den Aufbruch ins Heilige Land durften die beiden Ritterorden also jeweils nur ein Schiff für Pilger (und Kaufleute) ausrüsten, offenbar, um den Bürgern von Marseille nicht zu viel Konkurrenz zu machen. In weiteren Schiffen durften nur die Waren der Orden transportiert werden. Die angesichts mittelalterlicher Schiffsgrößen deutlich zu hohe Zahl von 1.500 Pilgern, die aber eindeutig in der Urkunde steht, soll wohl andeuten, dass real keine Begrenzung vereinbart wurde. Sie zeigt aber auch die Rolle auf, die die Pilgerströme bis 1291 für Templer und Johanniter gespielt haben könnten.

In engem Zusammenhang damit stehen die Einkünfte aus Ablässen, bei denen die Menschen durch Gaben an die Orden etwas für ihr Seelenheil tun wollten. Während die großen Stiftungen, auf denen die Orden ihre wirtschaftliche Stellung aufbauten, spürbar zurückgingen, bildeten die Ablässe eine schwankende, aber doch über das Ende des Mittelalters hinaus fließende Einnahmequelle. Den Anfang machten die Privilegien für Templer und Johanniter, mit denen den Wohltätern und Unterstützern der Orden sowie ihrer Konfraternität für ihre Gaben ein siebenter Teil ihrer Bußen für begangene Sünden erlassen wurde. 1221 übertrug Honorius III. dieses Privileg auf den Deutschen Orden, und auch andere Orden wie der von Santiago erhielten vergleichbare Privilegien. Ab den 1260er Jahren konnten die Deutschordenspriester selbst den Kreuzzug predigen und Ablässe verleihen. Zusammen mit Privilegien für einzelne Kirchen sammelten insbesondere Johanniter und Deutscher Orden ihre Rechte in »Summarien«, die in den Ordenshäusern weit verbreitet waren. Auf dieser Grundlage wurde bei allen Ritterorden, auch auf der Iberischen Halbinsel, immer wieder bei den Gläubigen für die Ablässe geworben. Daneben gab es Ablässe zu bestimmten Vorhaben oder militärischen Unternehmungen. 1230 erhielt der Deutsche Orden einen Ablass von einem Siebentel der Bußen für jene, die den Bau der Ordensburg Montfort unterstützten, 1390 konnten die Johanniter vollständige Ablässe für die finanzielle Unterstützung des vom Orden übernommenen Smyrna anbieten. Angesichts der Bedrohung von Rhodos erhielt der Orden 1479/1481 schließlich für alle, die sich an der Verteidigung der Insel beteiligten, einen allgemeinen Ablass der Bußen. Auch der Deutsche Orden erhielt zur Verteidigung Livlands gegen Angriffe des Großfürstentums Moskau zwischen 1503 und 1510 noch einmal besondere Ablässe.

Trotz aller (recht erfolgreichen) Bemühungen, zusätzliche Ressourcen für die Orden auch jeweils vor Ort zu erschließen, bedurfte es für die Erfüllung der Stiftungsaufgaben des Transfers von Geldern, Lebensmitteln und Material aus den Herkunfts- in die Einsatzregionen. Das zentrale Mittel dafür waren die insbesondere bei Templern und Johannitern so bezeichneten Responsionen. Dabei wurde ein fester bzw. nach Bedarf erhöhter Anteil der auf den Ordenshäusern im Westen erwirtschafteten Einkünfte in das Heilige Land oder eventuell andere Einsatzregionen transferiert. Die andere Struktur der spanischen Ritterorden sowie die besondere Situation des Deutschen Ordens in Preußen und Livland führte allerdings zu anderen Lösungen für die Finanzierung der Ordenspolitik.

Die Responsionen wurden bei Templern und Johanniter zwar auch in den Statuten verankert, waren aber in der Höhe variabel. So forderten die Templer in der Regel ein Drittel der Einnahmen ihrer Häuser im Westen, erhöhten die Responsionen aber in finanziellen Notlagen wie beim Kauf Sidons von seinem (weltlichen) Herrn 1260 oder während der Versuche, noch einmal an der syrischen Küste Fuß zu fassen, in den späteren 1290er Jahren. Die spanischen Häuser der Templer führten allerdings nur ein Zehntel ihrer Erträge ab, um so die Beteiligung des Ordens an Feldzügen vor Ort absichern zu können. Für die Provinz Aragón erhob man um 1300 eine pauschale Summe von 1.000 Mark Silber, die teilweise – jeweils mit Erlaubnis des Königs – in Form von Naturalien oder Tieren exportiert wurden. Auch die Responsionen aus dem Königreich Sizilien, der »Kornkammer« des Mittelmeerraums, wurden wohl in Form von Getreide, Pferden, aber auch Waffen und Tuch ins Heilige Land transportiert.

Die Responsionen der Johanniter schwankten noch stärker. In ruhigen Zeit mussten die Häuser im Westen ein Viertel bis ein Fünftel ihrer Einkünfte übersenden, in Krisenzeiten die Hälfte oder sogar drei Viertel. Die faktischen Zahlungen wurden dabei aufgrund von Visitationen festgelegt, die einen Einblick in die wirtschaftliche Lage im Westen erlaubten. Waren die Responsionen bestimmt, mussten sie aber nach einem Statut der Zeit Pierre d'Aubussons auch dann entrichtet werden, wenn es zwischenzeitig durch Missernten oder Kriege zu Ernteausfällen und Ähnlichem gekommen war. Die Gelder waren unabhängig vom Termin des Provinzialkapitels jeweils ohne Verzug zum 24. Juni eines jeden Jahres in französischen Écus (oder ihrem Gegenwert in anderen Währungen, ohne Rücksicht auf veränderte Wechselkurse) fällig. Die im Westen eingenommenen Summen wurden durch die Einnehmer und Depositare auf verschiedene Weise genutzt, etwa zur Rückzahlung der durch Kaufleute oder Pilger im Konvent deponierten Gelder oder der vom Orden aufgenommenen Darlehen sowie zur Finanzierung der Lieferungen von Lebensmitteln und Materialien an den Konvent. Teilweise kamen die Responsionen bereits in Handelswaren wie im Fall englischen Tuchs, das verkauft oder zur Versorgung verwandt werden konnte.

Beim Deutschen Orden wird es im 13. (und frühen 14.) Jahrhundert ähnlich eine Finanzierung der Unternehmungen im Heiligen Land, in Preußen und Livland durch die Balleien in Italien und im Reich gegeben haben. Allerdings ist außer Regelungen für die Versorgung des Hochmeisters durch die Balleien während seiner Reisen wenig an Zahlungsverpflichtungen erkennbar. Erkennbar werden seit dem 14. Jahrhundert allein die regelmäßigen Leistungen der Kammerballeien des

4.5 Die Wirtschaftsführung der Orden

Hochmeisters. Die Ballei Österreich blieb seit ihrer Einrichtung um 1236 unmittelbar dem Hochmeister unterstellt, wohl ähnlich wie die 1269 fassbare Ballei Bozen wegen ihrer Lage an den Alpenpässen. Die um die Mitte des 13. Jahrhunderts entstandene Ballei Koblenz geriet trotz gewisser hochmeisterlicher Ansprüche vor 1309 endgültig erst im 14. Jahrhundert unter hochmeisterlichen Einfluss, als die Kompetenzen des Deutschmeisters für seine Balleien verstärkt wurden. Wohl unter Werner von Orseln entstand dann um 1325 die hochmeisterliche Kammer, der auch die seit 1230 dem preußischen Landmeister zugewiesene Ballei Böhmen unterstellt wurde. Als letzte Kammerballei trat 1386 die Ballei Elsass-Burgund durch Verpfändung hinzu. Alle Kammerballeien waren zur Zahlung von Kammerzinsen verpflichtet. Die Ballei Koblenz hatte dafür jährlich feste Mengen Weins nach Preußen zu liefern, die finanzschwache Ballei Bozen übernahm Zahlungen für den Unterhalt des Generalprokurators an der Kurie, dessen Amt nach 1466 zeitweilig mit dem des Landkomturs verbunden wurde. Wesentliche Beiträge zur Finanzierung der Aufgaben des Ordens in Preußen gingen daraus nicht hervor, ebenso wie der Deutschmeister und die ihm unterstellten Balleien nach 1325 kaum Zahlungen an den Hochmeister leisteten.

Der Hochmeister stützte sich für seine landesherrliche Politik insbesondere auf regelmäßige Einnahmen aus Preußen, die der um 1325 eingerichteten Tresslerkasse zuflossen. Dabei handelte es sich insbesondere um feste Zahlungen einzelner Amtsträger wie der Vögte von Dirschau, Roggenhausen, Leipe und Brathean, des Pflegers von Bütow und des Komturs von Tuchel. Dazu kamen insbesondere um 1400 hohe »Wandelgelder«, Überschüsse, die bei Ämterwechseln in die zentralen Kassen zu überführen waren, nach 1410 vor allem »Geschosszahlungen«, unregelmäßige, in der Höhe durch den Anlass bestimmte Abgaben der Amtsträger. Eine wichtige Grundlage bildeten zudem die Einkünfte der Komturei, in der die Hochmeister ab 1325 jeweils residierten, bis 1457 aus dem Gebiet Marienburg, danach aus der Komturei Königsberg.

Sowohl im für die Jahre 1399 bis 1409 erhaltenen Tresslerbuch wie auch in Einzelrechnungen der 1440er Jahre unter dem Tressler Ulrich von Eisenhofen und in den großen Einnahme- und Ausgabebüchern der Zeit Friedrichs von Sachsen (1498–1510) werden dabei Ansätze für eine Haushaltsplanung erkennbar. Fast durchgängig sieht man ein Bemühen, Einnahmen und Ausgaben weitgehend zur Deckung zu bringen. Im Tresslerbuch, zu 1443/1444 wie auch unter Friedrich von Sachsen sind meist kleinere Überschüsse vermerkt, nur zu 1445 und 1499/1500 werden kleinere Defizite ausgewiesen. Dabei entsteht der Eindruck, dass erwartete größere Ausgaben vorab durch erhöhte Einnahmen ausgeglichen wurden, um 1400 durch Entnahmen aus dem Ordensschatz, um 1440 und 1500 durch erhöhte Geschossleistungen der Gebietiger oder höhere Zuweisungen an den Hochmeister, nur in Ausnahmen (nach 1410 und nach 1500) auch durch besondere Steuerleistungen der Untertanen. Dies wurde allerdings mehrfach durch die Kriege des Ordens unterbrochen, nach 1410 und insbesondere nach 1466, als sich der Orden einem faktischen »Staatsbankrott« gegenübersah.

Ansätze zu einer Haushaltsplanung finden sich auch bei den anderen Ritterorden. Für die Templer belegt dies das Fragment der Rechnungen aus Paris für 1295/1296, das auch Zahlungen von 38 sehr unterschiedlich gestellten Amtsträgern listet, von den Leitern der Provinzen Aquitanien und Normandie bis zu einzelnen Komturen. Für eine gewisse Planung spricht dabei, dass die meisten Zahlungen entweder zwischen Dezember und Februar und damit vor dem März-Passagium ins Heilige Land oder im Juli und damit vor dem August-Passagium lagen. Auch wenn über die Verwendung wenig erkennbar wird, war das Geld wohl doch für die Ausgaben im Heiligen Land bestimmt.

Deutlich besser sind die Bemühungen der Johanniter dokumentiert, ihre immer wieder schwierige Finanzlage in den Griff zu bekommen. Im Heiligen Land waren so umfangreiche Aufwendungen erforderlich, dass man trotz eines Verbots des Generalkapitels von 1262 teilweise sogar dazu überging, Ordensbesitz zu verkaufen. Dann führte die 1312 vom Papst verfügte Übernahme des Templerbesitzes zu erheblicher Schuldenlast, weil die europäischen Fürsten Entschädigungen oder »Verwaltungsgebühren« forderten. Erst allmählich gelang es Meister Élion de Villeneuve, die Lage durch striktere Kontrolle der Ordensprovinzen wieder zu verbessern. Seit 1429 ging man dazu über, die Meister jeweils auf Zeit als Verwalter von Konvent und Schatz einzusetzen. Langfristig konnten so die hohen Schulden des Konvents abgebaut werden, indem die Meister diesen aus ihren Einkünften in der Ägäis mitfinanzierten. Haushaltspläne wie der für den Papst erstellte von 1432 zeichnen die Lage allerdings bewusst negativ, um die Leistungen des Ordens im Kampf gegen die »Feinde der Christenheit« hervorzuheben. So weist die Abrechnung ein jährliches Defizit von rund 20.000 Dukaten bei Einnahmen von rund 46.500 Dukaten aus, bei Ausgaben von 40.000 Dukaten für den Unterhalt der Brüder und die Versorgung von Rhodos mit Getreide, dazu 10.000 Dukaten für den Schutz der Burg St. Peter (Bodrum) auf dem Festland. Während man den zahlreichen Jerusalempilgern, die auf dem Weg dorthin auf Rhodos Station machten, noch Ende des 15. Jahrhunderts die schwierige finanzielle Lage des Ordens schilderte und darauf verwies, man müsse das Fehlende bei Angriffen auf die muslimischen Gegner erbeuten, war die Haushaltslage dank der Kontrolle durch die Meister und kollektive Abrechnungsformen bereits um 1500 in ruhigere Bahnen gelangt.

4.6 Frömmigkeit, Schriftlichkeit und Kultur

Angesichts der militärischen, politischen und wirtschaftlichen Aktivitäten der geistlichen Ritterorden gerät leicht in Vergessenheit, dass es sich bei ihnen zunächst einmal um geistliche Institutionen handelte. Zwar traten die Priesterbrüder anders als in anderen geistlichen Gemeinschaften hinter nicht geweihten geistlichen Mitgliedern, den Ritterbrüdern, zurück, doch müssen die Vertreter aller Statusgruppen als Geistliche verstanden werden. Das ergibt sich schon durch die Aufnahmerituale und die von den Brüdern abzulegenden Gelübde. Sofern sie nicht durch andere Pflichten, etwa durch ihre Ämter oder militärische Unternehmungen, davon abgehalten waren, sollten auch die Ritterbrüder die kanonischen Stundengebete einhalten. Während die Priesterbrüder die Messen zu lesen hatten, sollten sich die Ritterbrüder etwa nach der Templerregel durch eine feste Zahl von Vaterunsern vorbereiten (oder sie sprechen, wo sie waren), 13 zur Matutin, neun zur Vesper und sieben zu den anderen Stundengebeten. Entsprechende Regelungen galten beim Deutschen Orden und dem Orden von Santiago. Jene »Laien«, die als genug gebildet galten, um die Stundengebete, die Mariengebete und die Psalmen mitzusprechen, durften dies nach der Deutschordensregel tun und waren dann von den Vaterunsern befreit.

Auch viele der feierlichen Rituale in den Orden, wie die Wahl der Meister, die Abhaltung der Generalkapitel und die Aufnahme neuer Brüder wurden durch liturgische Elemente ergänzt. Templer und Johanniter begrüßten unter anderem den neugewählten Meister mit einem *Te deum laudamus*. Für den Papst waren die Ritterbrüder ohne Zweifel »geistliche Leute«, wie etwa Johannes XXIII. 1412 gegenüber dem Generalprokurator des Deutschen Ordens an der Kurie, Peter von Wormditt, klarstellte, denn so könne er sie strafen, wenn sie den Ersten Thorner Frieden brächen. Ähnlich sahen dies auch die Brüder selbst. So beharrte der 1445 aufgrund der Schulden seines Liegers im Brügger Stadtgefängnis inhaftierte Königsberger Großschäffer Johann Reppin trotz besserer Aussichten für eine Freilassung, wenn er hansische Privilegien geltend gemacht hätte, auf der Feststellung, er sei »ein geistlich geordneter Mann«, und blieb dafür lange Zeit im Gefängnis.

Der geistliche Status auch der Ritterbrüder zeigt sich gelegentlich an besonderen Privilegien, die ihnen erteilt wurden. So erlaubte Papst Bonifaz IX. 1399 dem Generalprokurator des Deutschen Ordens an der Kurie, Johann vom Felde, einem Ritterbruder, einen Tragaltar zu nutzen und sich bereits vor Tagesbeginn die Messe lesen zu lassen. Einem Ritter des Ordens von Alcántara, Didaco Lupi, wurde 1490 gestattet, vor den Brüdern seines Ordens das Marienoffizium zu lesen, allerdings waren ihm die Psalmen und andere Gebete untersagt. Die Mönche der Zisterzienser wurden schon 1164/1187 angewiesen, die Ritterbrüder des Ordens von Calatrava nicht wie Familiaren, dem Orden angeschlossene Laien, sondern wie »wahre Brüder« zu behandeln, und die Meister des Ordens von Santiago galten durch ein Privileg des Erzbischofs von Santiago schon seit 1171 als Mitglieder des dortigen Domkapitels.

In allen Ritterorden gab es eine intensive Heiligenverehrung, die zweifellos wesentlich über die Bedeutung von Heiligen im Alltag weltlicher Personen hinausging. Schon die Stiftungen an die Orden machen die jeweiligen Patrone deutlich, wenn etwa Templer, Johanniter und Deutscher Orden wesentlich Schenkungen an Gott und die Jungfrau Maria erhielten, die Johanniter meist zudem an Johannes den Täufer, der Deutsche Orden gelegentlich zudem an den heiligen Georg, der als Ritter auch in anderen Ritterorden verehrt wurde. Beim Deutschen Orden lässt sich die Marienverehrung z. B. am lange gültigen Siegel der Hochmeister und der massiven Marienstatue vor der Schlosskapelle der Marienburg fassen, und bei den Johannitern erscheint Johannes der Täufer unter anderem auf den Goldmünzen des 14. und 15. Jahrhunderts, auf denen er dem Meister die Ordensfahne übergibt. Sehr eng war die Beziehung der Ritterorden zu den Makkabäern, die als kriegerische (und karitative) Vorbilder galten. Neben Maria wurden zahlreiche weibliche Heilige verehrt, Katharina von Alexandrien, Barbara, Ursula, Maria Magdalena und die sonst weniger bekannte Euphemia von Chalcedon, insbesondere bei Templern und Johannitern. Euphemia qualifizierte sich besonders durch ihren »männlichen« Widerstand gegen ihre heidnischen Verfolger. Ähnlich boten auch die anderen weiblichen (und die männlichen) Heiligen Vorbilder durch ihre Demut und das geduldige Erleiden ihres Martyriums.

Der Bedeutung der Heiligen als Mittler zu Gott und als kämpferische Vorbilder entsprach dem Aufwand, den die Ritterorden für den Kirchenbau sowie für die Ausstattung der Kirchen und Altäre betrieben. Als Jacques de Molay 1309 im Gefängnis noch einmal die Verdienste der Templer herausstellte, nannte zwar auch an zweiter Stelle die vielen Almosen, die der Orden an die Armen gegeben hätte, und verwies an dritter Stelle auf die Rolle der Templer bei der Verteidigung der Christenheit, für die zahllose Brüder ihr Leben gegeben hätten. An erster Stelle hob er jedoch hervor, er kenne

> »keinen anderen Orden, in dem die Kapellen und Kirchen bessere und schönere Ornamente, Reliquien und für den Gottesdienst notwendige Gegenstände hätten und in dem – mit Ausnahme der Kathedralkirchen – die Priester und die Kleriker bessere Gottesdienste feierten.« (Le dossier, hrsg. Lizerand, 166)

4 Die Entwicklung der Strukturen der Ritterorden im späteren Mittelalter

Abb. 6: Kreuzritter im Angriff gegen muslimische Gegner, Cressac sur Charente, Templerkirche, Wandmalerei.

Ähnlich wie beim Burgenbau entwickelten die Ritterorden keinen eigenen Stil, sondern schlossen sich meist den regional und in der jeweiligen Zeit vorherrschenden Formen an. Dennoch finden sich einige Besonderheiten.

Für Templer und Johanniter entstanden insbesondere in England Rundkirchen, die einen Bezug zur Grabeskirche in Jerusalem herstellen sollten, so der Old Temple und Clerkenwell in London sowie die Kirchen in Temple Bruer und Little Maplestead in Essex. Die meisten der schon im 12. und 13. Jahrhundert gebauten Templerkirchen waren relativ schlicht mit rechteckigen Formen und hatten nur teilweise eine figürliche Ausstattung (die Kapitelle, skulpturale Elemente wie Wasserspeier). In einigen Fällen gab es aber umfangreiche Bildprogramme, so in den Kirchen von San Bevignate in Perugia und in Cressac in Südwestfrankreich. Die Johanniter ließen insbesondere in Deutschland mehrgeschossige Kirchenbauten errichten, die gleichzeitig die Hospitäler aufnahmen. Die Kranken konnten so wohl in Niederweisel in der Wetterau, in Neckarelz in Baden und in Wölchingen bei Tauberbischofsheim durch ein Loch im Boden an den liturgischen Handlungen in der Kirche unter ihnen teilhaben. Vielfach wurden die Kirchen auch von der von den Orden abhängigen Bevölkerung besucht. Eine gewisse Ausnahme bildeten die in die Ordensburgen integrierten Kapellen des Deutschen Ordens in Preußen, die vor allem von den Brüdern selbst genutzt wurden. Die Kathedrale des pomesanischen Domkapitels in Marienwerder war allerdings auch in die Schlossanlage integriert. Sie erhielt im späteren Mittelalter eine umfangreiche bildli-

4.6 Frömmigkeit, Schriftlichkeit und Kultur

che Ausstattung, zu der im Chorabschluss eine unvollständig erhaltene Reihe von Hochmeisterporträts zählt.

Überall beteiligten sich die Orden auch an der Ausstattung der Kirchen. Ein Beispiel bietet eine Liste von 22 ausgesonderten, teilweise defekten und wohl zum Einschmelzen bestimmten Objekten aus der Konventskirche der Johanniter auf Rhodos von 1475, von denen mehrere mit dem Wappen des Meisters Élion de Villeneuve gekennzeichnet waren, also wohl von ihm gestiftet wurden. Dabei handelte es sich um Silberständer für Kreuze sowie silberne Kelche mit Patenen. Heute verlorene Kunstwerke mit Reliquien von Maria Magdalena, Johannes dem Täufer und Katharina, wurden von den Meistern Élion de Villeneuve, Émery d'Amboise und Fabrizio del Carretto gestiftet. Konventskirche, Palastkapelle und andere Ordensbauten waren mit Wandteppichen ausgeschmückt, die meist Heiligenlegenden zeigten, in einem Fall aber auch die Belagerung von Rhodos 1480, offenbar angefertigt im Auftrag des Meisters Émery d'Amboise. In den Häusern der Johanniter im europäischen Westen wirkten teilweise berühmte Künstler wie Geertgen tot Sint Jans (um 1455–um 1485), der sich lange bei den Johannitern in Haarlem aufhielt und von sich als »Knecht und Maler« des Ordens spricht. Eine bekannte Altartafel zeigt die Verbrennung der Gebeine Johannes' des Täufers durch den Kaiser Julian Apostata und ihre teilweise Errettung durch die Johanniter. Im 16. und 17. Jahrhundert gewannen die Johanniter für Malta Künstler wie Michelangelo Merisi da Caravaggio (1573–1610) und Mattia Preti (1613–1699).

Der Deutsche Orden importierte um 1400 ein Tafelbild für die Hochmeisterkapelle aus Prag, ließ aber auch im Land Kunstwerke als Geschenke für diplomatische Missionen herstellen. Eine preußische Besonderheit sind die Schreinmadonnen, die die sonst getrennten Motive der Schutzmantelmadonna und des Gnadenstuhls verbinden. Dafür lässt sich die Skulptur Mariens mit dem Christuskind öffnen und zeigt dann Gottvater mit dem Sohn und einer – heute allerdings fehlenden – Taube (für den Heiligen Geist). Der Mantel Marias birgt Gruppen von weltlichen und geistlichen Großen, darunter bei den wenigen heute erhaltenen Exemplaren auch einen Hochmeister und Brüder des Deutschen Ordens. Auf der Marienburg fertigte um 1400 ein Meister Peter

145

Altarbilder für die Hochmeisterkapelle an, schmückte die Räume des Großkomturs aus und zeichnete Porträts der Hochmeister. Auch im Westen arbeiteten Künstler für den Orden.

Die Häuser des Deutschen Ordens wie die der anderen Ritterorden verfügten jeweils über eigene Bibliotheken, auch wenn der Buchbesitz zumeist auf praktische, liturgische, religiöse oder juristische, Zwecke orientiert war. Bei den Templern fanden sich zum Beispiel 1307 im Haus in Bretteville in der Normandie drei Messbücher, ein Breviar, ein Psalter und ein Graduale, im benachbarten Baugy wurden vier Bücher in der Kapelle verwahrt. Bei den Johannitern hatten nur die größeren Häuser einen etwas größeren Bestand an Büchern, der dann auch über Statuten-Handschriften und Messbücher hinausging. Im späteren 14. Jahrhundert besaßen die Häuser Mas Deu und Toulouse 25 bzw. 28 Bände, darunter eine Bibel und Heiligenleben. Die größten Buchbestände beim Deutschen Orden lassen sich nicht zufällig bei den dem Orden inkorporierten Domkapiteln in Preußen nachweisen, so beim samländischen Domkapitel in Königsberg.

Wenn ein Bruder 1311 während des Templerprozesses aussagte, Brüder, die lesen und schreiben konnten, hätten im Orden geringere Möglichkeiten zum Aufstieg gehabt, spiegelt das wohl noch eine Zeit geringerer Schriftlichkeit bzw. der Dominanz des Lateinischen. Lange Zeit war die Lese- und Schreibfähigkeit eine Domäne des Klerus, in den Orden also der Priesterbrüder. Das änderte sich mit der seit dem 13. Jahrhundert stetig wachsenden Schriftlichkeit, in der spätestens ab der Mitte des 14. Jahrhunderts vielfach die Volkssprachen vorherrschten. Dabei ist zu bedenken, dass Lesen und Schreiben getrennte Fähigkeiten waren, so dass wahrscheinlich im späteren Mittelalter auch Ritterbrüder lesen konnten, sei es auch nur, um gelegentlich die zahlreichen Rechnungen und anderen Dokumente zu kontrollieren, für die sie formal verantwortlich waren. Schon seit dem Ausgang des 12. Jahrhunderts beschränkte man sich nicht darauf, die den Orden verliehenen Privilegien zu sammeln, sondern man dokumentierte den Besitzstand der Häuser und die Ergebnisse von Visitationen – ein frühes Beispiel ist die Erhebung über die Templerhäuser in England 1185/1190 –, übertrug die Rechtsverleihungen in systematische Kompilationen, legte exemplarische Briefsammlungen (Formelbücher) an

4.6 Frömmigkeit, Schriftlichkeit und Kultur

oder verwahrte den eingehenden und ausgehenden Briefverkehr, Letzteres bei den Johannitern und dem Deutschen Orden seit dem Ausgang des 14. Jahrhunderts in eigenen Briefbüchern. So entstanden wie bei vielen kirchlichen Institutionen eigene Archive, die allerdings oft nicht bzw. nicht vollständig erhalten blieben, auch infolge kriegerischer Ereignisse wie der durch Pfandschaft erfolgten Übernahme der Marienburg durch die Gegner des Deutschen Ordens 1457, des Verlusts von Rhodos an die Osmanen 1522 oder – vermutlich relevant für das Templer-Archiv – der Eroberung von Zypern durch die Osmanen 1571.

Literarische oder wissenschaftliche Bemühungen waren in den Ritterorden dagegen eher eine Ausnahme. So soll der Templermeister Robert de Sablé vor seiner Karriere im Orden als Troubador gewirkt haben, ihm wird aber nur ein Gedicht zugeschrieben; der Johanniter Simon de Hesdin übersetzte das moralphilosophische Werk des Valerius Maximus ins Französische und versah es mit Kommentaren; und beim Deutschen Orden gestaltete der Ordenspriester Heinrich von Hesler eine dichterische Fassung der Offenbarung Johannis in 23.000 Versen. Daneben findet sich die Förderung von literarischen Werken, im 14. Jahrhundert bei den Johannitern durch den Meister Juan Fernández de Heredia, beim Deutschen Orden wohl durch Hochmeister Luther von Braunschweig, dem Tilo von Kulm 1331 ein ebenfalls auf die Offenbarung Johannis bezogenes Gedicht *Von siben ingesigelen* widmete. Gerade in den Bibliotheken des Deutschen Ordens in Preußen wurde oft deutschsprachige Literatur gesammelt, Bibel-Paraphrasen zum Beispiel zu Judith, Esther und den Makkabäern, die Heiligenlegenden des »Väterbuchs« oder auch eine Bearbeitung des Rolandslieds, Strickers »Karl der Große«. Die ältere Forschung hat dafür zu Unrecht den Begriff der »Deutschordens-Literatur« geprägt, besser wäre es, von Literatur im Besitz oder zum Gebrauch von Brüdern des Deutschen Ordens zu sprechen.

An akademischen Institutionen waren die Mitglieder der Ritterorden nur selten vertreten. Die Johanniter erhielten jedoch 1356 das päpstliche Privileg, in Paris ein Kolleg zu gründen, um Brüdern das Studium des Kirchenrechts zu ermöglichen, und in der Folge erwarben einige Brüder juristische Grade. Einer der bekanntesten war Gautier le

Gras, der 1389 sogar zum Dekan der juristischen Fakultät gewählt wurde und schließlich zum Konventsprior auf Rhodos aufstieg. Im 15. Jahrhundert entsandte der Deutsche Orden Brüder zu Rechtsstudien nach Bologna, bediente sich aber auch weltlicher Juristen wie des Humanisten Laurentius Blumenau († 1484), um die Ordenspolitik zu unterstützen. Mit Jean und Simon de Hesdin lehrten um 1360 zwei Johanniter in Paris Theologie, von denen insbesondere Jean durch Kommentare zu biblischen Büchern hervortrat. Beim Deutschen Orden verfasste ein Priesterbruder im 14. Jahrhundert ein mystisches Traktat, das Luther 1516 unter dem Namen *Eyn deutsch Theologia* mit einer Vorrede drucken ließ.

Der Johanniter Laudivio Zacchia studierte im 15. Jahrhundert mit Erlaubnis des Meisters vier Jahre in Bologna, lernte Griechisch und Türkisch und wirkte unter anderem in Ferrara als Dichter und Philosoph. Antonio Pigafetta nahm nach Studien in Geographie und Astronomie an der ersten Weltumseglung unter Fernando de Magellan und Juan Sebastián Elcano (1519–1522) teil und legte einen Bericht mit umfangreichen ethnographischen Beobachtungen vor. Beim Deutschen Orden schrieb Heinrich von Pfalzpaint schließlich aufgrund eigener Erfahrungen im Dreizehnjährigen Krieg in Preußen (1454–1466) eine »Wundarznei«, die sich besonders der Versorgung von Kriegsverletzungen widmet.

Einen besonderen literarischen Beitrag leisteten die Ritterorden, insbesondere Johanniter und Deutscher Orden, aber in der Historiographie. Auch wenn zum Beispiel Juan Fernández de Heredia Geschichtswerke über allgemeine Themen übersetzen ließ oder in Auftrag gab, so die Lebensbeschreibungen Plutarchs, eine Chronik Spaniens und eine Kreuzfahrer-Chronik der Peloponnes, den *Libro de los fechos et conquistas del Principado de Morea*, stand meist die eigene Geschichte der Orden im Zentrum. Relativ typisch für geistliche Institutionen waren dabei noch Listen verstorbener Meister, die im Laufe der Zeit durch knappe Informationen ergänzt wurden, oder auch kurze Geschichten der Anfänge der Orden. Insbesondere im 15. Jahrhundert kamen aber ausführlichere Darstellungen zu einzelnen Ereignissen hinzu, so eine anonyme Geschichte der Belagerung der Marienburg 1454 bis 1457, die heute so bezeichneten »Geschichten von wegen eines

4.6 Frömmigkeit, Schriftlichkeit und Kultur

Bundes«, oder der Bericht des Vizekanzlers Guillaume Caoursin über die Belagerung von Rhodos durch die Osmanen 1480. Auch einzelne Häuser oder Regionen gewannen für die Historiographie Bedeutung, so beim Santiagoorden im *Cronicón de Uclés* aus dem 13. Jahrhundert Uclés und der Konflikt um seine Bedeutung als Haupthaus oder beim Deutschen Orden in der *Chronica Terrae Prussie* des Ordenspriesters Peter von Dusburg die Rolle des Ordenslandes Preußen.

Auf dieser Grundlage entstanden seit dem 14. Jahrhundert auch Gesamtdarstellungen wie die »Ältere Hochmeisterchronik« beim Deutschen Orden oder die späten Ordensgeschichten der Johanniter insbesondere von Giacomo Bosio am Ausgang des 16. Jahrhunderts. Beim Deutschen Orden kam es schon um 1500 zu einem Neuansatz, der auch die anderen Ritterorden mit einbezog. Die so genannte »Chronik der vier Orden von Jerusalem« wie auch die in dieser Zeit in der Ballei Utrecht entstandene Ordenschronik betonen gemeinsame Ursprünge von Templern, Johannitern, Deutschem Orden sowie der Chorherren vom Heiligen Grab mit dem Fokus auf dem Heiligen Land. Ähnlich hob Francisco de Rades y Andrada 1572 die gemeinsame Geschichte der spanischen Ritterorden hervor.

Für das Selbstverständnis der Orden spielte in diesen Darstellungen zwar der militärische Aspekt eine zentrale Rolle, dazu kam aber ebenfalls der Aspekt der Hospitalität. Für die Templer hob zwar Jacques de Molay hervor, dass sein Orden anders als die Johanniter vor allem auf Kriegsdienst gegründet sei, doch gleichzeitig verwies er auf die Almosen, die dreimal wöchentlich in allen Ordenshäuser an Bedürftige gespendet würden, die den zehnten Teil des Brots der Brüder bekämen. In einigen Fällen übernahmen die Templer auch die Verwaltung von Hospitälern, so in Valenia (Baniyas) in der Grafschaft Tripolis und in Braga in Portugal. Bei den Johannitern, dem Deutschen Orden, dem Lazarusorden und anderen als Hospitalorden gegründeten Gemeinschaften war die Hospitalität ein grundlegendes Element des Selbstverständnisses. Die Johanniter gründeten am jeweiligen Haupthaus des Ordens, so auf Rhodos wie auf Malta, ein zentrales Hospital, für das noch im 15. Jahrhundert umfangreiche Regelungen erlassen wurden; der Deutsche Orden unterhielt ein in Preußen ein zentrales Hospital in Elbing. Beide Orden verwalteten auch Hospitäler in den Herkunftsregionen. Hospitalität, die Fürsorge für Arme, Alte und Kranke, war damit auch ein Teil der Spiritualität der meisten der geistlichen Ritterorden.

5 Das Spätmittelalter als Krisen- und Umbruchszeit

5.1 Der Templerprozess

Im 13. Jahrhundert gewannen die Ritterorden militärisch und politisch immer mehr Bedeutung für das Heilige Land. In der Folge verband sich ihr Schicksal mit dem der Kreuzfahrerstaaten, Verluste und Niederlagen wurden nicht zuletzt ihrer Politik und ihrem Verhalten zugeschrieben. Kaiser Friedrich II. konnte 1229 Jerusalem noch einmal für mehr als zehn Jahre durch einen Vertrag mit dem Sultan von Ägypten für die Christen zurückgewinnen, unter päpstlichem Bann und gegen den Widerstand der Templer und Johanniter. 1244 machte er daher die Templer zusammen mit dem Adel des Königreichs und den Bürgern Akkons für den endgültigen Verlust Jerusalems verantwortlich. In einem seiner Briefe an die europäischen Fürsten heißt es:

»Nach Art uneiniger Fuhrleute wollten sie den Wagen nach verschiedenen Richtungen fahren und stürzten endlich, wie der Ausgang der Dinge lehrte, die Fahrer und das Gepäck in den weglosen Abgrund. Dies ist euch, wie wir glauben, nicht unbekannt geblieben, dass der vornehmlichste und einzige Grund des gegenwärtigen Unglücks ist, dass sie den Sultan von Babylon [Ägypten] durch ihre dauernden Beleidigungen und Übergriffe schließlich gereizt haben und dazu zwangen, entferntere Hilfe zu suchen und zum Äußersten zu greifen.« (Historia diplomatica, Bd. 6, 1, 239; dt. Übersetzung: Kaiser Friedrich II., 582)

So hätten sich insbesondere die Templer gegen einen erneuten Waffenstillstand mit Ägypten ausgesprochen und auf ein Bündnis mit dem Herrscher von Damaskus gesetzt. Friedrich warf ihnen 1245 deshalb Hochmut und Einfalt vor.

Wohl auf der Grundlage der Haltung Friedrichs äußert sich auch der englische Chronist Matthäus Parisiensis zur selben Zeit überaus negativ. Templer und Johanniter hätten Friedrich seinen Erfolg geneidet, Erstere hätten deshalb versucht, den Kaiser bei einem Besuch an heiligen Stätten töten zu lassen, indem sie dem Sultan seinen Aufenthaltsort verrieten. Als dies an der Haltung des Sultans scheiterte, hätten sie den Patriarchen von Jerusalem überredet, Friedrich beim Papst zu diffamieren. Matthäus wirft Templern und Johannitern zudem vor, sie würden ihre immensen Einkünfte verschwenden, ohne sie zur Hilfe für das Heilige Land einzusetzen.

Allgemein blieb die veränderte Lage des Heiligen Landes für die Ritterorden nicht ohne Folgen. So spielten sie bei Plänen für einen neuen großen Kreuzzug eine zentrale Rolle, die nicht immer den eigenen Vorstellungen entsprach. Als einer der ersten brachte bereits Ludwig IX. von Frankreich vor 1270 eine Vereinigung von Templern und Johannitern ins Spiel, um mit ihren gebündelten Mitteln mehr für Schutz und Wiedergewinnung des Heiligen Landes tun zu können. Auf dem Zweiten Lyoner Konzil 1274 wurde sogar die Vereinigung aller Ritterorden vorgeschlagen, ähnlich, wie das danach auch der mallorquinische Theologe und Philosoph Ramon Lull 1305 in seinem Traktat *De Fine* forderte:

> »Der Herr Papst soll zusammen mit den Kardinälen aus dem Orden des Tempels und der Ritterschaft des Hospitals, der Deutschen, von Uclés und Calatrava und allen anderen Orden von Rittern, wer und wo sie sein mögen, einen Orden befehlen, fordern und bilden, genannt von der Ritterschaft [*De militia*]. Und alle Ritterorden sollen dies begrüßen wegen des Namens des Königs der Ritterschaft, und besonders wegen der Absicht, unseren Herren Jesus Christus zu ehren, und [wegen] der Rettung der Heiden [...].« (Lull, De fine, 270–71)

Lull wollte einen »Krieger-König« (*bellator rex*) an der Spitze des einen Ritterordens, der aus königlicher Familie stammen und zugleich die Würde des Königs von Jerusalem übernehmen sollte.

Ein anderer Vorschlag, der des französischen Kronjuristen Pierre Dubois, sah vor, den Landbesitz der Ritterorden zur Finanzierung der Rückeroberung des Heiligen Landes zu nutzen und dem vereinigten Ritterorden nur noch Landbesitz auf Zypern und im Heiligen Land zu erlauben. Wahrscheinlich dachte Dubois an den französischen König oder einen seiner Verwandten als Meister der neuen Institution. Nicht zufällig stießen diese Vorstellungen bei den iberischen Herrschern auf Widerstand, da sie eine Umlenkung der Ressourcen der Orden ins östliche Mittelmeer befürchten.

Die Ritterorden mussten sich diesen Strömungen stellen und Strategien entwickeln, wie sie sich unter den gewandelten Rahmenbedingungen behaupten konnten. Papst Clemens V. trat 1305/06 an die Meister der Templer und der Johanniter, Jacques de Molay und Foulques de Villaret heran, und forderte sie auf, sich zu den Plänen für die Orden und für einen neuen Kreuzzug zu äußern. Jacques de Molay lehnte dabei wenig überraschend eine Zusammenlegung der Ritterorden energisch ab, indem er auf den eigenständigen Charakter der Templer und Johanniter verwies und betonte, dass ein vereinigter Orden geringere Unterstützung erfahren würde.

Molay und Villaret nahmen weiter in eigenen Gutachten zur aktuellen Kreuzzugsplanung Stellung. Der Meister der Johanniter schloss sich dabei geschickt den seit dem Zweiten Lyoner Konzil von 1274 entwickelten Vorstellungen eines dreistufigen Kreuzzugs an. Im ersten Schritt sollten die Gegner durch die Unterbrechung des Handelsverkehrs nach Alexandria und in andere Häfen Ägyptens geschwächt werden, indem man eine Flotte von 25 Schiffen des Königs von Zypern, der Templer und der Johanniter ins östliche Mittelmeer entsandte. Der zweite Schritt sah den Aufbau einer Flotte von 50 bis 60 Schiffen vor, die in einem »kleinen Kreuzzug« (*parvum passagium*) die Küsten Ägyptens angreifen und auch Raubzüge an Land unternehmen sollten, um mamlukische Truppen zu binden. Erst im dritten Schritt sollte der große Kreuzzug mobilisiert werden, unter intensiver Beteiligung der Ritterorden, aber auch mit Anwerbung von Söldnern. Aufbruchsort und Ziel des Unternehmens sollten aufgrund der aktuellen Situation in ausführlichen Beratungen bestimmt werden.

Der Templermeister lehnte dieses Modell jedoch nachdrücklich ab, wohl aufgrund der Erfahrungen, die die Templer 1302/03 bei ihrem Versuch machten, noch einmal an der Küste des Heiligen Landes Fuß zu fassen. Sie hielten dabei einige Zeit die wasserlose Insel Ruad vor Tortosa, ohne sich dauerhaft an Land festsetzen zu können, und mussten am Ende aufgeben. Molay glaubte deshalb, dass die in den ersten beiden Phasen geplanten kleineren Unternehmen wenig Sinn machen würden, und trat für die Bündelung der Kräfte in einem allgemeinen, großen Kreuzzug ein. Um Jerusalem zurückerobern zu können, brauchte man seiner Meinung nach mindestens 10–15 000 Reiter und 40–50 000 Bogenschützen. Während aber Villaret seine Vorschläge bald für ein *parvum passagium* nutzen konnte, mit dem die Eroberung von Rhodos und seinen Nachbarinseln vorerst abgeschlossen werden konnte, muss das Festhalten Molays an traditionellen Kreuzzugsplanungen nach außen wie Mut- und Ideenlosigkeit gewirkt haben. Diese »konservative« Haltung des Templermeisters könnte so zur Hilflosigkeit beigetragen haben, mit der der Orden den Übergriffen Philipps IV. von Frankreich und der anderen europäischen Herrscher gegenüberstand.

Die ablehnende Stimmung gegenüber den Ritterorden scheint sich zudem im Fall der Templer auch in Gerüchten über ihre Lebensführung niedergeschlagen zu haben. Sie galten als hochmütig und geizig, so dass damit in den Augen Mancher vielleicht noch andere Sünden überdeckt wurden. Schon zu Beginn des Jahres 1305 wandte sich ein gewisser Esquiu de Floyran aus Béziers mit schweren Vorwürfen gegen die Templer an König Jakob II. von Aragón, die bereits den späteren Anklagen im Templerprozess entsprachen. So würden die Templerbrüder bei ihrer Aufnahme Christus verleugnen und dreimal auf das Kreuz speien. Ihnen sei die Sodomie (d. h. Homosexualität) erlaubt, der aufnehmende Bruder würde auf den untersten Rückenwirbel und/ oder den Nabel geküsst. Zudem würden sie ein Kopfidol anbeten, und die Priester des Ordens würden die Hostien nicht weihen. Der König lehnte jedoch eine Bezahlung Esquius ab, solange dieser keine Beweise für seine Behauptungen vorlegte. Die meisten Punkte entstammten einem Repertoire von Vorwürfen gegen Häretiker, wie es sich seit den 1230er Jahren entwickelt hatte. Die Ordensmitglieder sollten damit der Häresie beschuldigt werden.

Die Anklagen Esquius de Floyran trafen dann aber am französischen Königshof auf positive Resonanz. Philipp IV. hatte während seiner Herrschaft wenig Skrupel dabei bewiesen, die finanzielle und politische Lage des Königtums zu stärken, zum Beispiel gegen die französischen

Juden oder die in Frankreich wirkenden lombardischen Kaufleute und Banken. Die Templer hatten zwar die königliche Politik auch finanziell unterstützt und zeitweilig die Einnahmen des Königtums verwaltet, entzogen sich aber letztlich der königlichen Kontrolle. Die Aufhebung des Ordens würde nicht nur Einnahmen in die königlichen Kassen bringen, sondern auch einen konkurrierenden Machtfaktor im Lande ausschalten. Dazu kam ein moralisch-religiöses Argument. Der als sehr fromm geltende Herrscher bemühte sich nicht nur aus dynastischen Gründen um die Heiligsprechung seines Großvaters, Ludwigs IX., sondern ging auch mit größter Härte gegen den Ehebruch seiner Schwiegertöchter vor. So könnte es durchaus sein, dass er die Vorwürfe Esquius ernst nahm.

Philipps Berater, gelehrte Juristen wie Guillaume de Nogaret und Enguerrand de Marigny, sahen wahrscheinlich zudem die Möglichkeit, im Konflikt mit der römischen Kurie durch das Vorgehen gegen die Templer einen Vorteil zu gewinnen. Sie hatten im September 1303 versucht, sich Papst Bonifaz' VIII. zu bemächtigen, um ihn als Häretiker anzuklagen, und nach dessen Tod an den Folgen des »Attentats von Anagni« wollten sie von den Nachfolgern, zunächst Benedikt XI., dann Clemens V., eine Verurteilung erreichen. Clemens geriet mit dem Templerprozess unter doppelten Druck und musste am Ende die Templer opfern.

Erste Schritte dazu waren, ehemalige Templer als Zeugen zu gewinnen und »Agenten« in den Orden zu entsenden, um Beweise zu sammeln. Als Philipp IV. den Papst über die Vorwürfe unterrichtete, informierte dieser Meister Jacques de Molay und folgte im August 1307 dessen Vorschlag zur Einleitung einer päpstlichen Untersuchung. Der König und seine Ratgeber fürchteten daraufhin offenbar, durch ein Verfahren an der Kurie die Kontrolle zu verlieren. Schon drei Wochen später, Mitte September 1307, verfügte Philipp IV. in einem geheimen Befehl an seine Amtsträger die Gefangennahme aller Templer in Frankreich und den Einzug ihres beweglichen und unbeweglichen Besitzes, umzusetzen am 13. Oktober 1307. Der König gibt schon im ersten Satz seiner großen moralischen Empörung Ausdruck:

> »Eine bittere Sache, eine beklagenswerte Sache, eine Sache, die sicher entsetzlich vorzustellen, furchtbar zu hören ist, ein verabscheuungswürdiges Verbrechen, eine scheußliche Missetat, [...] ist uns dank dem Bericht mehre-

rer glaubwürdiger Personen zu Ohren gekommen, nicht ohne uns großes Erstaunen zu bereiten und in gewaltigem Schrecken erzittern zu lassen.« (Le dossier, hrsg. Lizerand, 16)

Das Schreiben wiederholt dann im Wesentlichen die Vorwürfe Esquius de Floyran. Die Brüder sollten verhaftet und – auch mit Hilfe der Folter – zu Geständnissen gebracht werden, um so Beweise für die Berechtigung der Vorwürfe zu erbringen. War der »Wille« der Angeklagten gebrochen, so die Vorstellung der Zeit, würden sie die Wahrheit sagen. Das brachte die Gefangenen in eine schwierige Lage. Wenn sie sich nach dem Ende der Folter darüber klar wurden, was sie gestanden hatten, und ihr Geständnis widerriefen, galten sie als rückfällige Ketzer (*relapsi*), denen die Verbrennung auf dem Scheiterhaufen drohte.

Die völlig überraschten Templer wurden bis auf wenige verhaftet, die entfliehen konnten. In Paris allein kamen 138 Brüder in Gefangenschaft, darunter Großmeister Jacques de Molay, und innerhalb eines Monats hatten fast alle ein Geständnis abgelegt. Dabei bestätigten sie zwar die Vorwürfe, gaben aber an, nur zum Schein sich den Aufnahmeritualen gestellt zu haben. Während Philipp IV. versuchte, das Verfahren mit Hilfe der Pariser Universität weiter in den Händen halten zu können, regte sich internationaler Protest. Eduard II. von England erklärte schon im Oktober die Vorwürfe für unglaubwürdig, und Jakob II. von Aragón verteidigte den Orden sogar. Clemens V. hielt das Vorgehen des französischen Königs für rechtswidrig und versuchte mit der Bulle *Pastoralis praeeminentiae* vom 22. November 1307, mit der er allgemein die Verhaftung der Templer und den Einzug ihres Besitzes anordnete, die Kontrolle über das Verfahren zu erlangen.

Während die Pariser Theologen im März 1308 die Verlegung des Prozesses an ein kirchliches Gericht forderten, konnten Jacques de Molay und die führenden Templer zur selben Zeit öffentlich machen, dass sie gefoltert worden waren, und ihr Geständnis widerrufen. Die Einsetzung einer päpstlichen Kommission und die Einbeziehung der französischen Bischöfe brachte den Brüdern aber keine Entlastung, da der französische König wesentlichen Einfluss auf den Klerus ausübte. So tagte die päpstliche Kommission in Paris unter der Leitung des Erzbischofs von Narbonne, Giles Aycelin de Montaigu, der zugleich Siegelbewahrer des Königs war. Lange bevor sich diese aber konstituieren konnte – das geschah erst im August 1309 –, folgte im August 1308 ein drittes öffentliches Verhör vor drei königlichen Räten und vom Papst beauftragten Kardinälen, bei dem Molay nunmehr, offenbar zermürbt, sein erstes Geständnis wiederholte.

Die Möglichkeiten der Templer zur Verteidigung waren damit mehr und mehr eingeschränkt. Vor der päpstlichen Kommission wurden nur vier Brüder zugelassen, die den Orden verteidigen sollten, ohne dass ihre Argumente eine Rolle spielten. Wiederholte Forderungen Molays nach angemessener Verteidigung des Ordens bzw. einer Verhandlung vor dem Papst, bei Verhören im November 1309 wie im März 1310, wie auch das erneute Vorzeigen der Foltermale blieben ohne Wirkung. Schon im Mai 1310 ließ der Erzbischof von Sens, Philippe de Marigny, 54 Templer, die widerrufen hatten, als *relapsi* auf dem Scheiterhaufen verbrennen, und weitere Hinrichtungen folgten. Wenig überraschend kam die päpstliche Kommission am 3. Juni 1311 nach 160 Sitzungen zum vom König erhofften Schuldspruch.

Die endgültige Entscheidung sollte auf dem vom Papst nach Vienne einberufenen Konzil fallen, das im Herbst 1311 zusammenkam. Die meisten Teilnehmer waren nicht von einer Schuld des Ordens überzeugt, doch unterband Clemens V. aufgrund französischen Drucks eine öffentliche Verhandlung, zu der sich neun Ritter eingefunden hatten. Erst nachdem im Frühjahr 1312 ein Ausgleich mit Philipp IV. erfolgt war, verfügte der Papst am 22. März 1312 mit der Bulle *Vox in excelso* vor dem Konzil die Aufhebung des Templerordens, bewusst als päpstliche Entscheidung. Dabei legte er zwar die Vorwürfe gegen den Orden ausführlich dar, nahm aber nicht dazu Stellung, sondern hob den Orden schon wegen der über ihn umlaufenden Gerüchte und der dadurch drohenden Gefahren für den Glauben auf. Am 2. Mai 1312 übertrug der Papst zudem den Ordensbesitz an die Johanniter, mit Ausnahme der Häuser auf der Iberischen Halbinsel.

Während der Großmeister Jacques de Molay nach einem erneuten Widerruf schließlich am 18. März 1314 zusammen mit dem Präzeptor der Normandie, Geoffroi de Charney, in Paris öffentlich verbrannt wurde, erfuhren die Brüder in anderen Ländern sehr unterschiedliche Behandlung. Auf Zypern wurden der Marschall Ayme d'Oselier und weitere führende Brüder trotz der Ablegung eines Glaubensbekenntnisses im Mai 1308 verhaftet, doch endete das langwierige Verfahren mit zahlreichen Zeugenaussagen mit einem Freispruch. Die Verfahren gegen die Templer in England und Italien führten meist ebenfalls zu Freisprüchen, auch wenn einige Brüder zuvor im Gefängnis verstarben. Ähnlich ging der Prozess in Aragón aus. Dort wehrten sich die Brüder gegen ihre Verhaftung, so dass der König die Ordensburgen teilweise erst erobern musste. Bei den Verhören bestanden die Templer auf ihrer Unschuld, auch beim Einsatz von Folter im August 1311. Schließlich wurden sie im November 1312 auf einer Synode zu Tarragona freigesprochen.

Jakob II. ließ danach Templer und Johanniter in einem Teil seines Reiches, im Königreich Valencia, in einem neuen Orden, dem Orden von Montesa, zusammenfassen. Dieser wurde 1317 von Johannes XXII. bestätigt, und der Papst ordnete die neue Gemeinschaft dem Orden von Calatrava und damit mit den Zisterziensern unter. Auch in Portugal wurden die Templer bis 1318 in eine neue Korporation, den Christusorden, überführt, mit nachträglicher päpstlicher Billigung. Während viele der ehemaligen Templer noch auf Lebenszeit aus dem Templerbesitz versorgt wurden, traten die Johanniter das Erbe der Templer an. Auf dieser Grundlage wurden die neuen Priorate Toulouse, Aquitanien, Champagne und Katalonien gebildet. Auch wenn das wohl auf Zypern verwahrte zentrale Archiv des Ordens spätestens bei der Eroberung der Insel durch die Osmanen 1571 verlorenging, blieb das Erbe der Templer auf diese Weise erhalten.

5.2 Die Ausbildung der Landesherrschaft der Ritterorden

Die Templer hatten auf die Kritik an den Ritterorden und die drohenden Gefahren kaum reagiert, auch das Unternehmen auf Ruad erwies sich als Fehlschlag. Dagegen suchten die beiden anderen großen Ritterorden, Johanniter und Deutscher Orden, um 1300 eine Neuausrichtung, die es ihnen erlaubte, auch unter den veränderten Vorzeichen

5.2 Die Ausbildung der Landesherrschaft der Ritterorden

nach dem endgültigen Verlust des Heiligen Landes 1291 weiter zu bestehen. Während der Deutsche Orden an seine Erfolge im Baltikum anknüpfte und schließlich den Sitz des Ordens dorthin verlegte, erschlossen sich die Johanniter kurz vor dem Beginn des Templerprozesses, seit 1306, mit der Eroberung von Rhodos ein neues Aufgabenfeld. Beiden Orden gelang dabei der Aufbau einer eigenen Landesherrschaft. Die spanischen Ritterorden, die noch in die Reconquista eingebunden waren, konnten ihre Territorien im Süden der Iberischen Halbinsel ebenfalls verdichten.

Im Heiligen Land hatten die Templer um Tortosa und die Johanniter um Margat eigene Herrschaften ausgebildet, und die Templer übernahmen zudem 1192 kurzzeitig Zypern. Die ersten erfolgreichen Ansätze für eine Landesherrschaft entwickelten sich jedoch bei den Schwertbrüdern in Livland sowie beim Deutschen Orden. Die Schenkung von Ländereien brachte zwar grundherrliche Rechte mit sich, so insbesondere die Kontrolle von Böden und abhängiger Bevölkerung, Ansprüche auf Dienste und Abgaben, Mühlen-, Wasser- und niedere Gerichtsrechte, doch änderte dies nichts an der Oberherrschaft von Fürsten und Herren. Erst wenn man sich aus dieser lösen und weitere Rechte wie Markt-, Zoll- und Münzrecht, hohe Gerichtsbarkeit, Gesetzgebung und die Organisation von Aufgeboten erwarb, entstand eine Landesherrschaft, meist unter Beteiligung der Stände.

Auf europäischem Boden machte der 1202 gegründete Schwertbrüderorden den Anfang. Die Brüder erhielten 1207 von Bischof Albert ein noch näher zu bestimmendes Drittel seines Bistums, auch wenn er sich formal die Oberhoheit über das Territorium des Ordens vorbehielt. Ähnliche Aufteilungen wurden auch in den zwischen 1224 und 1234 gegründeten Bistümern Dorpat, Ösel-Wiek und Kurland vorgenommen. Überall erhielten die Brüder Anteile an der Herrschaft, in Kurland sogar zwei Drittel des Territoriums. Die Eroberungen des Ordens in Estland wurden eigenständig kontrolliert. Nach der Niederlage bei Saule 1236 ging dieser Besitz mit der Vereinigung der beiden Orden 1237 an den Deutschen Orden über, der innerhalb der »Förderation« livländischer Landesherren die Führungsrolle übernahm.

Der Deutsche Orden erhielt bereits im Frühjahr 1211 von König Andreas II. von Ungarn das Burzenland in Siebenbürgen übertragen, um es gegen die Angriffe der noch heidnischen Kumanen zu verteidigen, deutsche Siedler zu gewinnen und die Herrschaft des Königs zu stabilisieren. Dies geschah ähnlich wie im Heiligen Land durch Burgenbau und durch die Anlage von Städten, die allerdings vorerst nur aus Holz sein durften. Die genauen Umstände sind unklar, doch scheint der Orden mit päpstlicher Unterstützung versucht zu haben, sein Territorium aus der Herrschaft des Königs zu lösen. 1222 wurden die Rechte des Ordens nach einer ersten Vertreibung durch Andreas noch einmal bestätigt. Doch 1223 verfügte Papst Honorius III. die Lösung des Burzenlandes aus der Oberhoheit des siebenbürgischen Bischofs, und 1224 erklärte er es zum Eigentum des Heiligen Stuhls und nahm es unter seinen Schutz. Möglicherweise in Reaktion darauf kam es im Sommer 1225 zur endgültigen Vertreibung aus Ungarn.

Die Erfahrungen aus dem Burzenland spielten zweifellos eine Rolle, als der Orden wohl bereits Ende 1225 das nächste mit einer Bitte um Hilfe verbundene Angebot erhielt. Der polnische Fürst Konrad von Masowien hatte vergeblich versucht, mit eigenen Mitteln sowie mit Hilfe von Kreuzzügen die benachbarten heidnischen Prußen unter seine Kontrolle zu bekommen. Offenbar zur Absicherung holten sich die Brüder zuerst ein kaiserliches Privileg, die »Goldbulle von Rimini« vom März 1226, wohl 1234/35 erneuert, mit der Friedrich II. dem Orden die Schenkungen Konrads und die weiteren Eroberungen bestätigte und den Brüdern reichsfürstliche Rechte verlieh. Nach Verzögerungen durch den Kreuzzug des Kaisers und längeren Verhandlungen übertrug Herzog Konrad dem Orden im Juni 1230 mit dem »Kruschwitzer Vertrag« wahrscheinlich das Kulmer Land als dauerhaftes Eigentum.

Dies wurde dann im August 1234 von Gregor IX. in der »Bulle von Rieti« bestätigt, der zugleich die Eroberungen in Preußen direkt dem Papsttum unterstellte, dem Orden gegen einen Zins übertrug und unter seinen Schutz nahm, nachdem der zuvor an der Landesherrschaft beteiligte Bischof Christian von Preußen in die Gefangenschaft der Prußen geraten war. Schon im Dezember 1232 bzw. 1233 machte der Orden von seinen landesherrlichen Rechten Gebrauch, indem er seinerseits den ins Kulmer Land kommenden deutschen Siedlern und speziell den Bürgern der Städte Kulm und Thorn die »Kulmer Handfeste« verlieh. Die Bürger durften ihre Richter selbst wählen, erhielten freies Erbrecht und die Zusage eines stabilen Systems von Münzen und Maßen. Weiter wurden die Kriegsdienste geregelt, die nur innerhalb des Kulmer Landes zu leisten waren. Mit der Übernahme des Magdeburg-Breslauer Rechts entstand bald ein eigener Zweig, das Kulmer Recht, mit Kulm als Oberhof, dessen Rat Anfragen entscheiden bzw. sich bei offenen Fragen nach Magdeburg wenden sollte.

Ausgehend von ersten Stützpunkten im Süden des Landes, den Burgen Orlow und Nessau südlich der Weichsel, begann der Orden 1231 mit der Eroberung. Nach und nach wurden entlang der Weichsel und dem Frischen Haff Burgen und Städte angelegt. Die Brüder konnten sich dafür auf immer neue Kreuzfahrerheere aus dem Heiligen Römischen Reich, aber auch aus Polen stützen, dazu auf die vor allem städtischen Siedler. 1234 wurde Marienwerder gegründet, 1237 Elbing, 1239 wurde die prußische Burg in Balga am Haff erobert. Vermutlich wegen der Belastung der neu bekehrten Prußen durch Zehnte, Kriegsdienst und Burgenbau kam es im Zusammenhang mit Problemen des Ordens in Livland, der legendären Niederlage gegen den Novgoroder Fürsten Alexander (Nevskij) auf dem Peipussee im April 1242, jedoch zu einem ersten großen Abwehrversuch der Prußen, der von Herzog Swantopolk von Pommerellen unterstützt wurde. Große Teile des Landes, bis auf Thorn, Kulm und Rheden im Süden und Elbing und Balga im Norden, gingen verloren.

Da neue Kreuzfahrerheere keine endgültige Entscheidung brachten, vermittelte 1248/49 der päpstliche Legat Jakob von Lüttich einen Ausgleich. Im »Frieden von Christburg« vom Februar 1249 erhielten die Prußen, wie es in der Urkunde heißt, »die Freiheit der Kinder Gottes«, d. h. persönliche Besitz-, Erb- und Gerichtsrechte, konnten den Ritterstand erwerben oder geistlichen Orden beitreten. Als Gegenleistung sollten sie ihren alten Göttern abschwören, die Vielehen abschaffen und eine Reihe von Kirchen errichten. Allerdings galt dies nur,

> »solange sie den katholischen Glauben beachten, bei Untergebenheit und Gehorsam gegenüber der römischen Kirche bleiben und gegen den Meister und die Brüder und deren Orden sich treu verhalten werden; und dieselben Neugetauften haben zugestanden, welches Land und welche Person auch immer künftig abfallen werde, solle die genannte Freiheit gänzlich verlieren.« (Preußisches Urkundenbuch, Bd. 1,1, 160)

Die Prußen blieben zwar in ihren eigenen Dörfern und Siedlungsgebieten zusammen, verloren aber ihre politische Autonomie und mussten sich in neue gesellschaftliche Strukturen integrieren. Zwar konnte der Orden mit Hilfe König Ottokars II. von Böhmen und Markgraf Ottos von Brandenburg das Samland erobern, doch kam es 1260 zu einem weiteren großen Abwehrversuch, dem sich aber nicht alle Prußen anschlossen. Nach harten Kämpfen konnte sich der Orden am Ende mit Hilfe weiterer Kreuzfahrer durchsetzen und den Widerstand bis 1274 niederwerfen, 1283 waren auch alle zuvor noch nicht christianisierten prußischen Gebiete erobert. Der Deutsche Orden hatte damit bereits am Ende des 13. Jahrhunderts in Preußen und Livland eine sichere Basis gewonnen.

Den Johannitern gelang es erst am Anfang des 14. Jahrhunderts, sich außerhalb des Heiligen Landes zu etablieren. Angesichts der Schwäche des Byzantinischen Reiches hatten bereits verschiedene Mächte Anspruch auf Rhodos erhoben. Nach einem gescheiterten Unternehmen im Namen König Friedrichs II. von Sizilien konkurrierten Venedig, Genua und die benachbarten türkischen Emirate um die Insel. Angeblich aufgrund einer Verleihung des byzantinischen Kaisers Andronikos II. forderte zudem der Genuese Vignolo de' Vignoli für sich die Kontrolle über die Inseln Kos und Leros sowie das *casale* (Gut) Lardos auf Rhodos. Diese Situation nutzte der Johannitermeister Foulques de Villaret, um letztlich Rhodos für den Orden zu erobern.

Im Mai 1306 schloss Villaret in Limassol auf Zypern eine Übereinkunft mit Vignolo, der dem Orden Kos und Leros übertrug, dafür aber ein weiteres *casale* auf Rhodos, ein Drittel der Einkünfte auf den kleinen Inseln und rechtliche Kompetenzen für alle Inseln außer Rhodos erhalten sollte. Schon kurz darauf brach der Meister mit 35 Brüdern, einigen Reitern und 500 Fußsoldaten auf, um Rhodos zu erobern. Zunächst konnten nur geringe Erfolge erzielt werden, da das Kontingent zu klein war. Zwar gelang Ende 1306 die Eroberung der kleinen Burg auf dem Berg Phileremos vor der Stadt Rhodos, auch die Burg Lindos wurde im folgenden Jahr erobert. Doch konnte Andronikos II. zur selben Zeit die Stadt Rhodos durch die Entsendung von 20 Schiffen behaupten. Erst als den Johannitern 1308 der aus Rhodos stammende Kapitän eines Schiffes mit Lebensmitteln für die byzantinischen Trup-

5.2 Die Ausbildung der Landesherrschaft der Ritterorden

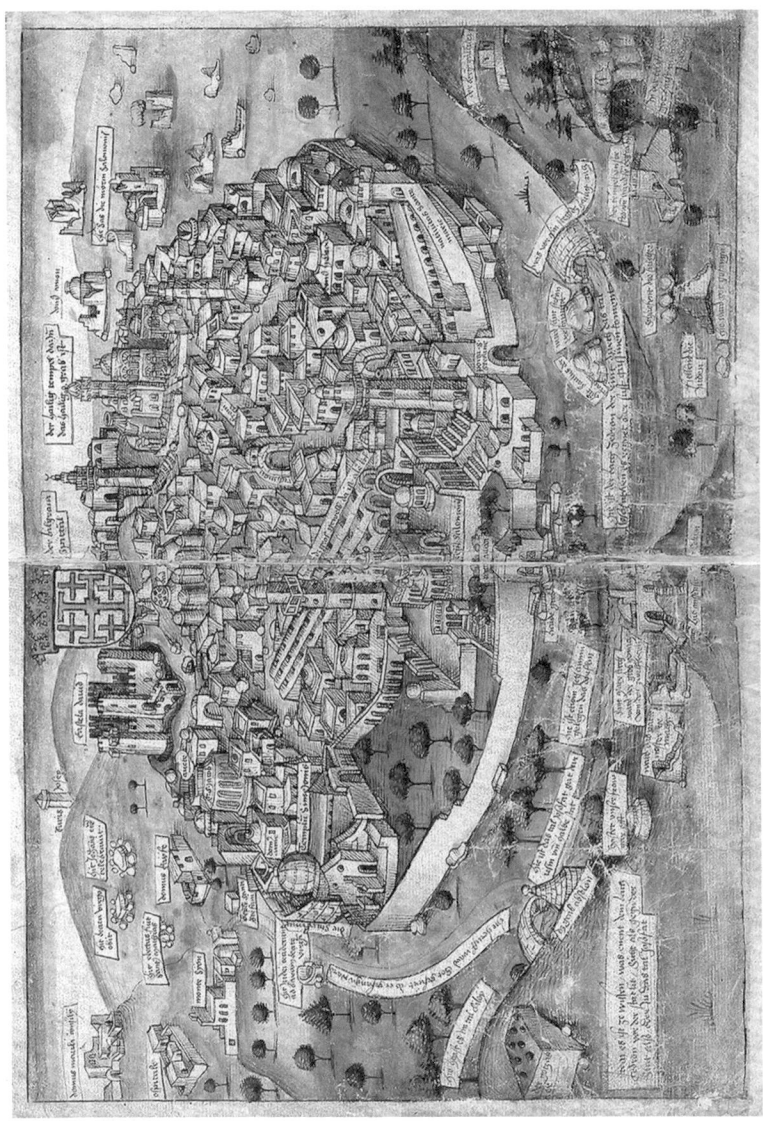

Abb. 7: Die Stadt Rhodos nach Konrad von Grünemberg (1486).

pen in die Hände geriet, wendet sich das Blatt. Er fand sich unter Druck bereit, die Übergabe der Stadt an den Orden auszuhandeln. Schließlich gelang es Villaret, die Insel mit Hilfe des von ihm initiierten »kleinen Kreuzzugs« unter die Kontrolle des Ordens zu bringen. Papst Clemens V. hatte die Eroberungen des Ordens bereits im September 1307 bestätigt. Im Folgenden ließ er sich davon überzeugen, das *parvum passagium* der Johanniter zu unterstützen, weil er hoffte, dass sich ein großer Kreuzzug zur Rückgewinnung des Heiligen Lands anschließen würde. Die Flotte aus 26 Galeeren mit 200–300 Rittern und 3 000 Fußsoldaten segelte im Frühjahr 1310 von Brindisi aus in die Ägäis. Zwar wurde damit Rhodos endgültig erobert, von einem *passagium generale* war danach aber nicht mehr die Rede. Vielmehr konnte der Orden seine Herrschaft gegen den Widerstand Genuas und Venedigs bald auch auf die anderen Inseln des Dodekanes ausdehnen.

Genua verbündete sich mit dem Emirat von Mentesche auf dem Festland, doch gelang den Johannitern 1312 ein Erfolg gegen eine türkische Flotte. Während mit den Genuesen nach 1313 ein dauerhafter Ausgleich erreicht wurde, blieben die Beziehungen zu Venedig auch nach der Rückgabe des vom Orden zeitweilig besetzten Karpathos und seiner Nachbarinseln gespannt. Gegen die türkischen Emirate konnte der Großpräzeptor Albrecht von Schwarzburg mit genuesischer Unterstützung 1319/1320 zweimal klare Siege erringen und so die Ordensherrschaft absichern. Dabei konnte Leros zurückgewonnen werden, wo es zum Aufstand der Griechen gegen den Orden gekommen war. Mit der endgültigen Eroberung von Kos 1337 war der Aufbau der Landesherrschaft der Johanniter auf dem Dodekanes abgeschlossen.

5.3 Strukturen der Landesherrschaft

Die Landesherrschaft sicherte die Stellung der großen Ritterorden nicht nur gegen den Zugriff mächtiger weltlicher Herren wie den des Königs von Frankreich ab, sondern erlaubte es auch, ihre Einsatzgebiete neu auszurichten. Der Deutsche Orden wandte sich nach 1283 gegen den letzten verbliebenen heidnischen Gegner, die trotz verschiedener Ansätze im 13. Jahrhundert noch nicht abschließend christianisierten Litauer, und die Johanniter beteiligten sich im 14. Jahrhundert an zahlreichen Kreuzzugsunternehmen, um dann seit der Mitte des 15. Jahrhundert selbst in den Fokus der großen muslimischen Mächte, der Mamluken in Ägypten und des Osmanischen Reiches, zu geraten. Beide Orden verstanden sich in ihrer Region als »Schild der Christenheit«. In der Konsequenz verlegten sie auch die Haupthäuser in ihre Einsatzgebiete. Beim Deutschen Orden übernahmen die Hochmeister die Kontrolle über Preußen und residierten seit 1309, endgültig seit 1324/25 auf der Marienburg, nachdem zuvor Venedig als Sitz gedient hatte. Die Johanniter wiederum verlegten 1311 ihr Haupthaus von Zypern nach Rhodos, wo schon im April 1311 erstmals ein Generalkapitel stattfand.

Die ohnehin flexible Ämterstruktur der Orden erfuhr durch die Integration in die Landesherrschaft einige Anpassungen. So wurden die Ämter der Großgebietiger bzw. der Konventualbaillis teilweise neu ausgerichtet. Die Großkomture bzw. Großpräzeptoren verloren weitgehend ihre Rolle als Stellvertreter der Meister, gewannen aber größeren Einfluss auf die Finanzverwaltung. Die Thesaurare der Johanniter schieden zunächst 1330/1344 aus der Reihe der Konventualbaillis aus und wurden dem Großpräzeptor unterstellt, dann, in den 1440er Jahren, verloren sie sogar jede Funktion für die Finanzen des Ordens. Dagegen residierten die Tressler des Deutschen Ordens nach 1325 auf der Marienburg und verwalteten mit der Tresslerkasse und der Marienburger Konventskasse auch landesherrliche Einnahmen, bis das Amt während des Dreizehnjährigen Krieges (1454–1466) abgeschafft wurde. Oberster Marschall, Oberster Spittler und Oberster Trappier erhielten in Preußen mit den Komtureien Königsberg, Elbing und Christburg bzw. Mewe regionale Ämter übertragen (die nach 1466 angepasst wurden), verloren aber mit Ausnahme des Marschalls ihre Zuständigkeiten, so für Hospitäler bzw. Kleidung und Moral. Ähnliches galt für die Drapiere und Hospitalare der Johanniter auf Rhodos. Insbesondere lag die tatsächliche Verwaltung der Ordenshospitäler bei untergeordneten Amtsträgern.

Die Johanniter führten im 14. und 15. Jahrhundert zusätzliche Konventualbaillis ein, die im Zusammenhang zur Landesherrschaft standen: die Admirale für Ausstattung und Personal der Schiffe und die Großbaillis für die Söldner auf der Burg St. Peter/Bodrum. Dazu kamen der für die Söldner verantwortliche Turkopolier und das Ehrenamt des Kanzlers für die formale Kontrolle über die Kanzlei auf Rhodos. Alle residierten aber zusammen im *Collachium*, dem Bezirk der Brüder in der Stadt Rhodos. Konventualbaillis und Großgebietiger wurden für den Rat der Meister noch durch regionale Amtsträger ergänzt. Bei den Johannitern umfasste der »gewöhnliche Rat« auch die gerade im Konvent anwesenden Priore – als Leiter der Ordensprovinzen – und ggf. weitere Brüder aus dem Westen, der »vollständige Rat« noch die Vertreter der Gruppen aus den Herkunftsregionen der Brüder, der »Zungen«. Zum »engeren« oder »inneren Rat« des Deutschen Ordens gehörten vor 1454 noch die Komture zu Danzig und Thorn, als Vertreter der Landesteile Pommerellen und Kulmer Land, die für den »äußeren Rat« durch weitere Komture verstärkt wurden. Die Bedeutung dieser Ratgeber ergibt sich unter anderem daraus, dass die insbesondere Hochmeister mehrfach Entscheidungen mit dem Argument aufschoben, sie müssten die Rückkehr wichtiger Amtsträger abwarten. Es war diese Gruppe führender Brüder, die im Extremfall über die Absetzung von Meistern entschied, wie bei Foulques de Villaret 1317 oder Heinrich von Plauen 1413.

Obwohl beim Deutschen Orden aufgrund der Privilegien formal die Korporation die Landesherrschaft innehatte, während bei den Johannitern der Meister von Beginn an als Landesherr galt, glich sich die Stellung der Meister zum Ausgang des Mittelalters weitgehend an. Die preußischen Stände weigerten sich beim Amtsantritt Hochmeister Konrads von Erlichshausen 1441, allgemein dem Orden zu huldigen, sondern wollten dies nur während einer Vakanz gelten lassen. Ansonsten galt das Treueversprechen nur dem jeweiligen Hochmeister, der damit für die Stände so etwas wie einen fürstlichen Rang erhielt. Dies verstärkte sich unter den letzten Hochmeistern in Preußen, Friedrich von Sachsen und Albrecht von Brandenburg, die aus reichsfürstlichen Familien kamen, ihre eigenen Räte mitbrachten und sich so auch von den anderen führenden Brüdern abgrenzten. Die öffentliche Wahrnehmung des Meisters der Johanniter verdeutlicht etwa die Anteilnahme der Ordensuntertanen beim Tod Pierre d'Aubussons, als man im Juli 1503 die Tore des Großmeister-Palastes öffnete und den aufgebahrten Leichnam zugänglich machte. Einige Amtsträger im Umkreis des Meisters wurden mit Aufgaben der Landesherrschaft betraut, so der Seneschall und der Einnehmer des Meisters. Dazu kamen zwei weitere Ämter mit landesherrlichen Aufgaben, die mit Brüdern besetzt wurden, der Kastellan von Rhodos und der Bailli des *commerchium Rhodi*. Während der Kastellan die Gerichtshoheit in der Stadt Rhodos ausübte, stand der Bailli drei Instanzen von Handelsgerichten vor und kontrollierte wohl den Einzug des noch aus byzantinischer Zeit stammenden *commerchium*, des Hafenzolls. In Preußen lag die Gerichtshoheit weitgehend bei den Komturen und Hauskomturen, während der Hochmeister als Appellationsinstanz fungierte. Der Deutsche Orden seine Rechte um 1400 dazu, zwei landesherrliche Ämter für Zollerhebung und für die Münzprägung einzurichten, die mit Brüdern besetzt wurden. Seit den 1360er Jahren hatten zunächst die Hansestädte Zölle erhoben, doch wurde die Zollerhebung aufgrund von Schulden der Städte wegen hansischer Aufgaben Schritt für Schritt vom Orden übernommen. Dafür entstand das Amt des Pfundmeisters in Danzig, das nach 1466 in Königsberg erneuert wurde. Am Ende des 14. Jahrhunderts wurde zudem ein Münzmeister in Thorn etabliert, der (bis 1454) die zuvor in städtischer Verantwortung befindliche Münzprägung kontrollierte.

Als Landesherren entwickelten Meister und Orden in beiden Fällen eine eigene Landesgesetzgebung. Die Grundlage für den Deutschen Orden in Preußen bildeten die ihm selbst verliehenen Rechte, die er bereits 1232/1233 in der Kulmer Handfeste weitergab, die für viele, aber nicht alle preußischen Städte vorbildlich wurde. Dies wurde seit dem späten 14. Jahrhundert durch verschiedene Landesordnungen oder genauer »Willküren« ergänzt (der Begriff Landesordnung findet sich erst später), die vielfältige Einzelbestimmungen enthalten und entweder für das gesamte Ordensland oder einzelne Landesteile galten. Die Johanniter erließen wohl in der ersten Hälfte des 14. Jahrhunderts eine Reihe von Vorschriften für die Stadt Rhodos, zu Hafen, Handel, Mühlen, Märkten und Strafen für Diebstahl, Mord und Vergewaltigung, die so genannten *Capitula Rhodi*. Im Laufe des 15. Jahrhunderts kamen neue Bestimmungen hinzu, und schließlich kam es auf dem Generalkapitel von 1510 zu einer Kodifizierung in Form der *Pragmaticae Rhodiae*, die in vier Teilen die Ämter der Stadt Rhodos, die Zünfte, allgemeine Fragen und strafrechtliche Probleme behandeln. Sie regeln das Zusammenleben der Lateiner mit der griechischen Mehrheit auf Rhodos.

Preußen wie auch die Inseln des Dodekanes bildeten multiethnische Gesellschaften, im Fall der Landesherrschaft der Johanniter entstand sogar eine multireligiöse Gesellschaft. Grundlage dafür waren die Eroberung und die Bemühungen der Orden um die Gewinnung von Siedlern. Der Deutsche Orden rief vor allem deutsche Siedler aus Westfalen, Brandenburg, Pommern und Schlesien ins Land, siedelte aber auch Polen und Litauer in Preußen an. Zunächst entstanden so vor allem die nach Kulmer (und Lübischem) Recht gegründeten Städte, spätestens mit dem Abschluss der Eroberung (1283) dehnte sich die Siedlung aber auch intensiv in den ländlichen Bereich aus. Die prußischen Bauern blieben in ihren Dörfern, etliche von ihnen konnten sich aber auch aus ihrer Abhängigkeit freikaufen und stiegen zu kleinen Freien mit Kriegsdiensten auf. Zudem konnte ein Teil des prußischen Adels seine Stellung auch unter der Herrschaft des Ordens erhalten.

Während die Ritterschaft des Kulmer Landes sowohl deutscher wie polnischer Herkunft war, gehörten nach der Eroberung Pommerellens durch den Orden 1309/1310 auch Pomoranen bzw. Kaschuben zu den Ordensuntertanen, und in den östlichen Teilen des Landes wurden nach dem Ausbleiben deutscher Siedler im 15. Jahrhundert auch Litauer angesiedelt, nicht nur Bauern, sondern auch Niederadel (Bajoren). Um 1400 lebten in Preußen, so schätzt man, rund 140 000 Prußen, 103 000 Deutsche und 27 000 Polen. Diese Gruppen unterschieden sich nicht aufgrund ihrer ethnischen Herkunft, sondern aufgrund ihrer rechtlichen Stellung. So wurden teilweise auch Prußen und Litauer, nicht immer im Sinne der Ordensoberen, nach deutschem Recht angesiedelt. Die Erfolge des Ordens bei der Integration insbesondere der Prußen zeigten sich im Widerstand der Stände um die Mitte des 15. Jahrhunderts. Während die deutschen Führungsschichten der großen Städte und die deutsch- und polnischstämmige Ritterschaft des Kulmer Landes im gegen den

5.3 Strukturen der Landesherrschaft

Orden agierenden Preußischen Bund die zentrale Rolle spielten, unterstützte die vielfach prußischstämmige Ritterschaft des Oberlands den Orden. Im Samland stammten fast 90 % der Ritterschaft aus prußischen Familien, ebenso wie einer der führenden ordenstreuen Adligen, Segenand von Wapels.

Die Johanniter waren, auch aufgrund der späteren Begründung ihrer Landesherrschaft, weit weniger erfolgreich mit der Anwerbung von Siedlern. Insbesondere gelang es nicht, wie angestrebt, Militärsiedler zu gewinnen, so dass man auf die Anwerbung von Söldnern angewiesen blieb. Die Mehrheit der Bevölkerung bildeten die rund 10 000 Griechen, die nach der Eroberung auf Rhodos verblieben. Um 1309 schloss der Orden mit ihnen eine Vereinbarung, das *sacramentale*, das die griechische Kirche auf Rhodos der päpstlichen Autorität bzw. genauer den Entscheidungen von Meister und Konvent unterstellte. Orthodoxe Riten und Liturgie blieben erhalten, der Meister entschied aber über die Berufung von Pfarrern und Äbten.

Seit dem Konzil von Ferrara-Florenz mit der 1439 vereinbarten formalen Union zwischen Ost- und Westkirche residierte auf Rhodos neben dem lateinischen Erzbischof ein griechischer Metropolit, der unter dem Einfluss des Ordens berufen wurde. Die Griechen waren paritätisch an den Zünften beteiligt, stellten zwei der vier *jurati dala terra* (»Geschworenen des Landes«), die die Untertanen gegenüber der Ordensspitze vertraten, hatten einen eigenen Schreiber beim Metropoliten und konnten Beschwerden bei den regelmäßigen Audienzen von Meister und Rat vorbringen. So kam es nach anfänglichen Problemen zu keinen nennenswerten Unruhen – anders als in Preußen –, vielmehr hofften die Johanniter nach ihrer Vertreibung 1525 zunächst sogar auf einen Aufstand der Bevölkerung gegen die osmanische Herrschaft, um so nach Rhodos zurückkehren zu können.

Neben den Ordensbrüdern, die aus allen Teilen Europas kamen und sich im Konvent nach ihrer Herkunft in Zungen organisierten, ließen sich auf Rhodos Kaufleute insbesondere aus Katalonien, Italien und Südfrankreich nieder, die in enger Verbindung mit ihrer Heimat blieben. Gelegentlich kamen auch Muslime als Kaufleute auf die Insel, dazu gab es muslimische Gefangene, die teilweise in harten Bedingungen lebten. Bis zu ihrer Vertreibung durch Pierre d'Aubusson 1503

169

lebten zudem Juden in der Stadt Rhodos, von denen einige als Ärzte am Hospital des Ordens tätig waren und besondere Rechte bei der Ausübung ihrer Religion genossen. Allerdings war die multireligiöse Gesellschaft unter der Herrschaft der Johanniter nur bedingt durch Toleranz gekennzeichnet, denn der Orden akzeptierte letztlich nur die beiden christlichen Religionen.

Eine Besonderheit in Preußen war die enge Anbindung der Bistümer an den Orden. Bischof Christian, der um 1215 vom Papst für die Mission in Preußen eingesetzt worden war, hatte versucht, eine eigene Landesherrschaft aufzubauen. Noch im Vertrag von Rubenicht von Anfang 1231 musste sich der Orden mit einem Drittel Preußens zufriedengeben, während dem Bischof zwei Drittel zukamen. Das änderte sich durch die Gefangenschaft Christians (1233–1238). Schon 1236 wurde der päpstliche Legat Wilhelm von Modena damit beauftragt, Preußen in mehrere Bistümer aufzuteilen. Christian wehrte sich nach seiner Freilassung vergeblich dagegen und lehnte die Übernahme eines (Teil-)Bistums ab. Dennoch nahm Wilhelm im Juli 1243 in Rom eine Aufteilung in die vier Diözesen Kulm, Pomesanien, Ermland und Samland vor. Dabei erhielt der Orden nunmehr zwei Drittel des jeweiligen Territoriums, der Bischof nur ein Drittel, von dem später noch ein Teil an die sich bald formierenden Domkapitel, die Gemeinschaften der Geistlichen an den Domkirchen, überging. Die Bistümer wurden von Innozenz IV. Albert Suerbeer als Erzbischof für Preußen und Livland unterstellt, der aber seinen Sitz Riga wählte. In dreien der vier Bistümer (mit Ausnahme Ermlands) bildeten sich die entstehenden Domkapitel aus Priesterbrüdern, so dass die Hochmeister Einfluss auf die Wahl der Bischöfe gewannen.

Die geringere Größe der Landesherrschaft der Johanniter und die damit verbundene geringere Zahl der (lateinischen) Bewohner der Inseln führte dazu, dass das Erzbistum Rhodos und die zeitweilig eingerichteten Suffraganbistümer auf Kos und Nisyros keine größere Bedeutung erlangen konnten. Vielleicht auch deshalb unternahm der Orden nur einmal einen Versuch, die lateinische Kirche stärker unter seine Kontrolle zu bekommen. Im Oktober 1433 erhielten die Johanniter auf Bitten von Meister und Konvent ein Privileg Papst Eugens IV., das angesichts der Vertrautheit der Brüder mit der besonderen Situation auf dem Dodekanes gestattete, dass die Erzbischöfe von Rhodos und die Bischöfe von Rhodos künftig nur noch aus den Reihen des Ordens kommen sollten. Dies wurde 1436 offenbar einmal bei der Wahl des Ordenspriesters Matthieu de Chaselles zum Bischof von Nisyros umgesetzt, doch dann scheint der Auftreten des griechischen Metropoliten Nathanael nach dem Ende des Konzils von Florenz 1439 neue Entwicklungen eingeleitet zu haben. Nisyros wurde ihm übertragen, dann aber nicht mehr besetzt, während Nathanael und seine Nachfolger auf Rhodos residierten und schließlich als Suffragane des lateinischen Erzbischofs behandelt wurden. Auch unter den lateinischen Erzbischöfen gab es nur zweimal Ordenspriester, Nikolaus (1373–1376) und Jean Morelli (1447–1473), die beide zuvor als Konventspriore belegt sind. Der Einfluss der Johanniter auf die lateinische Kirche in ihren Territorien war also geringer als der des Deutschen Ordens in Preußen, auch wenn es diesem ebenfalls nicht gelang, das Erzbistum Riga unter seine Kontrolle zu bringen, so dass es immer wieder zu Konflikten in Livland kam.

5.4 Johanniter, Deutscher Orden und die Kreuzzüge des 14. Jahrhunderts

Der Deutsche Orden und die Johanniter verfolgten nach der Etablierung der Landesherrschaft eine Politik, die ihnen eine legitime Fortsetzung ihres Wirkens im Sinne ihrer Stiftungsaufgaben ermöglichen sollte. Der Deutsche Orden konnte im 14. Jahrhundert in den Kämpfen gegen die noch heidnischen Litauer in der Sicht der europäischen Öffentlichkeit große Erfolge erzielen und zahlreiche adlige Kreuzfahrer aus dem westlichen Europa ins Land holen, bis die Christianisierung Litauens durch die polnisch-litauische Union von 1386 zu wachsenden Problemen führte. Die Johanniter beteiligten sich an den Seeligen des 14. Jahrhunderts, übernahmen 1374 den Außenposten in Smyrna und trugen um 1400 zur Stabilisierung der lateinischen Territorien auf dem griechischen Festland bei.

Nach dem Abschluss der Eroberung Preußens 1283 blieb dem Deutschen Orden ein großer, noch nicht christianisierter Nachbar, Litauen. Das Land hatte sich schon unter Mindaugas (Mindowe) dem Christentum zugewandt, nachdem dieser 1253 getauft und mit Hilfe des Deutschen Ordens zum König erhoben worden war. Nach seiner Ermordung 1263 kehrte Litauen zum Heidentum zurück, stieg aber unter Gedimin (1316–1341) zu einer ostmitteleuropäischen Großmacht auf, die umfangreiche Gebiete kontrollierte und nunmehr römische wie orthodoxe Christen als Untertanen hatte. Die litauischen Fürsten nutzten dies für eine Schaukelpolitik zwischen Russland und dem Westen.

Der Deutsche Orden, der von Mindaugas bereits das auch später umkämpfte Samaiten (Niederlitauen) erhalten, aber wieder verloren hatte, suchte die litauischen Fürsten durch eine lange Reihe von Feldzügen zur Taufe zu zwingen. Zwischen 1305 und 1409 organisierten die Brüder rund 300 Kreuzzüge, die »Litauerreisen« (nach dem mittelhochdeutschen *reysa* für einen Feldzug). Sie fanden je nach Wetterlage mindestens ein- bis zweimal pro Jahr statt, in der Trockenheit der Sommer oder wenn der Frost die zahlreichen Wasserläufe überquerbar gemacht hatte. Dabei drangen Kontingente des Ordens mit westeuropäischen Kreuzfahrern von Königsberg, Tilsit oder Ragnit aus nach Litauen vor, um dort Burgen zu errichten, Befestigungen, Äcker, Dörfer und andere Siedlungen der Litauer zu zerstören sowie Vieh und Gefangene fortzuführen. Der Erfolg war jedoch gering, denn die Litauer schlugen auf ähnliche Weise in Preußen zurück. Von einer Eroberung, wie sie die von Kaiser Ludwig IV. 1337 verfügte Schenkung Litauens an den Orden implizierte, waren die Brüder weit entfernt. Die französischen, englischen und aus dem Reich kommenden prominenten Teilnehmer der Kreuzzüge, von denen ausgewählte Ritter jeweils durch die Teilnahme an einem »Ehrentisch« ausgezeichnet wurden, machten die Aktivitäten des Ordens aber im westlichen Europa weithin bekannt.

Als die Ehe des Litauerfürsten Jogaila (Władysław-Jagiełło) mit der polnischen Thronerbin Hedwig (Jadwiga) 1386 zur Taufe der Litauer und zur polnisch-litauischen Union führte, verlor der Orden die Legitimation für weitere Kämpfe gegen die Litauer und damit die letzte

5.4 Johanniter, Deutscher Orden und die Kreuzzüge des 14. Jahrhunderts

Möglichkeit, im Baltikum seiner Stiftungsaufgabe nachzugehen, mit Ausnahme von Kämpfen gegen die aus westlicher Sicht schismatischen (d. h. vom rechten Glauben abgefallenen) russischen Fürstentümer. Der Orden reagierte darauf in doppelter Weise. Zum einen erklärte man die Taufe Jogailas zur Täuschung, die nur dem Erwerb der polnischen Krone dienen sollte, zum anderen versuchte man, die polnisch-litauische Union zu spalten und mit der litauischen Seite eine Lösung im Sinne des Ordens zu finden.

Letzteres gelang im Oktober 1398 im Vertrag von Sallinwerder, den der Orden mit dem Großfürsten Vytautas schloss. Damit erfolgte nicht nur die Zusage weiterer Christianisierung, sondern auch eine Abgrenzung der Einflussgebiete in den russischen Fürstentümern, verbunden mit der erneuten Überlassung Samaitens, das Vytautas nur indirekt kontrollierte. Als Gegenleistung entsandte der Orden den Komtur von Ragnit, Marquard von Salzbach, mit einigen Rittern und einem Aufgebot von 300 Männern für einen Feldzug gegen die Mongolen im Schwarzmeerraum. Das auch von heidnisch-mongolischen Truppen unterstützte Unternehmen wurde zwar noch von Papst Bonifaz IX. zum Kreuzzug erklärt, endete aber im Frühjahr 1399 mit einer schweren Niederlage in der Schlacht an der Vorskla, bei der auch neun Ordensbrüder starben.

In der Folge förderte Vytautas eine Aufstandsbewegung in Samaiten, dessen Eroberung durch den Orden er zuvor militärisch unterstützt hatte. Der Friede von Raciącz führte im Mai 1404 zwar noch einmal zur Rückgabe Samaitens und zum Ausgleich der Forderungen, so dass der Orden Vytautas 1406 und 1409 bei seinen Feldzügen gegen die russischen Fürstentümer Pskov und Novgorod half. Vytautas stellte sich erneut an die Spitze des Widerstands in Samaiten, zusammen mit König Władysław-Jagiełło von Polen, so dass der Orden das Gebiet endgültig verlor. Hochmeister Ulrich von Jungingen reagierte darauf mit der Besetzung des Dobriner Landes, auf das der Orden 1404 verzichtet hatte. Ein Vermittlungsversuch König Wenzels von Böhmen brachte keine Lösung. Unmittelbar nach dem bis Anfang Juli 1410 verlängerten Waffenstillstand drang das polnisch-litauische Heer in Preußen ein. Am 15. Juli 1410 kam es bei den Dörfern Tannenberg und Grünfelde (polnisch Grunwald) zur Schlacht.

Der Deutsche Orden unterlag am Ende aufgrund taktischer Fehler. Der Hochmeister, zahlreiche der führenden Gebietiger und wohl 200 Ritterbrüder fielen. In der Folge unterwarf sich nahezu das gesamte Ordensland dem polnischen König. Ordensburgen wurden aufgegeben, Bischöfe und Städte erhielten neue Privilegien. Allerdings konnte der zur Verteidigung Pommerellens zurückgebliebene Komtur von Schwetz, Heinrich von Plauen, mit seinen Kontingenten die Marienburg übernehmen und in einer zweimonatigen Belagerung gegen das ebenfalls geschwächte polnisch-litauische Heer verteidigen. Als der polnische König mit seinen Verbänden abzog, konnte der Orden seine Herrschaft Schritt für Schritt wiederherstellen. Der Anfang 1411 ausgehandelte Erste Thorner Friede brachte daher kaum territoriale Verluste, wohl aber die Verpflichtung zur Zahlung einer Kontribution von 100.000 Schock böhmischer Groschen. Nach den Zerstörungen und Verlusten infolge des Krieges bedeutete diese Zahlung eine erhebliche Belastung, die langfristig zu großen Veränderungen im Ordensland selbst führte.

Auch die Johanniter befanden sich zu dieser Zeit in einer schwierigen Situation. Nach der Eroberung des Dodekanes hatte sich der Orden mehrfach an Seeligen, Bündnissen der regionalen Mächte gegen die türkischen Emirate, beteiligt. Im März 1334 kam es zu einer ersten Liga zwischen Venedig, Byzanz, dem Papst, den Königen von Frankreich und Zypern sowie den Johannitern. Die Flotte, an der der Orden mit zehn Schiffen beteiligt war, konnte jedoch keine dauerhaften Erfolge erzielen, ähnlich wie weitere Unternehmen. Die einzige Ausnahme bildete im Oktober 1344 die Eroberung von Stadt und Hafenburg Smyrna (Izmir) an der kleinasiatischen Küste. Da die Türken die obere Burg, die alte Akropolis, behaupteten, bedurfte es dauerhafter Anstrengungen, um Smyrna zu halten. So war es kein Zufall, dass Papst Gregor XI. die Verwaltung von Smyrna 1374 an die Johanniter übergab. Die Brüder konnten den Stützpunkt zwar gegen die Bedrohungen der 1390er Jahre verteidigen, wurden dann aber durch den mongolischen Angriff unter Timur, der zuvor bei Ankara die Osmanen geschlagen hatte, im Oktober 1402 aus der Stadt vertrieben. Dies war ein schwerer Verlust, doch gelang es dem Orden nach 1407, mit der Burg St. Peter (Bodrum, das antike Halikarnassos) einen neuen Stützpunkt auf dem Festland zu gewinnen.

5.4 Johanniter, Deutscher Orden und die Kreuzzüge des 14. Jahrhunderts

Auch weitere Kreuzzüge und militärische Unternehmen, an denen der Orden beteiligt war, verliefen wenig erfolgreich. Um 1360 war es zunächst der König von Zypern, Peter I., der mehrere Feldzüge initiierte. Im Spätsommer 1365 brach eine Flotte von 150 Schiffen mit Beteiligung der Johanniter nach Ägypten auf, das auch die Heiligen Stätten kontrollierte. Zwar konnte Alexandria erobert werden, doch entschied man sich gegen seine Verteidigung und zog nach seiner Plünderung wieder ab. Ein von Papst Gregor XI. initiierter Kreuzzug unter der Führung des neuen Johannitermeisters Juan Fernández de Heredia scheiterte 1377/1378 bereits bei dessen Gefangennahme durch albanische Adlige bei Vonitza. Auch der große Kreuzzug, den der ungarische König Sigismund mit französisch-burgundischer Beteiligung zusammenbrachte, endete am 25. September 1396 mit einer schweren Niederlage gegen das osmanische Heer in der Schlacht von Nikopolis. Die Johanniter, deren Schiffe unter der Leitung des Priors der Auvergne, Philibert de Naillac, über das Schwarze Meer und die Donau zur Verstärkung des Heeres herbeikamen, konnten nur noch bei der Aufnahme von Flüchtlingen und der Befreiung von Gefangenen Hilfe leisten.

Seit 1378 war die lateinische Christenheit in die Einflussgebiete zweier, sogar später dreier Päpste geteilt, und für die Johanniter blieb das nicht ohne Folgen. Juan Fernández de Heredia entschied sich wie die Brüder auf Rhodos für den in Avignon residierenden Clemens VII., während insbesondere die Brüder in Italien, Deutschland und England beim römischen Papst Urban VI. blieben und einen Gegen-Meister, den Italiener Riccardo Caracciolo, wählten. Von Rhodos aus versuchte der Orden, weiter seiner Stiftungsaufgabe nachzukommen. Die Johanniter engagierten sich im Fürstentum Achaia, übernahmen Ende 1397 die Verteidigung von Korinth und unterstützten selbst das byzantinischen Despotat um Mistra auf der Peloponnes. Die Verhandlungen um eine Übernahme des Despotats zerschlugen sich jedoch 1403, und nach einem Angriff der benachbarten lateinischen Herren räumten die Brüder im Juni 1404 auch Korinth.

Philibert de Naillac, der Fernández de Heredia 1396 nachgefolgt war, wurde bald im gesamten Orden akzeptiert und spielte bei den Reformkonzilien in Pisa und Konstanz eine aktive Rolle. Obwohl er bis zu seinem Tod im Juni 1421 die internen Konflikte schlichten konnte, schienen die Johanniter zunehmend demoralisiert und ziellos. Im Juni 1423 schlug man der Republik Venedig sogar vor, Rhodos und seine Nachbarinseln gegen venezianischen Besitz in Griechenland, etwa Negroponte (d. h. Euböa oder Teile der Peloponnes zu tauschen. In dieser Zeit stieß der Orden ebenso auf Kritik, etwa beim kretisch-venezianischen Kaufmann Emmanuele Piloti, der den Johannitern in seinem Kreuzzugstraktat von 1420/1441 vorwarf, sie hätten um 1310 den Unterhalt einer ständigen Kreuzzugsflotte von zehn Schiffen zugesagt, aber ihr Versprechen nicht gehalten, sondern die Zahl der Schiffe stetig vermindert. Piloti kontrastiert das mit für ihn immensen finanziellen Möglichkeiten des Ordens und konstatiert, dieser würde seine Aufgaben nicht mehr erfüllen.

5.5 Krisen der Landesherrschaft am Ausgang des Mittelalters

Während sich die Lage der Johanniter bessern sollte, geriet der Deutsche Orden nach 1410 zunehmend in Schwierigkeiten. Obwohl Hochmeister Heinrich von Plauen Kirchenschätze einschmelzen ließ und den Versuch unternahm, die Häuser im Reich zu belasten und Darlehen aufzunehmen, brauchte er die Mittel seiner preußischen Untertanen und setzte 1411 zum ersten Mal die Erhebung einer Steuer durch. Das ging nicht ohne gewaltsame Maßnahmen wie den Austausch von Ratsherren in Thorn ab, und in Danzig ließ der gleichnamige Bruder des Hochmeisters zwei Bürgermeister und einen Ratsherrn auf die Burg laden und hinrichten. Auch im Adel regte sich Widerstand. Die im Kulmer Land gegründete »Eidechsengesellschaft« wollte Heinrich von Plauen durch den Komtur von Rheden, Georg von Wirsberg, ersetzen. Der Hochmeister konnte sich behaupten und 1412/1413 auch mit Hilfe eines »Landesrats« von Ständevertretern eine weitere Steuererhebung durchsetzen, wurde aber angesichts wachsender Kriegsgefahr

5.5 Krisen der Landesherrschaft am Ausgang des Mittelalters

durch die Großgebietiger unter dem Obersten Marschall Michael Küchmeister im Oktober 1413 abgesetzt. Auch unter Küchmeister und seinem ab 1422 amtierenden Nachfolger Paul von Rusdorf konnte jedoch kein dauerhafter Friede mit Polen-Litauen etabliert werden. Nach einem polnischen Angriff auf das Ordensland 1414 kam es lange Zeit immer wieder nur zur Verlängerung des Waffenstillstands, während das Konstanzer Konzil (1414–1418) erfolglos zu vermitteln suchte. Als der Krieg 1421 erneut ausbrach, brachte auch dies keine wesentlichen Veränderungen. Im Frieden vom Melnosee vom September 1422 konnte sich der Orden territorial weitgehend behaupten, mit Ausnahmen des endgültigen Verzichts auf Samaiten und die Abtretung der Komturei Nessau sowie von Gebieten im Osten des Landes, in der »großen Wildnis«. Die Brüder mussten jedoch einer Klausel zustimmen, die den Ständen die Aufsagung des Gehorsams erlaubte, wenn der Orden erneut einen Krieg beginnen sollte.

Nachdem der Orden noch einmal versucht hatte, nach dem Tod von Vytautas (1430) in die innerlitauischen Verhältnisse einzugreifen, wurde diese Klausel im Ewigen Frieden von Brest vom Dezember 1435 bestätigt, während es territorial kaum Änderungen gegenüber 1422 gab. Seit den Steuererhebungen von 1411 nahm das Selbstbewusstsein der Stände, insbesondere der großen Städte und der Ritterschaften der verschiedenen Gebiete, stetig zu. Als der römisch-deutsche König Albrecht II. den Orden 1438 zum Krieg gegen Polen bewegen wollte, weil dieses die häretischen Hussiten in Böhmen unterstützte, verweigerten die preußischen Stände jede Unterstützung. Auf den Ständetagen wurden zunehmend grundlegende politische Forderungen gestellt. Schon auf dem Huldigungstag für Michael Küchmeister im Januar 1414 wurde gefordert, »dass Ritter und Knechte und Städte und das ganze Land bei ihren Rechten und Privilegien bleiben und auf keine Weise ihrer beraubt werden sollen« (Acten der Ständetage, 1, 239), und dies entwickelte sich zu einer zentralen Forderung, bis sich Städte und Ritterschaft am 14. März 1440 auf einer Ständeversammlung zu Marienwerder im Preußischen Bund »gegen Gewalt« zusammenschlossen. Als geistliche Institution tat sich der Orden schon zuvor schwer, sich den Entscheidungen der von den Ständen geforderten Richttage mit gemischten, geistlich-weltlichen,

177

Instanzen zu fügen. Mit dem Bund gab es nunmehr sogar eine Institution, die massiv Einfluss auf die Landespolitik zu gewinnen suchte, so dass es fast zwangsläufig zu Konflikten kam.

Nach dem Rücktritt und Tod Pauls von Rusdorf Anfang 1441 gelang zunächst seinem Nachfolger Konrad von Erlichshausen eine relativ friedliche Zusammenarbeit. Dabei konnte er wichtigen Fragen wie der Erhebung des Pfundzolls die Position des Ordens durchsetzten, allerdings um den Preis, dass er mit dem Verweis auf die dem Orden in der Goldbulle von Rimini verliehenen Rechte eine Grundsatzdebatte anstieß. Im April 1446 forderten die vier preußischen Bischöfe vor diesem Hintergrund die Aufhebung des Preußischen Bundes. Konrad konnte die Situation noch einmal entschärfen, doch brachen die Konflikte unter seinem Nachfolger Ludwig von Erlichshausen in aller Härte aus. Nachdem zuerst der Papst eingeschaltet wurde, der Hochmeister aber vor einer Exkommunikation seiner Untertanen durch den päpstlichen Legaten zurückschreckte, verlagerte sich die rechtliche Auseinandersetzung an den Hof Kaiser Friedrichs III. in Wien.

Die Gesandten des Bundes, von denen eine Gruppe in Böhmen überfallen und ihrer Unterlagen beraubt worden war, stellten in der Schrift *Orsachen des bundes* eine Liste von Klagen zusammen, die die Willkür der Ordensherrschaft belegen sollte, vom Vorgehen gegen die Städte über Übergriffe gegen Personen, Unterdrückung von Appellationen und Einzug von Gütern bis hin zur Entwertung der preußischen Mark. Friedrich III., der sich in seinen Erblanden ebenfalls einem ständischen Bund gegenübersah, ließ sich davon jedoch nicht beeindrucken. Als er am 1. Dezember 1453 die Auflösung des Preußischen Bundes verfügte, begannen die Stände endgültig mit den Kriegsvorbereitungen gegen den Orden. Noch bevor die kaiserliche Urkunde auf der Marienburg eintraf, hatten sie schon am 4. Februar 1454 dem Orden den Gehorsam aufgekündigt. Sie fanden Unterstützung bei König Kasimir IV. von Polen, der dem Orden am 22. Februar den Krieg erklärte und am 6. März 1454 Preußen der polnischen Krone inkorporierte. Die Ordensleitung wurde von diesen Ereignissen völlig überrascht, viele der Ordensburgen wurden kampflos geräumt und in den großen Städten wie Thorn, Elbing und Danzig weitgehend abgerissen. Das Ordensland Preußen schien verloren.

5.5 Krisen der Landesherrschaft am Ausgang des Mittelalters

In Preußen konnten nur die Marienburg und einige kleinere Burgen und Städte gehalten werden, doch verfügte der Deutsche Orden weiterhin über seine Häuser im Reich und in Livland, so dass es gelang, größere Söldnerkontingente vor allem in Böhmen anzuwerben. Als ein großes Söldnerheer im September 1454 dem polnischen König und seinen Truppen in Konitz eine schwere Niederlage beibrachte, musste die Belagerung der Marienburg aufgegeben werden, und der Orden konnte Teile des Landes zurückgewinnen. Die Folge war ein zäher Krieg, der sich trotz verschiedener Vermittlungsbemühungen bis in die 1460er Jahre hinzog. Der Orden verlor 1456/1457 die Marienburg. Als die Brüder die Söldner nicht mehr bezahlen konnten, hatte man ihnen die Marienburg und andere Burgen verpfändet, und beim Ausbleiben der Zahlungen verkauften die Söldnerführer die Burg schließlich an den polnischen König. Im Zweiten Thorner Frieden vom 19. Oktober 1466 wurde schließlich die Aufteilung Preußens festgeschrieben, wie sie sich zuvor militärisch ergeben hatte. Der Westen Preußens mit den großen Städten und das Bistum Ermland wurden als autonome Regionen der polnischen Krone unterstellt, während Königsberg, das Bistum Pomesanien und der Osten Preußens beim Orden verblieben.

Der Friedensvertrag, der vom Hochmeister einen Treueid und Heeresfolge gegenüber dem polnischen König forderte und die Aufnahme von polnischen Ritterbrüdern vorsah, stieß im Orden, im Reich und an der Kurie auf Ablehnung. Entsprechend hoch war der Druck auf die Hochmeister nach 1466, eine Revision des Zweiten Thorner Friedens zu erreichen. 1477 verweigerte der kurz zuvor gewählte Martin Truchsess den Treueid und trat auf Seiten des ermländischen Bischofs Nikolaus von Thüngen in den Krieg gegen Polen ein. Doch ebenso wie bei einem weiteren militärischen Versuch, die Lage des Ordens zu bessern, unter dem zweiten Hochmeister aus fürstlichem Hause, Albrecht von Brandenburg, im so genannten »Reiterkrieg« gegen Polen-Litauen (1519–1521), blieb die erhoffte Unterstützung aus dem Reich aus. Albrecht hatte zudem ein Bündnis mit dem Großfürsten Vasilij III. von Moskau geschlossen, das aber ohne Folgen blieb. Die eigenen Mittel des Ordens in Preußen waren zu gering, um eine Änderung zu bewirken.

Das verbliebene Ordensland hatte sich nach 1466 grundlegend gewandelt. Da die Schulden des Ordens bei den Söldnern vielfach durch

Landvergabe beglichen wurden, konnten sich Adelsfamilien wie die Dohna, Eulenburg oder Schlieben in Preußen etablieren. Die Amtsführung der fürstlichen Hochmeister seit Friedrich von Sachsen mit ihren eigenen Räten und finanzielle Probleme führten zudem zu einer Abgrenzung der obersten Gebietiger vom Hochmeister. Sie entwickelten sich schließlich zu einem eigenen Stand, der seit 1506/1507 auch im obersten Gericht des Landes vertreten war. Die Möglichkeiten des Hochmeisters wurden so zunehmend eingeschränkt.

Abb. 8: Albrecht von Brandenburg-Ansbach als Hochmeister 1522.

Albrecht von Brandenburg sah nach dem Fehlschlag des »Reiterkriegs« wenig Chancen für eine Revision und zog sich nach 1521 ins Reich zurück. Im Juni 1523 wandte er sich an Luther mit der Bitte um einen Rat für eine Reform des Deutschen Ordens, und dieser antwortete mit der Druckschrift *An die herrn Deutschs Ordens das sie falsche keuscheyt meyden und zur rechten ehelichen keuscheyt greyffen. Ermanung.* Darin legte er dem Hochmeister die Rückkehr in den weltlichen Stand und die Säkularisierung Preußens nahe. Albrecht hatte schon im April 1523 einen Vorschlag des polnischen Königs erhalten, aus dem Orden auszuscheiden und sich unter polnischer Oberhoheit zum erblichen Herzog Preußens erheben zu lassen. Diese Lösung wurde schließlich im Krakauer Vertrag vom 8. April 1525 umgesetzt, ohne dass König Sigismund I. und die anderen Beteiligten von den Plänen Albrechts wussten, sich zur Reformation zu bekennen. So oder so war damit erstmals ein geistliches Territorium als Ganzes in ein weltliches Fürstentum umgewandelt worden. Der Deutsche Orden hielt zwar noch lange an seinem Anspruch auf Preußen fest, erhielt aber nur wenig Unterstützung und musste sich im Reich und in Livland neu ausrichten.

Bei den Johannitern verliefen das weitere 15. und der Beginn des 16. Jahrhunderts ähnlich dramatisch wie beim Deutschen Orden, auch wenn zeitweilig unter positiveren Vorzeichen. Zunächst schien sich die Lage des Ordens weiter zu verschlechtern, als ein ägyptischer Angriff auf Zypern im Juli 1426 zu Verwüstung des Ordensbesitzes in Kolossi mit seiner ertragreichen Zuckerproduktion führte und sich Meister und Orden am Lösegeld für den in Gefangenschaft geratenen König Janus I. beteiligen mussten. Trotz der Erneuerung des Waffenstillstands mit den Mamluken 1428 blieb die Lage gefährlich, und 1438 erfuhr Meister Jean de Lastic von einem Bündnis der Mamluken mit den Osmanen. Schließlich kam es im Herbst 1440 zum Angriff einer mamlukischen Flotte, zunächst auf die Burg der Johanniter auf der östlich gelegenen kleinen Insel Kastellorizzo, schließlich auf Rhodos selbst.

Der Orden zog gegen die Ägypter sieben Galeeren und zehn weitere Schiffe zusammen und konnte die feindliche Flotte nach Kämpfen vor der türkischen Küste vertreiben, auch wenn diese noch einmal über Zypern herfiel und zahlreiche Einwohner als Sklaven wegführte. Lastic berichtete in einem Schreiben an die Priore über den Erfolg und versuchte, so auch die europäischen Fürsten für die Unterstützung des Ordens zu gewinnen. Gleichzeitig verhandelte er auch mit den Mamluken, doch schlug dies fehl, so dass seit dem Herbst 1443 erneut eine feindliche Flotte vor Rhodos operierte. Höhepunkt des Unternehmens war eine 40 Tage andauernde Belagerung von Stadt und Insel Rhodos im August und September 1444, die die Johanniter erfolgreich abwehren konnten. Seither erfuhren die Johanniter zunehmende Aufmerksamkeit im Westen.

Während es zu inneren Spannungen kam, verstärkte sich die Bedrohung durch das Osmanische Reich. Schon 1454, im Jahr nach der Eroberung Konstantinopels, forderte Sultan Mehmed II. vom Orden einen Tribut von 2.000 Dukaten, und als sich Meister Jean de Lastic weigerte, ließ der Sultan Inseln sowie Dörfer auf Rhodos überfallen und verwüsten. Pläne für einen neuen Kreuzzug gegen die Osmanen, für den sich nicht zuletzt Papst Pius II. einsetzte, schlugen fehl. Der Orden beschränkte sich daher auf kleinere Unternehmen in der Ägäis und unterstützte im Juli 1470, nach dem Fall des venezianischen Negroponte (Euböa), die Venezianer zusammen mit Aragón und dem Papst mit zwei Galeeren bei Operationen vor der türkischen Küste. Unter dem neuen Meister Pierre d'Aubusson begann ein Ausbau der Befestigungen auf Rhodos, während der Waffenstillstand mit den Mamluken verlängert wurde.

Zwar wurde im Frühjahr 1479 noch einmal ein Waffenstillstand mit den Osmanen vereinbart, doch begannen bereits Ende des Jahres erste Angriffe einer osmanischen Flotte auf Rhodos. Nach der Landung eines größeren Heeres wurde die Stadt Rhodos seit dem 23. Mai 1480 belagert. Die kleine Besatzung von rund 300 Ritterbrüdern, 300 Servienten und 3–4 000 französischen und italienischen Söldnern musste sich darauf konzentrieren, die von den Gegnern bedrängten Teile der Befestigung zu halten, zunächst den Nikolausturm am Hafen, dann einen Mauerabschnitt im Osten der Stadt, der am 27. und 28. Juli vor allem durch das persönliche Eingreifen des Meisters verteidigt werden konnte. Auch angesichts des Unternehmens zur Eroberung Otrantos im Süden Italiens entschied sich Sultan Mehmed II. danach für eine Aufhebung der Belagerung, die seinem Heer hohe Verluste gebracht hatte. Die letzten osmanischen Truppen zogen am 17. August von der Insel ab, während gleichzeitig Verstärkungen aus Neapel im Hafen eintrafen. Der durch zahlreiche Drucke verbreitete Bericht des Vizekanzlers des Ordens, Guillaume Caoursin, über die Belagerung fand begeisterte Aufnahme. Die Johanniter wurden wieder zu »Verteidigern der Christenheit«.

Die Entwicklungen im Osmanischen Reich nach dem Tod Mehmeds II. im April 1481 führten zu einer Entspannung. Zwar konnte sich sein ältester Sohn, Bayezid II., nach einigen Kämpfen durchset-

5.5 Krisen der Landesherrschaft am Ausgang des Mittelalters

zen, doch floh dessen Bruder Dschem im Juli 1482 nach Rhodos. Dies ermöglichte den Abschluss eines Friedens mit den Osmanen im Dezember 1482. Der neue Sultan wollte verhindern, dass der Orden Dschem bei einem erneuten Versuch der Machtergreifung unterstützt, und zahlte dafür jährlich 35.000 Dukaten Unterhalt für seinen Bruder. Dschem wurde den Johannitern zur Sicherheit in die Häuser im Westen verlegt und ging 1489 in die »Obhut« von Papst Innozenz VIII. Auch nach seinem Tod 1495 blieben die Beziehungen noch relativ friedlich, noch 1498 wurde der Waffenstillstand erneuert. Aubusson und seine Nachfolger nutzten die ruhigere Zeit für ein massives Bauprogramm. Dabei wurden nicht nur die Zerstörungen durch die Belagerung von 1480 und mehrere Erdbeben im Jahr 1481 beseitigt, sondern die Mauern massiv verstärkt und auch in der Stadt Rhodos zahlreiche Gebäude wie das neue Hospital, der Palast des Meisters und Herbergen der Zungen vollendet.

Neue Spannungen ergaben sich bereits 1501, als die lateinischen Mächte auf den Verlust venezianischer Besitzungen mit der Bildung einer größeren Allianz aus Venedig, Frankreich, Spanien, Portugal, dem Papst und den Johannitern reagierten, für die der Orden eine Flotte von acht Galeeren mobilisierte. 1506 drohte ein ägyptischer Angriff auf Kos, der aber abgewendet werden konnte, und 1510 kaperten die Johanniter vor der syrischen Küste eine ägyptische Flotte mit Holzlieferungen für den Schiffbau. Als sich bald darauf die Osmanen unter Selim I. gegen das Mamlukenreich wandten, kam es dann aber im November 1516 zu einem Bündnis zwischen den Johannitern und den Mamluken. Dies konnte jedoch die Eroberung Syriens und Ägyptens durch die Osmanen 1516/1517 nicht mehr verhindern.

Damit wuchs auch die Bedrohung für Rhodos als einem der letzten christlichen Stützpunkte im östlichen Mittelmeer. Im Frühjahr 1522 begann Selims Sohn, Süleyman I., mit den Vorbereitungen für einen Angriff. Im Juni 1522 traf eine Flotte aus 400 Schiffen vor Rhodos ein, und die Stadt wurde eingeschlossen. Neben den Einwohnern konnten die Johanniter nur rund 600 Brüder, 500 Seeleute aus Genua und 400 kretische Söldner aufbieten. Wieder konnten sich die Ordenskontingente gegen die massiven türkischen Angriffe verteidigen, doch eine Unterstützung aus dem Westen, wo sich Kaiser Karl V. im Krieg gegen Franz I. von Frankreich befand, blieb aus. Als sich die Stimmung in der Stadt verschlechterte und Gerüchte über einen Verrat umliefen – der Kanzler des Ordens, der Portugiese Andrea d'Amaral, wurde sogar unter dem Vorwurf des Verrats hingerichtet –, willigten Meister und Rat im Dezember 1522 in die Übergabe der Insel ein. Am 1. Januar 1523 zogen die Brüder zusammen mit einigen ihrer griechischen Untertanen auf wenigen Schiffen ab, während den zurückbleibenden Einwohnern von Rhodos zugesichert wurde, unter osmanischer Herrschaft wie bisher weiter leben zu können. Wenig später wurden auch das Kastell St. Peter, Kos und die anderen Inseln des Dodekanes an die Osmanen übergeben. Die Johanniter hatten somit ihre Landesherrschaft verloren und mussten sich neu orientieren.

5.6 Die kleinen und die spanischen Ritterorden im späteren Mittelalter

Anders als Johanniter und Deutscher Orden, die sich nach dem Fall von Akkon 1291 behaupteten, sahen sich die kleinen Ritterorden wie Lazarus- und Thomasorden, aber auch die spanischen Ritterorden im 14. und 15. Jahrhundert großen Problemen gegenüber. Zusätzlich kam es zur Gründung neuer Orden durch die europäischen Herrscher, die sich aber nicht zu einer Konkurrenz entwickelten. Gerade die Gemeinschaften, die nicht über eine starke Basis verfügten, konnten keine dauerhafte Rolle spielen. Teilweise kam es schon vor 1291 zu Auflösungsprozessen.

Dies lässt sich nicht zuletzt an der erst spät auch als Ritterorden fassbaren Hospitalgemeinschaft von St. Lazarus aufzeigen. Auch wenn der Orden in den Niederlagen von La Forbie und Ramla 1244 und 1252 schwere Verluste erlitt, hielt man zunächst daran fest, dass ein Ritter an seiner Spitze stehen sollte, und auf dem Siegel ersetzte ein Ritter das Abbild eines armen Mannes. Dennoch gewann die Pflege der Leprakranken im Orden wieder stärker an Bedeutung, und weitere

5.6 Die kleinen und die spanischen Ritterorden im späteren Mittelalter

Hospitäler kamen hinzu, so 1299 das Leprosenhaus St. Gilles in Holborn im Nordosten Londons. Im 14. Jahrhundert verloren die militärischen Aufgaben dann völlig an Bedeutung.

Obwohl die inzwischen in Boigny bei Orléans residierenden Meister weiter die Führungsrolle beanspruchten und zu Generalkapiteln einluden, strebten die wenigen europäischen Niederlassungen nach Autonomie. Das Haus in Seedorf im Kanton Uri wurde 1413 nach einer Reform einer weiblichen Gemeinschaft unter zwei Meisterinnen übertragen, Burton Lazars bei Nottingham wurde 1421 für eigenständig erklärt und stand unter der Leitung eines vom englischen König berufenen Meisters, und anderenorts wie in Capua gerieten die Häuser unter den Einfluss adliger Familien. Wohl vor diesem Hintergrund verfügte Innozenz VIII. 1489 die Vereinigung des Lazarusordens (und anderer Gemeinschaften wie die der Ritter vom Heiligen Grab) mit den Johannitern, eine der Gegenleistungen für die Überlassung des osmanischen Prinzen Dschem. Das brachte jedoch noch nicht das Ende, vielmehr führten politische Gründe im 16. Jahrhundert zu einer Erneuerung.

Ähnlich war die Entwicklung im englischen Thomasorden. Im 13. Jahrhundert war angesichts der geringen Basis des Ordens eine Vereinigung mit den Templern diskutiert worden, doch scheiterte dies am Widerspruch der englischen Herrscher. Zum Dauerproblem wurde im 14. Jahrhundert die Frage des Ordenssitzes, auf Zypern, wo sich der Orden nach 1291 etablieren konnte, oder in London. Die Brüder in London widerstanden 1310 einem Versuch König Eduards II., ihren Besitz einer königlichen Gründung in Ashridge unterzuordnen, doch unternahm der Leiter des Londoner Hauses, Richard of Southampton, in der Folge den Versuch, als Meister des Ordens anerkannt zu werden. Dagegen wehrte sich der auf Zypern residierende Meister Henry of Bedford, der sich schließlich 1318 auch in England durchsetzte.

Offenbar auch angesichts des inneren Wandels der Gemeinschaft, in der das ritterliche Element an Bedeutung verlor, plante Bedford aber bald den Transfer der Ordensgüter von Zypern nach England, der dann 1322/1323 zumindest teilweise vollzogen wurde, während sich die Aktivitäten auf Zypern auf Nikosia beschränkten. Daraufhin wurde Bedford auf Zypern abgesetzt, und im Juli 1325 wurde Nicholas of

Clifton mit päpstlicher Billigung zum neuen Meister des Thomasordens gewählt. Ihm gelang 1328 die Vertreibung Bedfords aus den englischen Besitzungen. Damit war die Einheit wiederhergestellt, und noch 1344 wandte sich Cliftons Nachfolger Robert of Kendale an die europäischen Fürsten, um Hilfe für den Kampf gegen die »Feinde des katholischen Glaubens« erhalten. Dabei reklamierte er Besitz in Zypern, Apulien, Sizilien, Kalabrien, Brindisi, Flandern, Brabant, England, Schottland, Wales, Irland und Cornwall, der aber offenbar zu Teilen bereits dem Orden entfremdet worden war. Vor 1379 kam es dann doch zu einer Verlegung des Ordenssitzes nach England. Die militärischen Aktivitäten wurden aufgegeben, statt der Deutschordensregel diente nunmehr die Augustinusregel als Vorbild. Auch die Hospitalität verlor an Bedeutung, selbst wenn der Orden bis ins 16. Jahrhundert noch das Hospital in Berkhamsted partiell kontrollierte. Diese nunmehr nur noch lokal wirksame geistliche Institution wurde 1538 durch Heinrich VIII. aufgelöst.

Während Lazarus- und Thomasorden ihren Charakter als Ritterorden verloren, kamen die spanischen Orden zwar weiter ihrer Gründungsaufgabe nach, sahen sich aber wachsendem Druck durch das Königtum und Tendenzen zur Säkularisierung gegenüber. Ihre Begrenzung auf wenige Regionen bzw. auf eines oder wenige Königreiche erlaubte es den Königen, zunehmend Einfluss auf die Besetzung der hohen Ordensämter zu gewinnen und die Orden als Machtmittel gegenüber dem Adel einzusetzen.

Ein frühes Beispiel ist die Verstrickung des Calatravaordens in den kastilischen Bürgerkrieg zwischen König Peter I. (dem »Grausamen«) und seinem Halbbruder Graf Heinrich von Trastámara, die auf die Meisterwahlen Einfluss zu gewinnen suchten. 1354 ließ der König Meister Juan Núñez de Prado, der bei ihm in Ungnade gefallen war, absetzen. Sein Nachfolger wurde Diego García de Padilla, der Bruder der Mätresse des Königs. Als er den alten Meister ermordete, kam es zu einer Spaltung im Orden, weil ein Teil der Brüder Gegen-Meister bestimmten, die von Peter IV. von Aragón in seinem Konflikt mit Kastilien unterstützt wurden. Seit 1357 war dies Pedro Múñiz de Godoy, der zu den Anhängern des alten Meisters gezählt hatte. Nach Gerüchten über den Tod García de Padillas wählten die Brüder im Konvent

5.6 Die kleinen und die spanischen Ritterorden im späteren Mittelalter

zu Calatrava 1365 Múñiz de Godoy zu seinem Nachfolger, aber Peter I. erzwang die Erhebung des Meisters des Ordens von Alcántara, Martín López de Córdoba. García de Padilla wechselte 1366 zu Heinrich von Trastámara, so dass López de Córdoba ab April 1367 endgültig als Meister von Calatrava eingesetzt wurde, während der König Pedro de Girón zum neuen Meister von Alcántara berief. Peters Gegner hielten weiter an Múñiz de Godoy als Meister von Calatrava fest, der mit Ordenskontingenten für Heinrich eingriff. 1369 konnte Heinrich mit Hilfe von Múñiz de Godoy und Gonzalo Mejía, dem Meister des Santiagoordens, den Bürgerkrieg für sich entscheiden, doch leistete López de Córdoba noch lange Monate Widerstand. Die Spaltung des Ordens konnte erst im Mai 1371 durch die Eroberung seiner Burg Carmona und durch seine Hinrichtung beendet werden.

Das war aber nicht das Ende der Entwicklung. Vielmehr griffen die Herrscher immer öfter in die Besetzung der Meisterämter ein, auch, indem sie, wie schon im Fall von López de Córdoba, den Meistern auch die Leitung anderer Orden übertrugen. So wurde Múñiz de Godoy, der Meister des Calatravaordens, 1384 durch König Johann I. von Kastilien zum Meister des Ordens von Santiago berufen, und zu seinem Nachfolger wählte man auf Drängen des Königs Gonzalo Núñez de Guzman, den Meister des Ordens von Alcántara. Heinrich III. ging nach dem Tod von 1405 Núñez de Guzman noch einen Schritt weiter, indem er Enrique de Villena, den Grafen von Cangas und Tineo, zum neuen Meister des Calatravaordens wählen lassen wollte. Villena war Laie und noch verheiratet, so dass es zu erheblichem Widerstand im Orden kam, der auch nach der Aufhebung seiner Ehe und dem Beitritt zum Orden nicht endete. Einige der Brüder zogen so einen Kandidaten aus dem Orden vor, Luis de Guzmán, den Neffen des alten Meisters. Dies wurde 1414/1415 durch eine päpstliche Kommission bestätigt.

Als Guzmán 1443 starb, machte König Johann II. wiederum seinen Einfluss geltend. Zwar scheiterte ein Versuch, einen unehelichen Sohn des Königs von Navarra, Alfonso von Aragón, dauerhaft als Meister zu etablieren, doch wurde schließlich im September 1445 der Bruder des Markgrafen von Villena, Pedro Girón, zum Meister erhoben. Damit setzte eine Verweltlichung des Calatravaordens ein. Wegen des Plans einer ehelichen Verbindung wurde Girón von seinem Keuschheitsgelübde dispensiert, starb allerdings im Mai 1466 noch vor der Eheschließung. Zuvor war es ihm jedoch gelungen, mit päpstlicher Zustimmung seinen unehelichen Sohn, Rodrigo Téllez Girón, zu seinem Nachfolger zu designieren. Dieser war 1466 erst acht Jahre alt, so dass Papst Paul II. 1468 seinen Onkel, den Markgrafen von Villena, als Koadjutor einsetze, der dieses Amt bis zu seinem Tode 1474 wahrnahm. Rodrigo fiel 1482 im Kampf gegen die Muslime im Süden Spaniens. Danach wurde zwar mit García López de Padilla ein neuer Meister aus dem Orden gewählt, doch suchten die spanischen Herrscher Ferdinand und Isabella nunmehr Wege, den Orden von Calatrava der Krone zu inkorporieren. Im Februar 1485 forderten sie, dass die Verwaltung des Ordens mit dem Tod López de Padillas auf König Ferdinand übergehen sollte, während Papst Innozenz VIII. nur formal einen Nachfolger nominieren würde. Als López de Padilla 1489 starb, war die Bereitschaft im Orden gering, dem nachzukommen, doch hatte der König inzwischen eine entsprechende Bulle von Innozenz VIII. erhalten, und seine Rechte wurden 1492 durch Alexander VI. bestätigt. 1501 übertrug der Papst die Stellung Ferdinands auch auf Isabella, falls der König vor ihr sterben sollte.

Der *comendador mayor* Diego de Castrillo und seine Nachfolger wurden zu Stellvertretern des Königs berufen, und der Orden blieb bis zu seinem Tod im Januar 1516 unter der Verwaltung Ferdinands. Die Hoffnung der Brüder, wieder eigene Meister wählen zu können, zerschlug sich jedoch rasch. Papst Leo X. hatte bereits im Dezember 1515 Ferdinands Erben, den jungen Karl I. (V.), als dessen Nachfolger in der Verwaltung des Calatravaordens eingesetzt und bestätigte seine Berufung im Februar 1516. So mussten ihn die Brüder in der Folge zum Meister wählen, und im Mai 1523 vereinigte Papst Hadrian VI. das Meistertum von Calatrava auf ewig mit der spanischen Krone. Ferdinand und Karl verschärften zwar die Anforderungen an die Brüder in Hinsicht auf ihre adlige Herkunft, erwirkten aber päpstliche Dispense vom strikten Keuschheitsgebot, von der Forderung nach schlichter Kleidung und regelmäßigen Gebeten. Nur die Priesterbrüder folgten noch den ursprünglichen Normen, während die Gemeinschaft der Ritter ihren monastisch-geistlichen Charakter verlor.

5.6 Die kleinen und die spanischen Ritterorden im späteren Mittelalter

Ähnlich verlief die Entwicklung bei den anderen spanischen Ritterorden. König Ferdinand übernahm 1493 bzw. 1494 auch die Verwaltung der Orden von Santiago und Alcántara, deren Meistertum dann 1523 zusammen mit dem von Calatrava dauerhaft an das Königtum gebunden wurde. In Portugal kam es zunächst zu einer Verselbständigung des portugiesischen Zweigs des Ordens von Santiago, die durch die Päpste anerkannt wurde, und die Lösung von den spanischen Orden wurde abschließend durch die zwischen 1503 und 1516 entstandenen Statuten der Orden von Santiago, von Avis und des Christusordens festgeschrieben. Beim Christusorden war die Verwaltung des Ordensbesitzes schon 1420 an ein Mitglied der königlichen Familie, an den Infanten Heinrich »den Seefahrer«, übergegangen, und der Einfluss des Königshauses wurde bald auch auf die beiden anderen Orden, Avis und Santiago, ausgedehnt. Die dauerhafte Verwaltung der Ritterorden durch die Könige von Portugal wurde 1551 durch Papst Julius III. bestätigt. Auch hier waren eine Verweltlichung und die noch stärkere Dominanz des Adels die Folge.

Der erfolgreichen Übernahme der iberischen Ritterorden durch das Königtum gingen Versuche mitteleuropäischer Herrscher voraus, eigene, monarchische Orden, zu gründen. Ein frühes Beispiel war der 1408 von König Sigismund von Ungarn eingerichtete Drachenorden, der anfänglich aus 24 Mitgliedern des ungarischen Hochadels gebildet, dann aber durch Mitglieder aus anderen Reichen ergänzt wurde. Dabei sollte der »Heidenkampf« im Zentrum der Aufgaben der Gemeinschaft stehen, doch hielt sich Sigismund im Folgenden wenig an die ursprünglichen Vorschriften. So blieb der Erfolg aus, auch eine Wiederbelebung 1438/1439 unter dem römisch-deutschen und ungarischen König Albrecht II. scheiterte. Das Symbol des Ordens wurde damit zu einem reinen Ehrenzeichen, das der ungarische König Matthias Corvinus und Kaiser Friedrich III. vergaben.

Friedrich erhielt 1469 von Papst Paul II. die Erlaubnis zur Gründung eines eigenen Ritterordens, des Georgsordens, mit Sitz in Millstadt in Kärnten. Die Gründung orientierte sich am Vorbild des Deutschen Ordens, auch wenn nur Ritter- und Priesterbrüder, keine dienenden Brüder, aufgenommen werden sollten. Zentrale Aufgaben waren der »Heidenkampf« und die Krankenpflege. Die Mitglieder sollten monastische

Gelübde ablegen, mit Ausnahme des Armutsgelübdes, und konnten in gewissem Rahmen die Farbe ihrer Kleidung selbst bestimmen. An der Spitze der Gemeinschaft stand der Hochmeister, seit der Gründung ein Vertrauter des Kaisers, Johann Siebenhirter, unterstützt von einem Ältestenrat. Die kostenintensiv ausgebaute Burg in Millstadt trug jedoch wenig zum Schutz gegen osmanische Angriffe auf Kärnten bei, und als Siebenhirter 1478 der Schutz von Wiener Neustadt übertragen wurde, kam es zu Spannungen mit dem lokalen Bischof, zumal der Papst das Bistum mit dem Orden verbunden hatte. Die Mitgliederzahl stagnierte, und der Versuch einer regionalen Verbindung mit Deutschem Orden und Johannitern scheiterte am päpstlichen Widerspruch. Auch die Werbung durch Friedrichs Erben, Maximilian I., beim europäischen Adel um Eintritt in den Orden blieb ohne Erfolg. Am Ende wurde die Gemeinschaft 1598 aufgelöst.

6 Die Ritterorden zwischen Reformation, katholischer Reform und Französischer Revolution

6.1 Erste Auswirkungen der Reformation

Die Reformation bedeutete nicht nur für die Geschichte der Ritterorden, sondern auch für alle anderen geistlichen Institutionen einen tiefen Einschnitt. Martin Luther hatte schon 1523 auf Bitten des Hochmeisters Albrecht von Brandenburg seine Vorstellungen zur Zukunft des Deutschen Ordens dargelegt. Im Kern seiner Empfehlungen stand der Verzicht auf das für ihn nichtige Keuschheitsgelübde zugunsten der ehelichen Keuschheit, und Luther hoffte, dass der Deutsche Orden darin ein Vorbild für andere Orden werden würde. Dabei verwies er eingangs auf das fortbestehende Grundproblem aller geistlichen Ritterorden. Er wende sich an die Brüder des Deutschen Ordens,

»weil euer Orden fürwahr ein seltsamer Orden ist, deshalb am meisten, dass er zur Kriegführung gegen die Ungläubigen gestiftet ist, warum er das weltliche Schwert führen und weltlich sein muss, und doch soll [er] zugleich geistlich sein, Keuschheit, Armut und Gehorsam geloben und halten wie andere Mönche. Wie sich das zusammenreimt, lehrt tägliche Erfahrung und Vernunft allzu wohl.« (Luther, An die Herren, a ii r, an den heutigen Sprachgebrauch angepasst)

Eine Voraussetzung für seine Empfehlungen ist die Landesherrschaft in Preußen, denn so könne man den Besitz »unter die Herren austeilen und Landsassen, Amtleute oder sonst nützliche Leute daraus machen«. Überhaupt »sollte der Deutsche Orden dann allen ihren Untertanen leidlicher und angenehmer sein, als er jetzt ist« (ebd., a ii r-v), denn diese müssten so nicht mehr um ihre Töchter oder Ehefrauen fürchten. Das alles zielte noch auf eine grundlegende Reform des Ordens, nicht auf seine Auflösung, doch macht Luther seine grundsätzliche Haltung zum Ordenswesen in Schlussüberlegungen deutlich, wenn er zum Handeln nach Gottes Geboten auffordert, sonst »taugt der geistliche Stand und Orden an sich selbst gar nichts« (ebd., c iii v). Tatsächlich führte die Reformation so vielerorts, nicht nur in Preußen, zur Aufhebung von Ordenshäusern und zur Auflösung geistlicher Institutionen.

Das betraf zunächst das Heilige Römische Reich, wo sich nach und nach zahlreiche Landesherren zum Protestantismus bekannten oder sich im späteren Verlauf der reformierten Kirche anschlossen. Ähnlich wie im Fall Albrechts von Brandenburg kamen dabei teilweise die Anstöße aus den Orden selbst, wie sich das etwa für die Johanniter in der Schweiz zeigen lässt. So war der im März 1519 zum Präzeptor von Küsnacht erhobene Konrad Schmid ein Freund Zwinglis und predigte zusammen mit diesem 1523 auf Einladung des Züricher Rates die neue Lehre. Als er im Oktober 1531 wie Zwingli in der Schlacht bei Kappel umkam, wurde die Präzeptorei auch formal aufgehoben, und ihre Einkünfte wurden zur Versorgung von Predigern und Armen verwandt. In Bubikon berief der deutsche Prior der Johanniter, Johann von Hattstein, im Juni 1522 einen jungen Ordenspriester, Johannes Stumpf, zum neuen Präzeptor. Stumpf schloss sich jedoch gegen Hattsteins Erwartungen Konrad Schmid an und führte Neuerungen ein., die auf Widerstand stießen. Als die Spannungen wuchsen, wurde das Haus in Bubikon am Ende April 1525 von 1 200 Bauern überfallen, die es plünderten und die Abschaffung ihrer Zehnten forderten. Die Besitzungen der Präzeptorei blieben nach 1532 formal in den Händen des Ordens, doch verhinderte die Kontrolle durch den Züricher Rat ein eigenständiges Ordensleben.

Das Überleben der Präzeptoreien hing wesentlich von den lokalen Bedingungen ab. Dort, wo die Städte energisch gegen die Ordensbesitzungen vorgingen, wie etwa im Fall Berns, wurden die Johanniter relativ rasch vertrieben. Anderenorts, etwa in Basel, wo der Verwalter mit den Archivmaterialien und den Rechnungsbüchern floh und so die Übernahme durch die Stadt verhinderte, kam es aufgrund des Eingreifens Einzelner nicht zum Verlust der Ländereien und Häuser. Vielmehr wurde die Präzeptorei Basel 1530 unter Auflagen wiederhergestellt, auch wenn die Basler Präzeptoren lange im unter habsburgischer Herrschaft stehenden (und damit katholischen) Rheinfelden residierten.

Überhaupt spielte die Haltung der Landesherrschaft eine wesentliche Rolle. Im deutschen Priorat gingen, soweit man es aus den Visitationen erschließen kann, zwischen 1494 und 1540 insgesamt 28 von 105 Ordenshäuser verloren, andere mussten sich verschiedenen Auflagen fügen. 1650 werden sogar nur noch 34 Präzeptoreien des Ordens im engeren Reichsgebiet erwähnt, ohne Dänemark und Brandenburg. Wo sich die katholische Erneuerung durchsetzte, konnten sich die Johanniter behaupten oder Häuser zurückgewinnen. Doch führte ein infolge der Reformation eingetretener Mangel an Priesterbrüdern, bei denen der Nachwuchs fehlte, dazu, dass der Orden auch in altgläubigen Territorien Pfarrkirchen abgeben musste. In protestantischen Gebieten im Süden und Westen des Reiches wie der Kurpfalz, Württemberg und Kleve kam es aus reichsrechtlichen Gründen nicht zur Enteignung von Johanniterbesitz, auch wenn den Brüdern teilweise öffentliche Gottesdienste untersagt wurden. Anders war die Situation im Norden, so in den Grafschaften Ostfriesland und Oldenburg. Die Grafen nahmen die meisten der dort gelegenen Präzeptoreien in ihren Besitz, mussten aber 1572/1574 dafür Entschädigungen zahlen.

Ähnlich blieb die allmähliche Einführung der Reformation in Skandinavien seit 1526 für die Häuser der Johanniter nicht ohne Folgen. Ribe ging nach 1531 an einen königlichen Amtsträger, Claus Sehested, über, und Væne in Norwegen wurde aus politischen Gründen 1532 an ein Mitglied des dänischen Reichsrats, Peder Brockenhuus, übergeben. Nach dem öffentlichen Bekenntnis Christians III. zur Reformation 1536 wurden die monastischen Institutionen, darunter auch die Häuser der Johanniter, zur Finanzierung von Studenten herangezogen, in Antvorskov, das als Mutterhaus der Provinz *Dacia* galt, und in Odense. Gleichzeitig gewann die neue Lehre auch im Orden Einfluss. Dennoch übertrug der König die Ordenshäuser Odense, Viborg und Horsens in den 1530er und 1540er Jahren nach und nach an Adlige. Am Ende wurde auch Antvorskov 1580 säkularisiert und in eine königliche Burg umgewandelt. Die Säkularisierung der schwedischen Häuser in Eskilstuna und Kronobäck vollzog sich bereits um 1530.

Auch in England entwickelte sich die Lage der Ritterorden dramatisch, nachdem die Reformation durch die Suprematsakte von 1534 eingeführt worden war, die Heinrich VIII. zum Haupt der englischen Kirche machte. Schon Ende der 1530er Jahre wurden die monastischen Gemeinschaften nach und nach säkularisiert. Auch das englische Haus des Lazarusordens in Burton Lazars, das nach der formalen Vereinigung mit den Johannitern 1489 unabhängig blieb, ging schließlich 1544 in weltliche Hände über. Der englische Prior der Johanniter, William Weston, suchte die Johanniter durch eine Anerkennung der königlichen Oberhoheit über die Kirche vor Übergriffen zu bewahren, konnte aber nicht verhindern, dass königliche Kommissare 1534/1535 den Wert der Johanniter-Besitzungen ermittelten, um dann entsprechende Abgaben an die Krone einfordern zu können. Immerhin konnte der Orden im Juli 1537 eine Urkunde Heinrichs VIII. erwirken, die den Bestand der Häuser sicherte, auch wenn sich der König die Kontrolle über Neuaufnahmen, Berufungen in Ordensämter und die Unterstützung für Malta vorbehielt und die Anerkennung seiner Autorität über die englische Kirche erwartete.

Dennoch kam es danach zu einer Entfremdung. Im Zusammenhang mit der Verhaftung des Johanniters Thomas Dingley wegen Hochverrats im September 1537 berichtete das Haupt der englischen Zunge im Konvent, der Turkopolier Clement West, von Plänen weiterer englischer Johanniter zum Sturz des Königs. Als West im Februar 1539 auf Malta inhaftiert, schließlich seines Amtes enthoben und durch Giles Russell ersetzt wurde, sandte Heinrich im Februar 1540 seinen Vertreter John Story zu Großmeister Juan de Homedes. Dies endete mit einem diplomatischen Fehlschlag und schweren Anschuldigungen durch West, Story und andere, die die Vorgänge direkt mit der Nicht-Anerkennung der Oberhoheit Heinrichs über die englische Kirche verbanden und als Bruch der Bedingungen der Urkunde von 1537 darstellten. Obwohl Meister und Konvent durch eigene Gesandten zum König noch einmal eine Wende herbeizuführen suchten, verfügte Heinrich VIII. im Mai 1540 die Aufhebung des Ordens. Die Restauration unter Heinrich zweiter Erbin, Maria (1553–1558), blieb Episode. Auch wenn einige Brüder weiter in Häusern des Ordens leben durften, ging der Ordensbesitz in weltliche Hände über. Andere blieben auf Malta, doch war die englische Zunge dort bald nicht mehr vertreten. Eine etwas kuriose Erneuerung erfolgte 1784 mit der Zulassung einer englisch-bayerischen Zunge durch Großmeister Emmanuel de Rohan, der auch polnische Ordensritter angehören sollten.

Für den Deutschen Orden, der um 1500 seine letzten größeren Besitzungen im Mittelmeerraum, die Balleien Apulien und Sizilien sowie das Haus in Rom, trotz verschiedener Versuche zur Restitution verloren hatte, konzentrierten sich die Folgen der Reformation auf das Heilige Römische Reich. Sympathien für die neuen Lehren waren bei den Brüdern durchaus anzutreffen. Bedrohlich für den Orden wurden sie vor allem dann, wenn Komture heirateten und den Ordensbesitz zum Unterhalt ihrer Familie zu nutzen suchten. Allerdings konnte es in protestantischen wie in altgläubigen Territorien zum Eingreifen der Autoritäten kommen, wenn die Situation in den Konventen zu Kritik Anlass bot und die Brüder ihren geistlichen Pflichten nicht mehr nachkamen, wie das etwa in den Balleien Bozen und Österreich der Fall war, denen zeitweilig die Auflösung drohte.

In anderen Regionen zog sich die Auseinandersetzung um den Ordensbesitz lange hin, ohne dass der Orden immer den endgültigen Verlust seiner Häuser verhindern konnte. Die zur Ballei Elsass-Burgund gehörigen, im schweizerischen Kanton Bern gelegenen Häuser Köniz und Sumiswald wurden ähnlich wie die Häuser der Johanniter bereits 1528 eingezogen und 1552 auf Druck der katholischen Kantone nur unter der Bedingung restituiert, dass sie unter weltlicher Verwaltung blieben. Schließlich wurden beide Kommenden um 1700 an Bern verkauft. Um die Entfremdung von Ordensbesitz durch den Adel zu verhindern, beschloss das Balleikapitel von Elsass-Burgund bereits 1534, dass ein Ordensbruder jeden Anspruch auf Ordensbesitz verlieren sollte, wenn er heiratete oder den Orden verließ. Dies erwies sich auch für die anderen Regionen als so grundlegend, dass die Regelung auf dem Generalkapitel von 1557 für alle Brüder verbindlich gemacht wurde.

Insbesondere in den Reichsstädten war die Lage schwierig. 1526 gab es ernste Probleme mit Nürnberg, Ulm, Heilbronn, Dinkelsbühl, Regensburg, Rothenburg und Frankfurt. Nürnberg und Ulm forderten Abgaben vom Orden, und Heilbronn und Dinkelsbühl griffen auf Ordensbesitz zu. Der Orden setzte zum einen auf den Schwäbischen

Bund bzw. auf die Reichskreise, die den Landfrieden durchsetzen sollten, zum anderen auf Verhandlungen. Der Schwäbische Bund forderte im Februar 1529 die Stadt Nürnberg auf, dem Orden die eingezogenen Besitzungen zurückzugeben, und Dinkelsbühl wurde 1530 zu einer Zahlung von 800 Gulden verurteilt. Schon 1526 konnte ein Vertrag mit Speyer abgeschlossen werden, Verträge mit anderen Städten folgten. Im Zentrum stand dabei vor allem die Sicherung der Ordensbesitzungen, geistliche Aspekte spielten keine Rolle.

Zugleich suchten auch die Territorialherren Ordenshäuser und deren Rechte in ihre Kontrolle zu bringen. So musste der Ordensbesitz im Herzogtum Braunschweig aufgegeben werden, in der Ballei Utrecht kam es zum Konflikt mit dem Herzog von Geldern, der 1527 zur Plünderung der Landkommende und zum Tod des Landkomturs Steven van Zuylen van Nyvelt führte, und im Herzogtum Württemberg musste der Orden bis 1553 auf einen großen Teil seiner Kirchenpatronate verzichten. Weitgehende Folgen hatte die Politik der Landesherren in den Balleien Sachsen, Thüringen und Hessen, die schließlich protestantische Ordenszweige entstehen ließ. Unruhen und kriegerische Auseinandersetzungen erschwerten die Lage zusätzlich. Im Bauernkrieg wurde 1525 die Burg Horneck geplündert und niedergebrannt, mit dem Archiv des Deutschmeisters, der bis dahin dort residiert hatte. Während des Reichskriegs gegen die Protestanten, des Schmalkaldischen Kriegs von 1546/1547, war dieselbe Region erneut betroffen, wie auch die Häuser in Mergentheim und Neckarsulm. Zusammen mit dem Verlust Preußens machte ebenso die Lage im Reich einen Neuaufbau des Deutschen Ordens erforderlich.

6.2 Die Ausbildung protestantischer und reformierter Zweige der Ritterorden

Unter dem Druck durch Anhänger der neuen Lehre kam es dazu, dass sich Johanniter und Deutscher Orden zu bi- bzw. trikonfessionellen

6.2 Die Ausbildung protestantischer und reformierter Zweige der Ritterorden

Institutionen entwickelten. Das geschah insbesondere in den nordöstlichen Teilen des Reiches, die die Kernregionen der Reformation bildeten, in Sachsen, Thüringen, Hessen und Brandenburg, aber ebenso im westlichen und partiell im nördlichen Europa. So gab Ansätze dazu auch in Skandinavien, wenn die Priore (Leiter) des führenden Ordenshauses der Johanniter in Antvorskov nach 1538 (bis zur Aufhebung 1580) alle Lutheraner waren, die Johanniterhäuser generell als lutherisch betrachtet wurden und eines der Ordensmitglieder aus Antvorskov, Hans Tausen, in den 1520er Jahren als einer der aktivsten Prediger der neuen Lehre auftrat. Am Ende fehlte allerdings hier eine Instanz, die die vollständige Vergabe des Ordensbesitzes an weltliche Personen verhinderte. In zwei Fällen bestehen die nach der Reformation entstandenen protestantischen Zweige bis in die Gegenwart fort.

Vielleicht am folgenreichsten war die Umwandlung der Ballei Brandenburg in den protestantischen Zweig der Johanniter. Nach der Übernahme des Templerbesitzes durch die Johanniter hatte im Nordosten der Reiches eine Neuorganisation des Ordensbesitzes begonnen, die zu einer gemeinsamen Verwaltung der Häuser in Sachsen, der Mark Brandenburg, Thüringen und der *Slavia* (im wesentlichen Mecklenburg und Pommern) führte. Die vielleicht wie die anderen Balleien der Johanniter im Reich nach dem Vorbild des Deutschen Ordens entstandene Ballei Brandenburg trat 1382 mit dem Vertrag von Heimbach, geschlossen zwischen dem Balleier Bernd von der Schulenburg und dem deutschen Prior Konrad von Braunsberg, in ein festes Verhältnis zum Gesamtorden. Danach sollten die Pfleger der Ballei und ihre Nachfolger

> »alle Zeit ewiglich Macht und Gewalt haben [...] einen Balleier ihrer Ballei einträchtig zu wählen, so oft und wann immer das notwendig ist, [und] denselben Balleier sollen wir und unsere Nachfolger konfirmieren und bestätigen und ihm [...] gewähren, die Ballei zu regieren, zu besitzen und zu haben mit allem ihrem Zubehör, Gerechtigkeiten und Freiheiten. [... Dabei gilt,] dass derselbe Balleier und die Pfleger insgesamt der vorgenannten Ballei uns und unseren Nachfolgern zu Gehorsam gehalten und gebunden bleiben.« (an den heutigen Sprachgebrauch angepasst nach Der Johanniter-Orden, hrsg. Wienand, S. 603)

Dieser Gehorsam beinhaltete, dass die Balleier die vom Prior einberufenen deutschen Provinzialkapitel besuchen mussten, dass sich der Prior das Recht auf Visitationen, auf die Bestrafung von Brüdern nach den Ordensstatuten und auf die Einsetzung von bis zu vier Brüdern in Ämter der Ballei vorbehielt. Für die jährlichen Responsionen wurde eine Pauschalsumme von 324 Gulden festgelegt.

Diese Regelungen blieben bis in die Reformationszeit gültig, obwohl zwischen 1453 und 1481 Konflikte zwischen der Ballei und dem Gesamtorden dazu führten, dass man auf Rhodos Baillis von Brandenburg berief, die auch dort residierten, während in der Ballei selbst eigene Balleier amtierten. Allerdings gewann der Einfluss der Landesherren zunehmend an Bedeutung, was die Lage insofern kompliziert machte, als die Häuser der Ballei nicht nur in Brandenburg, sondern auch in den Einflussgebieten der Herzöge von Mecklenburg, Pommern und Braunschweig sowie im Raum Minden lagen. So musste der im Januar 1527 gewählte Balleier Veit von Thümen den pommerschen Herzögen einen Ratseid leisten, als er ihre Hilfe bei einem Aufstand in der Stadt Bahn benötigte. Die neumärkischen Häuser Lagow, Quartschen, Grünberg und Sonnenburg bildeten den Kern des Ordensbesitzes, der jedoch 1535 bei der Landesteilung nach dem Tode Kurfürst Joachims I. unter die Herrschaft eines weiteren Landesherrn, des Markgrafen Johann von Brandenburg-Küstrin, geriet.

In der Folge der Reformation kam es zunächst in Mecklenburg zu Verlusten, so des Hauses in Kraak 1533/1534. Auch die Patronate über Pfarrkirchen gingen verloren, zumeist an die städtischen Autoritäten. Mit der Einführung der Reformation durch den Markgrafen Johann 1538 (für seinen Landesteil) und den Kurfürsten Joachim II. 1539 (für das restliche Brandenburg) wurde das Weiterbestehen des Ordens in seiner bisherigen Form fraglich. Noch 1538 wurden protestantische Prediger an Pfarrkirchen des Ordens berufen, die vom Orden bezahlt werden mussten, so in Arnswalde, Sonnenburg und Zielenzig. Markgraf Johann erzwang dann 1540 den Tausch der Ordensbesitzungen in Quartschen gegen das Amt Schivelbein, wobei die Landvogtei Schivelbein bald darauf an den nichtadligen Kanzler des Markgrafen, Franz Naumann, überging, der in den Orden aufgenommen wurde. 1543 wa-

6.2 Die Ausbildung protestantischer und reformierter Zweige der Ritterorden

ren schon drei der Präzeptoren verheiratet, die Amtsträger in Lagow, Schivelbein und Nemerow.

Die Versuche des deutschen Priors Johann von Hattstein, den Balleier Veit von Thümen zum Vorgehen gegen die verheirateten Brüder zu bewegen, blieben jedoch erfolglos. Thümen hatte offenbar resigniert, da er auch die weitere Entfremdung von Ordensbesitz – wie die Übertragung der Präzeptorei Mirow auf Lebenszeit an Herzog Wilhelm von Braunschweig – trotz der Unterstützung durch den Markgrafen nicht verhindern konnte. Eine Wende brachte dann jedoch im Juni 1544 die Wahl Joachims von Arnim, den man als ersten Herrenmeister der Ballei Brandenburg im späteren Sinne ansehen kann. Seine Wahl erfolgte gegen die Statuten im Beisein zweier Vertreter des Landesherrn, darunter des Kanzlers Franz Naumann, die auch die Arnims Nomination durch diesen überbrachten. Vor ihnen leistete Arnim einen Gehorsams- und Treueid, der zuerst dem Landesherrn, dann erst dem Orden galt. Damit wurde die Ballei Brandenburg in erster Linie zu einer landesherrlichen Institution.

Noch vor seiner Wahl musste sich Arnim bereitfinden, dem Markgrafen große Teile des von Thümen hinterlassenen Bargelds und der Schuldverschreibungen zu überlassen, in denen das Kapital der Ballei angelegt war. Zudem behielt er von den weiter der Ballei zustehenden Schuldbriefen nur noch Abschriften, während die Originale an den Markgrafen gingen, der sich so wohl für eine Säkularisierung einen leichteren Zugriff auf den Ordensbesitz sichern wollte. Für den Schutz durch den Markgrafen musste Arnim ihm im November 1544 auch die noch aus den Schuldbriefen eingehenden jährlichen Einnahmen in Höhe von 1.500 Gulden überlassen. Schon im Oktober 1544 war Arnim faktisch entmachtet worden, indem alle Angelegenheiten der Ballei unter Einschluss der Verwaltung der herrenmeisterlichen Kammergüter einem Ausschuss übertragen wurden, dem neben zwei Präzeptoren der Markgraf selbst angehörte.

Arnim suchte sich dagegen wehren, indem er sich an den deutschen Großprior wandte. In der Folge wurde er vom Markgrafen gezwungen, auf sein Amt zu verzichten. Obwohl der Rücktritt erst auf einem Kapitel im April 1544 öffentlich gemacht wurde, hatte der Markgraf schon im Januar mit dem vorgesehenen Nachfolger, Thomas Runge, einen Vertrag geschlossen, der ihn noch enger an den Landesherren band. Über die Übernahme aller bisherigen Regelungen hinaus sollte Runge in Küstrin residieren, auf Reisen nicht länger als 14 Tage von der Ballei fernbleiben und dem Markgrafen als Rat zur Verfügung stehen. Im April musste er denselben Eid leisten, den zuvor Arnim geschworen hatte und der zuerst dem Markgrafen, dann dem Orden galt.

Der Markgraf hatte nunmehr die Ballei völlig in seiner Hand, ging jedoch nicht an ihre Auflösung, sondern verteidigte ihren Besitz nach außen, wie bei der Behauptung der Präzeptorei Wildenbruch im Wolgaster Vergleich vom September 1547. Auch wenn die Präzeptorei Lietzen 1556 noch einmal auf Lebenszeit Kurfürst Joachim II. und seinem Sohn Johann Georg überlassen werden musste, kam es allmählich zu einer Stabilisierung. Schon auf dem Balleikapitel vom 14. Januar 1550 konnte eine so große Zahl neuer Ordensritter aufgenommen werden, dass die sonst üblich gewordene Versorgung in der Residenz in Sonnenburg nicht mehr möglich war. Zudem setzte eine Statutengesetzgebung ein, die die Grundlage für die weitere Entwicklung der Ballei bis zu ihrer Auflösung 1811 bildete. Schließlich kamen Markgraf Johann und sein Bruder Joachim II. im Januar 1561 überein, die Ballei bestehen zu lassen. Ein 1564 ausgebrochener Konflikt zwischen dem Markgrafen und dem Herrenmeister Franz Naumann, dem ehemaligen Kanzler, konnte 1569 unter Martin von Hohenstein beendet werden.

Während die Ballei Brandenburg damit dauerhaft eine protestantische Gemeinschaft geworden war, suchte Thomas Runge gegenüber dem Orden den Eindruck zu wahren, dass sich die Brüder nicht vom römisch-katholischen Glauben abgewandt hatten. Das führte jedoch im Oktober 1553 zu Problemen, als der Herrenmeister vom deutschen Großprior Georg Schilling von Cannstadt an die Verpflichtung nach dem Heimbacher Vertrag erinnert wurde, vier Brüder aus dem Orden in der Ballei mit Ämtern zu versorgen. Als Runge zudem die Besendung der Provinzialkapitel mehrfach mit dem Argument abgelehnt hatte, er habe nicht genug geeignetes Personal, sandte ihm der Großprior 1558 den aus Brandenburg stammenden Joachim Sparr, Präzeptor von Mainz und Niederweisel, der ein Amt in der Ballei erhalten sollte. Dies wurde zwar auf einem Balleikapitel im März 1561 abge-

6.2 Die Ausbildung protestantischer und reformierter Zweige der Ritterorden

lehnt, doch setzten sich die Versuche fort, katholische Brüder in die Ämter der Ballei zu bringen. Schließlich bekannte sich Herrenmeister von Hohenstein 1577 offen zum Luthertum, so dass in der Folge auf Malta alle Mitglieder der Ballei aus dem Orden ausgeschlossen und ab 1589 katholische Ballis von Brandenburg berufen wurden. Da es aber Großprior Philipp Flach von Schwarzenberg es nicht wagte, der Ballei den Ausschluss mitzuteilen, blieben die losen Bande zwischen dem katholischen deutschen Großpriorat und der protestantischen Ballei Brandenburg bis zu ihrer Auflösung 1811 erhalten.

Die Situation in den Balleien des Deutschen Ordens, die im Kerngebiet der Reformation lagen, unterschied sich nicht wesentlich von der bei den Johannitern in der Ballei Brandenburg. Die Landesherren suchten die Kontrolle über den Ordensbesitz zu gewinnen, und der Adel verfolgte eigene Interessen. In der Ballei Thüringen verpachtete der bis 1531 amtierende Landkomtur Nikolaus von Uttenrode die Kommenden Nägelstedt und Liebstedt an verheiratete lutherische Adlige. Als der Landkomtur Hans von Germar heiratete und offen zum Protestantismus übertrat, übertrug ihm der sächsische Kurfürst August 1566 Nägelstedt und Lehesten zur Versorgung, bis die Häuser nach seinem Tod 1568 wieder an den Orden zurückfielen.

Schon unter Herzog Georg von Sachsen hatte 1535 eine Inventarisierung der Kommenden begonnen, der Besitz des Ordens wurde zunehmend durch die sächsischen Landesherren kontrolliert. Durch die Verhältnisse in den Ordenshäusern wie durch die Säkularisierungen gingen bis zum Ende des 16. Jahrhunderts 13 von 17 der mittelalterlichen Kommenden verloren. Allerdings gelang es in Verhandlungen zwischen 1578 und 1593, einen *modus vivendi* zwischen Orden und Landesherren zu erreichen. Schon 1578 gestattete der Orden, dass neue Mitglieder Protestanten sein durften. Im Januar 1593 kam es mit dem Naumburger Vertrag zur Fixierung der Rahmenbedingungen für die bikonfessionelle Ballei Thüringen. Während der Hoch- und Deutschmeister Maximilian von Österreich die wichtige Zusage erreichte, dass zur Versorgung vergebener Ordensbesitz mit dem Tod des Bruders wieder an den Orden zurückfallen musste, setzte der Vormund für Kurfürst Christian II. durch, dass der Orden sich unter die Landstände einreihen und die Berufung in Ordensämter vom Kurfürsten genehmigt werden musste. Aufgenommen wurden Brüder mit vier adligen Vorfahren und körperlicher wie geistiger Eignung, die sich neben einem Eid über die drei Gelübde zum Schutz des Ordensbesitzes verpflichteten. Ähnlich war die Situation in der Ballei Sachsen um die Kommende im niedersächsischen Lucklum. Da es nach 1540 keine Priesterbrüder mehr gab, gingen die Kirchenpatronate verloren, und die protestantischen Landesherren griffen intensiv auf Ordensgut zu. Schon um 1540 waren aber die Ordenshäuser in Lucklum, Bergen, Buro, Göttingen, Langeln, Weddingen, Dahnsdorf und Dommitzsch in der Hand von protestantischen Ordensbrüdern, und schließlich bekannte sich der Landkomtur Burkhard von Pappenheim kurz vor 1550 offen zum Protestantismus. Während einige der Brüder heirateten, die Heiligenverehrung abgeschafft und die Gelübde durch einen Eid ersetzt wurden, blieb die nunmehr protestantische Ballei Teil des Gesamtordens und wurde erst 1809 säkularisiert.

Eine besondere Entwicklung ergab sich in der Ballei Hessen, die zunächst durch die Eingriffe Landgraf Philipps von Hessen, einem energischen Verfechter der Reformation, bedroht war. Der Landkomtur Wolfgang Schutzbar gen. Milchling (1529–1543), der spätere Deutschmeister und Hochmeister-Administrator, musste zeitweilig in die Reichsburg Friedberg bzw. nach Speyer und Mainz ausweichen. Immer wieder suchte der Orden Hilfe bei den Reichstagen und dem Reichskammergericht. Mit dem Kasseler Vertrag vom Juli 1545 konnte zwar die Säkularisierung des Marburger Ordenshauses verhindert werden, doch musste die Ballei acht protestantische Stipendiaten unterhalten. Auch hier konnte erreicht werden, dass die austretenden Brüder keinen Besitz mitnahmen, und im März 1584 wurde im Karlstädter Vertrag eine abschließende Regelung gefunden. Ähnlich wie danach in Sachsen wurde die Ballei in die landständische Ordnung Hessens eingebunden, wobei der Orden lutherische Pfarrer in den Patronatskirchen in Marburg und anderenorts unterhalten musste, aber von der Zahlung der Stipendien befreit wurde. Schon seit den 1540er Jahren waren die Mitglieder fast durchgängig Lutheraner, doch kam es nach dem Westfälischen Frieden 1648 zu einer Öffnung für Reformierte. Ein Vertrag zwischen dem Landgrafen Karl und Hoch- und Deutschmeister Johann Kaspar von Ampringen legte 1681 fest, dass

6.2 Die Ausbildung protestantischer und reformierter Zweige der Ritterorden

künftig lutherische und reformierte Brüder paritätisch in der Ballei vertreten sein sollten, dazu mindestens ein Katholik. Das Landkomtursamt wechselte zwischen Lutheranern und Reformierten.

Eine Sonderentwicklung nahm schließlich auch die Ballei Utrecht. Ähnlich wie bei der Ballei Brandenburg der Johanniter gab es seit dem 15. Jahrhunderts gewisse Tendenzen zur Verselbstständigung, vor allem bei der Wahl der Landkomture. Zeitweise verband man sich bei Streitigkeiten mit dem Deutsch- oder dem Hochmeister mit den anderen »niederländischen« Balleien Biesen, Westfalen und Lothringen, so im April 1515 gegen die finanziellen Forderungen des Hochmeisters Albrecht von Brandenburg. Auch die Lebensführung entsprach nicht mehr den Normen des Ordens, wie sich an zahlreichen Konkubinen und nichtehelichen Kindern nachweisen lässt, so bei den Landkomturen Albert van Egmond van Meresteijn (1536/1543–1560) und Frans van der Loe (1560–1579). Gleichzeitig nahm der Druck der Landesherren zu, so dass Karl V. bzw. der für Utrecht zuständige burgundische Hof Egmond van Meresteijn 1536 als Statthalter bzw. 1543 als Landkomtur der Ballei Utrecht durchsetzen konnte.

Die territorialen Veränderungen in den Niederlanden wie die Neuorganisation der Bistümer führten zu einer Zuspitzung der Situation, da der neue Erzbischof von Utrecht versuchte, auf Ordensbesitz zuzugreifen. Dazu kamen die Folgen des niederländischen Aufstands gegen die spanische Herrschaft und des 1568 ausbrechenden 80jährigen Krieges, der auch den Orden beeinträchtigte. Als 1579 in Utrecht der Kalvinismus eingeführt wurde, wurde den Brüdern wie den anderen Geistlichen im Stadtgebiet verboten, die Messe nach römisch-katholischem Ritus zu feiern. Priesterbrüder, die verstarben, waren durch Ritterbrüder zu ersetzen, und der Verkauf oder die Verpachtung von Gütern der Landkommende musste durch die *Staten* (Stände) von Utrecht genehmigt werden. Zudem sollte der Landkomtur im Kriegsfall Truppen stellen, die Ritterbrüder waren hinreichend zu bewaffnen. Im Juli 1579 kam es dann wohl zu einem Bildersturm, der auch die Landkommende beschädigte und letztlich zum Rücktritt des Landkomturs Frans von Loe führte, der durch seinen Koadjutor, Jacob Taets von Amerongen, ersetzt wurde. Dieser konnte zwar noch einmal die Ballei Utrecht als katholische Institution bewahren, indem er katholische Messen an einem Altar im Rittersaal der Landkommende lesen ließ, verlor aber zunehmend den Kontakt zum Hoch- und Deutschmeister, der ihm in seiner Stellung keine Unterstützung geben konnte. Dies setzte sich unter seinem Nachfolger Diederick Blois van Treslong (1612–1619) fort, der zugleich zur Wahrung der Ballei um deutliche Zurückhaltung bemüht war.

Mit der Übernahme Utrechts durch Moritz von Nassau im Juli 1618 konnten sich auch die strengeren Kalvinisten durchsetzen, die alle noch bestehenden katholischen Institutionen auflösen wollten. In dieser Situation wurde im Mai 1619 nach dem Tod des alten Landkomturs mit Jasper van Lijnden das erste Mal ein Protestant zum Landkomtur gewählt. Er einigte sich mit den Komturen darauf, dass der künftige Koadjutor durch die *Staten* von Utrecht bestätigt werden sollte. Zudem wurde die Stellung des Landkomturs hervorgehoben, indem er nur noch mit den Komturen an einem Tisch sitzen sollte, und er sollte keine eigene Kommende mehr haben, sondern Abgaben von allen anderen erhalten. Auch die Wahl des Landkomturs wurde neu geregelt. Anfang Juli erschienen zu einem weiteren Balleikapitel zwei Vertreter der *Staten* von Utrecht und forderten die Wahl des erst achtjährigen Heinrich Casimir von Nassau-Diez zum Koadjutor, den Sohn eines Vetters von Moritz von Nassau. Die Brüder mussten dem zustimmen, um eine Auflösung der Ballei zu verhindern. Diese konnte so als Institution des Adels erhalten bleiben. Der Prozess der Ablösung vom Deutschen Orden in Mergentheim, zu dem kaum noch Kontakte bestanden, war 1637/1640 mit der Erlaubnis zur Eheschließung abgeschlossen, auch wenn es bis Anfang des 19. Jahrhunderts immer wieder Verhandlungen über eine Rückkehr der Ballei in den Orden gab. Die kalvinistische Ballei Utrecht konnte sich bis in die napoleonische Zeit behaupten.

6.3 Die katholischen geistlichen Ritterorden im 16. und 17. Jahrhundert

Die Johanniter und der Deutsche Orden standen in der ersten Hälfte des 16. Jahrhunderts vor ähnlichen Problemen. Beide verloren 1522 bzw. 1525 ihren bisherigen Sitz und ihre Landesherrschaft bzw. größere Teile davon. Während sich die Ordensleitung der Johanniter auf eine ungewisse Wanderschaft einlassen musste, die erst mit der Verleihung von Malta durch Karl V. ein Ende fand, sollte sich beim Deutschen Orden erst entscheiden, welchem der beiden verbliebenen Ordenszweige, im Reich oder in Livland, die Führungsrolle zufallen sollte. Dies alles vollzog sich vor dem geschilderten Hintergrund der Reformation mit umfangreichen Verlusten durch Säkularisierung, Eingriffe der Fürsten und Landesherren und Tendenzen zur Verselbstständigung in den Regionen bis hin zur Ausbildung protestantischer Ordenszweige. Dennoch hatte sich das Modell der geistlichen Ritterorden auch in der Frühen Neuzeit noch nicht überlebt. Das zeigt nicht nur die Erneuerung der beiden großen Orden, die beide im Kampf gegen das Osmanische Reich ihren Platz fanden, sondern auch die Wieder- oder Neugründung weiterer Ritterorden.

Die Dramatik der Lage der Johanniter nach dem Verlust von Rhodos ist lange unterschätzt worden. Der Abzug der Ordensleitung aus Rhodos auf fünf Schiffen Anfang 1523 erfolgte schon unter strikten Auflagen, doch führte ein Sturm zwischen Rhodos und Kreta zu weiteren Verlusten. Auf Kreta war man wenig willkommen, aber auch Messina war nur eine Zwischenstation, an der man nicht bleiben konnte. Nach Beratungen mit Hadrian VI. in Civitavecchia im August 1523 erreichten die Brüder im September Rom. Erst hier konnten die Amtsgeschäfte wiederaufgenommen werden, vollends erst mit der Etablierung in Viterbo im Februar 1524. Die Schwächeperiode des Ordens weckte die Begehrlichkeiten der Monarchen und Landesherren, die im Orden vielfach Unterstützung bei Brüdern fanden, die eigene Interessen verfolgten. Es drohte eine Regionalisierung oder sogar eine Aufspaltung in nationale Orden sowie die massive Entfremdung von Ordensbesitz.

Während sich Heinrich VIII. von England anfangs darauf beschränkte, Ordensritter in die eigenen Heere zu integrieren und den Austausch von Brüdern im Orden zu kontrollieren, vertrat er nach 1525 die Ansicht, die Johanniter würden ihren Aufgaben nicht mehr nachkommen, so dass der Ordensbesitz eingezogen werden könne. Franz I. hatte schon 1523 den Einzug des Ordensbesitzes in Frankreich verfügt und konnte nur durch die Zahlung einer hohen Geldsumme davon abgebracht werden. Eine Wende brachte hier erst die Gefangennahme des Königs in der Schlacht von Pavia 1525. Johann III. von Portugal schließlich suchte auf den Orden Einfluss zu gewinnen, indem er seinen Bruder zum Prior in Portugal berufen ließ. Großmeister Philippe de Villiers de l'Isle-Adam trat dem mit Hilfe des Papstes entgegen, setzte aber auch auf diplomatische Aktivitäten. So reiste er 1528 nach London und konnte die Säkularisierung der englischen Häuser vorerst abwenden.

Die Situation wurde zusätzlich durch die Konflikte zwischen Frankreich und den Habsburgern erschwert. Karl V. hatte als einziger bedeutender Herrscher darauf verzichtet, die Krise des Ordens für seine Interessen auszunutzen. Vielmehr bot er den Johannitern schon früh die Insel Malta an, da er auf die Unterstützung des Ordens in den Kämpfen gegen die islamischen Mächte im Mittelmeer setzte. Dies führte im Orden zu Spannungen, da die französischen Brüder eine Vereinnahmung durch Spanien fürchteten. Daher reiste der Großmeister mehrfach nach Frankreich, um über die Lage der Johanniter zu verhandeln. Dies weckte wiederum den Argwohn Karls V., der nun seinerseits die Säkularisation von Ordensbesitz androhte. Villiers de l'Isle-Adam wollte aber auf jeden Fall den Kampf von Ordensrittern gegeneinander in den Heeren der Habsburger und Frankreichs zu verhindern. Ende 1526 reiste er zum Kaiser und versicherte diesem die Neutralität des Ordens, doch blieb die Situation weiterhin offen. Da sich Papst Clemens VII. auf die Seiten des französischen Königs gestellt hatte, schied er als Vermittler aus.

Die endgültige Entscheidung fiel dann auf dem Generalkapitel des Ordens zu Viterbo, das im März 1527 begann. Der Großmeister konnte selbst auf den Entscheidungsprozess wenig Einfluss nehmen, da die Beschlüsse der Generalkapitel nach den Statuten durch einen Ausschuss von je zwei Vertretern der acht Zungen, durch die 16 Kapitularen, gefällt wurden. Da die drei französischen Zungen nachdrücklich gegen die Annahme Maltas waren, war das Ergebnis der Verhandlungen nicht absehbar. Eine Wende brachte wohl die Verlesung der Briefe der europäischen Herrscher am Beginn des Generalkapitels. Während sich Heinrich VIII. und Johann III. neutral verhielten, forderte Franz I. eine Ablehnung des Angebots und eine vorläufige Ansiedlung des Ordens im Süden Frankreichs. Karl V. ging aber auf die Bedenken im Orden ein, indem er die Übergabe Maltas nicht mehr im Rahmen eines lehnsrechtlichen Verhältnisses verstand, sondern zu einem Geschenk an die Johanniter erklärte. Die pro-habsburgischen Zungen argumentierten, dass man mit der Annahme Maltas eine neue Landesherrschaft erhalte, die es erlaube, wieder der Stiftungsaufgabe des Ordens nachgehen zu können. Die Gegner fürchteten um die Neutralität des Ordens. Schließlich kam es Ende Mai 1527 zu einem Kompromiss. Die Johanniter übernahmen Malta unter der Bedingung, dass es von Verpflichtungen gegenüber der spanischen Krone frei bleiben würde und dass die europäischen Herrscher zustimmten. Tatsächlich fand sich Franz I. bereit, dies zu akzeptieren, so dass der Weg für eine neue Phase der Ordensgeschichte frei war.

Karl V. übertrug schließlich am 24. März 1530 den Johannitern die Inseln Malta und Gozo sowie das 1510 von den Spaniern eroberte Tripolis auf dem afrikanischen Festland. Im Oktober siedelte auch die Ordensleitung unter Philippe Villiers de l'Isle-Adam nach Malta über. Das Zentrum des Ordens entstand nicht in der alten Hauptstadt der Insel, in Mdina, sondern in Birgu am Großen Hafen im Norden der Insel. Dort wurden das Hospital und das Kastell San Angelo errichtet, am Eingang zum Hafen zudem die Feste St. Elmo. Nach dem Verlust von Tripolis durch den Angriff einer osmanischen Flotte unter Dragut Reis 1551 folgte die Gründung von Senglea ebenfalls am großen Hafen. Zudem übertrug man die auf Rhodos entwickelte Landesgesetzgebung auf das neue Herrschaftsgebiet.

Von Malta aus beteiligten sich die Johanniter an Unternehmen gegen die in muslimischer Hand befindlichen Küstenorte, so gegen Korfu, Tunis, Algier und das zuvor verlorene Tripolis. Dies führte dazu, dass sich der osmanische Sultan Süleyman I., der schon Rhodos erobert hatte, 1565 zum erneuten Angriff auf die Johanniter entschloss.

Noch vor dem Eintreffen der Flotte begann die osmanische Armee unter Mustafa Pascha mit der Belagerung von St. Elmo, das erst im Juni, nach mehr als einem Monat Belagerung und vielen Opfern, erobert werden konnte. Großmeister Jean de la Vallette, der auch von den Maltesern unterstützt wurde, konnte das Kastell San Angelo und andere Stützpunkte halten, bis der sizilische Vizekönig Don García de Toledo Anfang September mit Verstärkungen eintraf. Schließlich zogen sich die osmanischen Truppen zurück, doch hatten die Kämpfe auf beiden Seiten hohe Opfer gefordert. Beim Orden hatten von rund 8–9 000 Kämpfern nur rund 600 überlebt, darunter knapp 200 von 500 Ordensbrüdern, und die meisten waren verwundet.

Abb. 9: Matteo Perez da Leccia, Belagerung von Malta 1565 (im Vordergrund Birgu).

Dennoch erhöhte dieser Erfolg die Reputation des Ordens im westlichen Europa, so dass Jean de la Vallette jetzt darangehen konnte, auf der großen Halbinsel am Hafen ein neues Zentrum zu errichten. Unter der Leitung des italienischen Architekten Francesco Laparelli und des Maltesers Gerolamo Cassar entstand eine dem Gelände angepasste moderne Festungsstadt, in die die Gebäude des Ordens, der Großmeisterpalast, die Konventskirche, das Hospital und die Herbergen der Zungen, integriert wurden, so dass sie keinen eigenen Bezirk wie in der Stadt Rhodos bildeten.

6.3 Die katholischen geistlichen Ritterorden im 16. und 17. Jahrhundert

Nur einmal, 1614, kam es noch zur Landung osmanischer Kontingente, so dass sich die Verhältnisse nach 1565 rasch stabilisierten. Die Johanniter beteiligten sich nach 1565 an der Heiligen Liga gegen die Osmanen, die im Oktober 1571 einen deutlichen Sieg vor Lepanto errang, und sie setzten ihre militärischen Aktivitäten gegen muslimische Stützpunkte fort, etwa 1611 gegen Korinth, 1639 gegen Tripolis und 1664 gegen Algier. Dabei kooperierten sie mit Spanien und mit dem jungen Ritterorden von St. Stephan, bildeten aber auch für Frankreich und Russland Marine-Offiziere aus. Im 17. Jahrhundert gaben die Johanniter 45 % ihres Budgets auf Malta für den Unterhalt ihrer Flotte aus, sieben oder acht Kriegsgaleeren, die nahezu ständig im Einsatz waren. Der Orden hatte sich so wieder erfolgreich etabliert und erfuhr auch im katholischen Westen, wo er um 1700 noch 560 Ordenshäuser besaß, erneut hohe Anerkennung.

Ähnlich gelang dies auch dem Deutschen Orden, der sich jedoch nach dem Verlust Preußens zunächst neu orientieren musste. Deutschmeister Dietrich von Cleen, der 1525 nicht nur den Verlust Preußens, sondern auch die Vertreibung aus seiner Residenz Horneck erlebte, suchte in dieser Situation Hilfe beim Kaiser, während der livländische Landmeister Wolter von Plettenberg Papst Leo X. für sich gewinnen wollte, indem er auf den Kampf Livlands gegen das Großfürstentum Moskau und die Rolle des livländischen Ordenszweigs als Vorkämpfer der Christenheit hinwies. Obwohl Plettenberg über das größte verbliebene Territorium des Ordens herrschte und im Orden über hohes Ansehen verfügte, setzte sich im Führungsstreit schließlich der Deutschmeister durch.

Entscheidend war die Verankerung im Reich, wo der Deutschmeister bereits 1494 die Reichsfürstenwürde akzeptiert hatte, um besser gegen die Übergriffe der Landesherren gegenüber dem Ordensbesitz vorgehen zu können. Nach dem Rücktritt Cleens Ende 1526 setzte auch der neue Deutschmeister Walter von Cronberg ganz auf den Kaiser. Karl V. folgte schließlich am 6. Dezember 1527 der Bitte Cronbergs, ernannte den Deutschmeister zum Administrator des Hochmeistertums in Preußen und verband das Amt mit dem Deutschmeistertum. Dies wurde am 26. Juli 1530 auf dem Reichstag zu Augsburg durch die Verleihung der Regalien des Hochmeistertums in Preußen ergänzt.

Cronberg konnte so zwei Ziele erreichen. Zum einen nahm er damit die vier hochmeisterlichen Balleien, Österreich, Bozen, Elsass-Burgund und Koblenz, die nach 1525 Tendenzen zur Verselbstständigung gezeigt hatten, zumindest formal unter seine Kontrolle, so dass auch der Versuch des Landkomturs von Koblenz, Herzog Erich von Braunschweig, selbst die Administratorwürde zu erlangen, abgewehrt und die Ballei nach dessen Tod 1531 wieder enger an den Orden gebunden werden konnte. Zum anderen schrieb er den Anspruch des Ordens auf Preußen dauerhaft fest, wie er dann auch bis ins 18. Jahrhundert immer wieder geltend gemacht wurde. Das Ordensoberhaupt trug seit dieser Zeit (bis zur Neugliederung 1835) den formalen Titel »Administrator des Hochmeistertums in Preußen und Meister in deutschen und welschen Landen«. Bei jedem Amtswechsel wurde der Hoch- und Deutschmeister neu belehnt, auch über das Ende des Alten Reichs 1806 hinaus, zuletzt noch 1917. Die Stellung des Ordensoberhaupts ließ Cronberg 1529 auf einem Generalkapitel zu Frankfurt in der »Cronbergschen Konstitution« festschreiben, auf die sich die Gebietiger bis 1809 verpflichten mussten. Im Kern ging es dabei um die Erhaltung des Ordensbesitzes, der dem Unterhalt einer Korporation als Versorgungsinstitut des deutschen Adels dienen sollte. Gegen verheiratete Brüder konnte so vor allem wegen der drohenden Entfremdung von Ordensbesitz vorgegangen werden, auch wenn dies die Entstehung protestantischer Balleien und Ordenshäuser nicht verhinderte.

Livland hatte bei der Neuaufstellung des Ordens im Reich keine besondere Berücksichtigung gefunden. Schon unter Wolter von Plettenberg (1494–1535) griff die Reformation auch nach Livland über. Der livländische Landmeister lehnte 1525/1526 den Vorschlag Albrechts von Brandenburg und Rigas ab, dem preußischen Beispiel zu folgen, tolerierte aber Protestanten in seinem Umfeld und die Ausbreitung der Reformation in den Städten. Damit wollte er innere Konflikte vermeiden, um ein Eingreifen der starken auswärtigen Mächte zu verhindern. Dieser Linie folgten auch seine Nachfolger, die immer offener mit den Protestanten sympathisierten, während sie sich gegenüber Kaiser und Orden als Verfechter des katholischen Glaubens präsentierten.

Die Diskussionen über die Umsetzung des Augsburger Interims von 1548, mit dem Karl V. gegen die Protestanten vorging, zeigen, wie weit der Protestantismus vorgedrungen war. Dennoch blieb das Land zersplittert, viele der Untertanen wünschten die Abschaffung der weltlichen Herrschaft der Bischöfe. 1558 nutzte der Moskauer Großfürst Iwan IV. die Schwäche Livlands, das unter Plettenberg noch 1502 und 1503 russische Angriffe abgewehrt hatte, um Narwa, Dorpat und den gesamten Norden Livlands zu besetzen. Die Folge war der bis 1581 andauernde Livländische Krieg, in dem bald die livländischen Territorien des Ordens verloren gingen. Konnte 1559 noch einmal ein Waffenstillstand vereinbart werden, kehrten die russischen Truppen im folgenden Jahr zurück. Orden und Stände suchten Hilfe bei Polen-Litauen. Der 1559 gewählte Meister Gotthard Kettler folgte im November 1561 dem Beispiel Albrechts von Brandenburg und willigte ein, den Süden Livlands als Herzogtum Kurland vom polnischen König Sigismund II. August zu Lehen zu nehmen. Er legte im März 1562 auch formal sein Ordensamt nieder. Die Konflikte um Livland zwischen Polen-Litauen, Russland und zeitweilig auch Schweden hielten noch bis 1582 an.

Der Hoch- und Deutschmeister Wolfgang Schutzbar gen. Milchling konnte dem wenig entgegensetzen. Der Erfolg Karls V. über die protestantischen Fürsten im Schmalkaldischen Krieg, bei dem Schutzbar in der Schlacht bei Mühlberg im April 1547 ein Kontingent von 1.500 Mann anführte, war nicht von langer Dauer. Vielmehr erlitt der Orden 1552 durch den Feldzug des Markgrafen Albrecht Alkibiades von Brandenburg-Kulmbach in Franken großen Schaden, und Schutzbar musste mit Archiv und Schatz aus Mergentheim in die Kommende Mainau am Bodensee fliehen. Während sich Karl V. aus dem Reich zurückzog, fand der Orden zunehmend geringere Unterstützung, so dass Schutzbar auch um Vermeidung von Konflikten mit den protestantischen Brüdern bemüht war. Dies setzte sich unter seinen Nachfolgern fort.

1567 leistete der Deutsche Orden mit 300 Pferden Hilfe gegen das Osmanische Reich, sah sich aber durch die Habsburger bald wieder neuen Forderungen gegenüber. Hoch- und Deutschmeister Heinrich von Bobenhausen (1572–1585/1590) stellte so der Stiftungsaufgabe des Ordens, deren Einhaltung von den Habsburgern angemahnt wurde, die Erhaltung des Ordens als Versorgungsinstitut des Adels gegenüber. Dies stieß im Reich auf Kritik, so dass die Habsburger, insbesondere Ferdinand II. von Tirol, gegen Bobenhausen und die fränkischen Gebietiger die Aufnahme Maximilians von Österreich in den Deutschen Orden und bald darauf, im Mai 1585, seine Wahl zum Koadjutor Bobenhausens durchsetzen konnten. Bobenhausen zog sich nach Weißenburg im Elsass zurück, aber verzichtete erst im Dezember 1590 auf die Hochmeisterwürde.

Maximilian sollte den Deutschen Orden verstärkt in den Türkenkrieg einbinden und zur Eroberung ganz Ungarns durch die Habsburger beitragen. Nachdem er erstmals 1594 mit Rittern aus allen Balleien an einem Feldzug nach Kroatien beteiligt war, führte er 1596 und 1597 die kaiserlichen Truppen nach Ungarn an. Die ausbleibenden Erfolge führte allerdings zu seinem Rückzug nach Mergentheim, auch wenn er 1602 wiederum Aufgaben in der Landesherrschaft (in Tirol) übernahm. Zugleich leitete er jedoch eine Reform des Ordens ein. So wurde 1606 in Mergentheim ein Priesterseminar begründet, um wieder mehr Priester für den Orden gewinnen zu können. Im selben Jahr verabschiedete das Generalkapitel zu Mergentheim neue Statuten, die für die neu aufgenommenen Brüder die Verpflichtung vorsahen, drei Jahre Kriegsdienst gegen die Feinde der Christenheit zu leisten. Zugleich wurde den Brüdern zugestanden, die Einkünfte ihrer Ämter privat zu nutzen und unter gewissen Bedingungen darüber testamentarisch zu verfügen. Zwar blieb für die Ritter auch die Verpflichtung zum regelmäßigen Gebet erhalten, doch spielten die Priester im Orden nur noch eine geringe Rolle.

Damit waren die Weichen für die weitere Entwicklung gestellt. Nach Maximilian kamen die Hochmeister immer öfter aus dem Haus Habsburg, wie schon sein Nachfolger Karl von Österreich (1619–1624), was auch zu Problemen durch die Aufnahme Minderjähriger führte. Schon aufgrund der engen Anbindung an die Habsburger nahmen die Ordensritter oft als Offiziere oder Heerführer an den Türkenkriegen teil. Auf dieser Grundlage entstand 1696 das Hoch- und Deutschmeisterregiment, dem die Brüder als Offiziere angehörten. Insgesamt verfestigte sich der ritterliche und adlige Charakter des Ordens. Nach den Verlusten durch den Dreißigjährigen Krieg konnte nicht nur das schon unter Bobenhausen zur Residenz gestaltete Mergentheim

6.3 Die katholischen geistlichen Ritterorden im 16. und 17. Jahrhundert

mit seinem kleinen Ordensterritorium weiter ausgebaut werden, sondern auch die Sitze der Landkomture wie Altshausen in der Ballei Elsass-Burgund oder Ellingen in der Ballei Franken erhielten bedeutende Barockschlösser.

Während sich Johanniter und Deutscher Orden im 16. und 17. Jahrhundert behaupten und erneuern konnten, war die Lage der kleineren, erneuerten oder neuen, Ritterorden deutlich schwieriger. Die Vereinigung des Lazarusordens mit den Johannitern, die Innozenz VIII. 1489 verfügt hatte, wurde zwar 1505 durch Julius II. bestätigt. Dennoch blieben Teile des Ordensbesitzes unter dem Meister in Boigny unabhängig, und bald darauf kam es unter dem Einfluss der europäischen Herrscher, die Orden für ihre Zwecke nutzen wollten, zu neuen Entwicklungen. Im August 1516 überließ Leo X. im Konkordat von Bologna König Franz I. von Frankreich die Nomination der französischen Amtsträger des Lazarusordens. 1608 wurde dann der französische Zweig durch König Heinrich IV. mit dem von ihm im Jahr zuvor gegründeten Orden Notre-Dame-du-Mont-Carmel vereinigt und bestand in dieser Form bis zu seiner Aufhebung in der Französischen Revolution 1792 fort.

Schon 1517 setzte Leo X. unter dem Druck Karls V. die Union des Lazarusordens mit den Johannitern auch für Italien außer Kraft. Gregor XIII. verfügte dann 1572, nach dem christlichen Sieg bei Lepanto, die Vereinigung des italienischen Zweigs des Lazarusorden mit einer neueren Gründung, des Mauritiusordens des Herzogs Emmanuel-Philibert von Savoyen. Der Mauritiusorden ging auf Amadeus VIII. von Savoyen zurück, der 1434 eine eremitische Gemeinschaft aus sechs Rittern reiferen Alters gegründet hatte. Die Leitung des nunmehr Mauritius und Lazarus gemeinsam geweihten Orden übertrug Gregor XIII. dem Herzog, der dafür versprach, dem Papst zwei Galeeren für den Kampf gegen die Osmanen zu stellen. Der neue Orden spielte jedoch offenbar militärisch keine Rolle.

Die einzige frühneuzeitliche Gründung, die im Sinne der Stiftungsaufgabe der Ritterorden einige Bedeutung erlangte, war der Stephansorden. Er entstand im Kontext der Bemühungen Cosimo I. von Medici, des Herzogs von Florenz, zum Aufbau einer eigenen Flotte seit 1555 bzw. seit 1557. Papst Pius IV. bestätigte die Gründung im Oktober 1561, im Februar 1562 billigte er die Statuten, die sich am Vorbild der Johanniter und der spanischen Ritterorden orientierten, aber das Großmeistertum an das Haus der Herzöge von Florenz übertrugen, und ernannte bald darauf Cosimo I. zum ersten Großmeister.

Der Stephanusorden war wesentlich ein Institut des toskanischen Adels und wurde so auch von diesem und dem Herzog reich ausgestattet. Sitz des Ordens war Pisa. An seiner Spitze standen unter dem Großmeister sieben hohe Amtsträger, mit ähnlichen Aufgaben wie in den anderen Orden, der Großkomtur, der Großkonnetable mit dem Oberbefehl über die Truppen, der sich aber zu einem Ehrenamt entwickelte, der Admiral, der Großkanzler, der Thesaurar, der Generalkonservator zur Überwachung des Immobilienbesitzes und der Großprior im Konvent. Daneben entschied ein Zwölferrat über die Berufung der Kapitäne der Galeeren, und schließlich gewann ein vom Herzog berufener Auditor im Orden an Gewicht. Wenn ein Mitglied einer Familie ohne hinreichende adlige Herkunft beitreten wollte, konnte er einen Teil seines Familienbesitzes für eine Kommende stiften und deren Nutzung auch an Familienmitglieder weitergeben.

Die militärische Hauptaufgabe war der Kampf gegen muslimische Piraten im Mittelmeer, auch sollten christliche Sklaven befreit werden. Der Orden hatte bis zu einem Dutzend Ruder- oder Segelschiffe im Einsatz. An der Schlacht von Lepanto 1571 war er bereits mit fünf Galeeren beteiligt. Die militärischen Aktivitäten erreichten um 1600 einen Höhepunkt. Die Schiffe operierten in der Ägäis wie an der syrischen und nordafrikanischen Küste. Nach 1640 wurde die Intensität der Angriffe reduziert, ein Schwerpunkt lag nun auf der Verteidigung der Küsten. So wurden immer wieder Korsaren und feindliche Schiffe aufgebracht. Die letzte militärische Aktion fand 1719 statt, obwohl der Orden als Institution der toskanischen Oberschichten fortbestand. Ähnlich verloren auch die großen Ritterorden im 18. Jahrhundert ihre militärische Bedeutung.

6.4 Das 18. Jahrhundert und die Krisenzeit um 1800

Die Johanniter konnten auf Malta auch im 18. Jahrhundert noch von ihrer Rolle als Verteidiger der Christenheit profitieren. Die Zahl der Ordensmitglieder, darunter vor allem Ritterbrüder, stieg bis 1740 wieder an, auf über 2 200. Während Malta zwischen 1614 und 1798 keine Invasion erlebte, stieg die Bevölkerung kontinuierlich auf über 90 000 Einwohner 1788. Der Hafen entwickelte sich zu einem wichtigen Umschlagpunkt mit orientalischen Waren, die bis nach Nordamerika verschifft wurden, aber ebenso mit intensiven Beziehungen zu Frankreich. Die Großmeister verfolgten ein intensives Bauprogramm, bauten aber auch das Gesundheits- und Bildungswesen aus. So entstand nach einer Schule für Anatomie (1676) auch eine Universität (1768). Noch 1794 wurde ein großes Gebäude für die Bibliothek vollendet.

Die Flotte aus sieben oder acht Kriegsgaleeren wurde nach 1705 durch vier oder fünf Linienschiffe ersetzt, mit jeweils 50–60 Kanonen. Bis in die Mitte des 18. Jahrhunderts wurden immer wieder muslimische Schiffe aufgebracht, lange noch auch durch den *corso*, d. h. Kaperer im Auftrag des Ordens, und die Flotte operierte noch bis ins Jahr 1798. Allerdings endeten die größeren Unternehmen 1718 mit einem ergebnislosen Feldzug zusammen mit den Venezianern, und nach 1723 wurden die Angriffe auf Schiffe aus dem Osmanischen Reich aufgrund französischen und venezianischen Drucks eingestellt. Die Kriege gegen das Osmanische Reich verloren um die Mitte des 18. Jahrhunderts immer mehr an Bedeutung, und das hatte auch Rückwirkungen auf die Stellung des Ordens.

Auch im Inneren des Ordens kam es zu Problemen. So regierten die Großmeister immer autokratischer. Das zeigte sich nicht zuletzt daran, dass sie lange Zeit darauf verzichteten, das Generalkapitel einzuberufen. So gab es nach 1631 keine allgemeinen Versammlungen mehr, die doch zuvor Reformen im Orden ermöglicht hatten. Erst eine finanzielle Krise, die durch hohe Ausgaben auf Malta bei schrumpfenden Einnahmen im Westen verursacht wurde, erzwang 1776 wieder die Einberufung eines Generalkapitels. Die hohen Einkünfte der Großmeister erlaubten es ihnen, die Brüder in ihrem Sinne zu beeinflussen und mit Ämtern auszustatten. Zugleich verhielten sie sich zunehmend wie weltliche Fürsten, die Souveränität beanspruchten und eine große Hofhaltung aufbauten. Der Anspruch König Karls VII. von Neapel auf Oberherrschaft über Malta löste 1753 unter Großmeister Manoel Pinto de Fonseca eine politische Krise aus, die der Orden jedoch überwinden konnte. Pinto nahm vielmehr eine geschlossene Krone als Zeichen der Souveränität des Ordens an. Sein zweiter Nachfolger, Emmanuel de Rohan Polduc, geriet wegen seiner Amtsführung sogar in die Kritik von Papst Pius VI.

Die Französische Revolution löste dann das Ende des Ordens in seiner bisherigen Gestalt aus. 1792 wurden alle französischen Besitzungen der Johanniter eingezogen, bis 1797 gingen auch die Liegenschaften westlich des Rheins, in der Schweiz und in Norditalien verloren, insgesamt über zwei Drittel der Einkünfte. Der neu gewählte Großmeister, Ferdinand von Hompesch, der erste Deutsche in diesem Amt, suchte daher diplomatische Kontakte zum Reich und zu Russland. Dies rief in Frankreich die Befürchtung hervor, eine der beiden Mächte könnte Malta übernehmen. Napoleon nutzte deshalb seinen Feldzug nach Ägypten, um Malta in seine Hände zu bringen. Im Juni 1798 erschien er mit seiner Flotte vor Malta und forderte den Zugang zum Großen Hafen. Von den 332 Ritterbrüdern auf der Insel war ein Teil zu alt oder krank, um zu kämpfen. Rund 200 von ihnen waren Franzosen, die sich nur zum Teil dem französischen Heer entgegenstellen wollten, während die spanischen Johanniter jeden Kampf ablehnten. Unter den Maltesern hatte es zuletzt Widerstand gegen den Orden gegeben, viele der Waffen waren veraltet oder unbrauchbar, und der Widerstand der über die Insel verteilten Ordenskontingente wurde nur zögerlich organisiert. So musste der Großmeister schon nach zwei Tagen nach wenigen Kämpfen aufgeben. Hompesch und die Brüder des Ordens mussten am 17. Juni 1798 die Insel verlassen, ohne ihr Archiv und die meisten der Reliquien.

Der Verlust Maltas führte den Orden in die tiefste Krise seiner Geschichte, seine Existenz war grundsätzlich in Frage gestellt. Während die von Frankreich weggeführten Reliquien im August 1798 mit dem

6.4 Das 18. Jahrhundert und die Krisenzeit um 1800

französischen Flaggschiff L'Orient in der Niederlage gegen die Briten bei Abukir untergingen, suchte der Großmeister Hompesch Schutz bei Kaiser Franz II. und zog sich nach Triest zurück. Nach dem Verlust umfangreicher Ländereien im Westen gewann eine Schenkung an Bedeutung, die der Orden 1776 aus dem Besitz des Fürsten von Ostrorog im östlichen Polen erhalten hatte. Nachdem das Gebiet aufgrund der polnischen Teilungen an Russland gefallen war, errichtete Zar Paul I. hier 1795 ein russisches Großpriorat. Rund 50 Brüder waren Napoleon nach Ägypten gefolgt, einige wenige hielten sich auf den verbliebenen europäischen Besitzungen auf. Doch wandten sich andere Brüder nunmehr nach St. Petersburg, um die Hilfe des Zaren zu erbitten. So wurde Paul am 7. November 1798 von den dort versammelten Brüdern zum Großmeister gewählt, während Hompesch für abgesetzt wurde.

Im Juli 1799 setzte der Zar schließlich mit diplomatischen Mitteln den Rücktritt des alten Großmeisters durch, da auch Papst Pius VI. gegen seine Überzeugung zustimmte. Die Wahl Pauls widersprach jedoch den Statuten des Ordens, denn er war verheiratet, russisch-orthodoxer Christ und hatte keine Gelübde abgelegt, als er den Habit des Ordens annahm. Dies wurde auch durch die Gründung eines zweiten, orthodoxen, Großpriorats Russland – nach dem Vorbild der Ballei Brandenburg mit einer anderen Konfession – nicht »geheilt«. Paul konnte seine weiteren Pläne nicht mehr umsetzen, vielmehr wurde er am 23. März 1801 ermordet. Sein Nachfolger Alexander I. hatte nur geringes Interesse am Orden, so dass sich nicht selbst wählen ließ, sondern zunächst einen Statthalter ernannte, dann aber 1803 der Berufung eines italienischen Großmeisters, Giovanni Battista Tommasi, zustimmte. Die russische Episode des Ordens endete 1810/1811 mit der Aufhebung der russischen Großpriorate und dem Einzug des gesamten Ordensbesitzes.

Ähnlich wie die Johanniter verlor auch der Deutsche Orden in der Folge der Französischen Revolution und der Eroberungen Napoleons sein letztes Territorium um Mergentheim und geriet in eine Krise. Die Reformen seit dem 17. Jahrhundert hatten den Charakter des Deutschen Ordens als adliges Versorgungsinstitut verfestigt. Die Einsätze gegen das Osmanische Reich fanden immer nur im Rahmen kaiserlicher Feldzüge statt, und die nach den Statuten von den jungen Ordensrittern abzuleistenden drei Jahre im »Türkenkrieg« wurden zunehmend durch andere Aufgaben ersetzt. Nachdem sich im 17. Jahrhundert noch die Habsburger und niederadlige Ordensbrüder als Hochmeister abgewechselt hatten, geriet das Hochmeister- und Deutschmeisteramt im 18. Jahrhundert in die Hände hochadliger Familien und wurde mehrfach mit anderen hohen geistlichen Ämtern verbunden. Auf Franz Ludwig von Pfalz-Neuburg (bis 1732) folgte zunächst Clemens August von Bayern (bis 1761), dann Karl Alexander von Lothringen (bis 1780) und schließlich Maximilian Franz von Österreich (bis 1801).

Franz Ludwig war bei seiner Wahl bereits Kanoniker zu Olmütz, Domherr zu Köln und Münster sowie Bischof von Breslau (seit 1683), amtierte aber zugleich als Oberster Hauptmann des Herzogtums Ober- und Niederschlesien. Im Juni 1694 erhielt er erstmals einen reichsfürstlichen Rang durch die Wahl zum Fürstpropst von Ellwangen. Zudem wurde er im Juli zum Fürstbischof von Worms gewählt, wurde in diesem Amt aber erst im November 1702 bestätigt. Nach seiner Wahl zum Hochmeister im Juli 1694 erhielt er zudem Domherrnstellen in Lüttich, Mainz und Trier. Mehrfach suchte er weitere Bistümer für sich zu gewinnen. So wurde er im November 1710 Koadjutor und damit möglicher Nachfolger des Erzbischofs von Mainz, stieg aber zuerst 1716 mit der Erhebung zum Erzbischof von Trier zum Kurfürsten auf. Nach dem Tod des Mainzer Erzbischofs verzichtete er im März 1729 auf das Trierer Erzbistum. Bezeichnend ist, dass Franz Ludwig nur die niederen Weihen empfing und auch die Ablegung der Ordensgelübde umging. Auch wenn er um Reformen und den Ausbau der Residenzen, nicht nur Mergentheims, bemüht war, war die Hochmeisterwürde nur eines von vielen Ämtern. Als der Kurfürst von Brandenburg zum König in Preußen erhoben werden sollte (1701), konnte er das trotz der Erneuerung der Ansprüche des Ordens auf Preußen nicht verhindern. Es gelang ihm aber 1696, mit der Gründung des Hoch- und Deutschmeister-Regiments eine wichtige Klammer zur Habsburger Monarchie zu schaffen sowie auf dem Generalkapitel 1700 in Mergentheim und durch Visitationen Ansätze für Neuerungen umzusetzen.

Die Ämterhäufungen setzten sich jedoch auch unter seinen Nachfolgern fort. Clemens August von Bayern war zunächst neben anderen

Ämtern Bischof von Regensburg, dann Bischof von Münster, Paderborn, Hildesheim und Osnabrück und seit 1723 Erzbischof von Köln. Karl Alexander von Lothringen erhielt zwar keine hohen geistlichen Würden, tat sich aber militärisch hervor. 1744 wurde er Generalgouverneur der österreichischen Niederlande und 1746 Reichsfeldmarschall und behielt diese Würden auch, als er im Mai 1761 zum Hochmeister gewählt wurde. Schon im Oktober 1769 wurde dann der erst 13jährige Maximilian Franz von Österreich auf einem nach Brüssel einberufenen Generalkapitel zu seinem Nachfolger designiert. Waren schon die anderen Hoch- und Deutschmeister wegen nicht deutscher Vorfahren dispensiert worden, kam bei Maximilian Franz die Minderjährigkeit hinzu. Auch er wurde nach seiner Wahl im Juli 1780 noch zum Erzbischof von Köln und zum Fürstbischof von Münster erhoben. Obwohl alle auch die Interessen des Ordens zu wahren suchten, waren sie seltener in Mergentheim präsent.

Inzwischen waren mit dem Vordringen der französischen Heere die Besitzungen in den Balleien Altenbiesen, Koblenz und Lothringen verloren gegangen, und 1796 besetzten preußische Truppen fast die gesamte Ballei Franken. Vielleicht vor diesem Hintergrund wählte ein Kapitel in Wien im Juni 1801 Karl Ludwig von Österreich zum Nachfolger des Hoch- und Deutschmeisters, der zuvor 1796 und 1799 bedeutende militärische Erfolge gegen die Franzosen errungen hatte. Nachdem er bereits im Juli 1801 das Amt übernommen hatte, konnte er 1803 verhindern, dass der Deutsche Orden im Reichsdeputations-Hauptschluss völlig enteignet wurde. Zwar kam es keinen Ersatz für die linksrheinischen Besitzungen, doch wurde der Ordensbesitz (wie der der Johanniter und des Erzbistums Mainz) vorerst nicht säkularisiert. Karl Ludwig wollte sich jedoch auf seine politischen und militärischen Aufgaben konzentrieren und trat im Mai 1804 zurück.

Die Entscheidung im Reichsdeputations-Hauptschluss brachte dem Orden jedoch nur einen kurzen Aufschub. Nach der Niederlage Österreichs gegen Frankreich verlor der Orden im Dezember 1805 seine Reichs- und Kreisstandschaft, das Alte Reich zerfiel endgültig 1806. Im Raum des mit Napoleon verbündeten Rheinbunds griffen Württemberg, Baden und Bayern auf den Ordensbesitz zu, und im April 1809 hob Napoleon den Orden auch formal in den Rheinbundstaaten auf. Damit ging auch das Ordensterritorium um Mergentheim verloren, die dort lagernden Archivalien wurden auf die Nachfolgestaaten verteilt. Es blieben die wenigen Häuser im neuen Kaiserreich Österreich, zu denen nach dem Wiener Kongress von 1815 noch die Kommenden Bozen und Lengmoos in Tirol sowie Besitz im österreichischen Küstengebiet zurückgewonnen werden konnten. Dem im Juli 1804 gewählten Hoch- und Deutschmeister Anton Viktor von Österreich blieb vorerst nicht mehr als die vorläufige Zusage der weiteren Existenz des Ordens durch einen Brief seines Bruders, Kaiser Franz II., vom Februar 1806. Auch der Deutsche Orden bedurfte nunmehr eines Neuaufbaus.

7 Die Ritterorden in der Moderne

7.1 Der Neuanfang der katholischen und protestantischen Ordenszweige

Die Französische Revolution und das Zeitalter Napoleons hatten alle noch bestehenden Ritterorden tief in die Krise geführt. Johanniterorden und Deutscher Orden hatten ihre Territorien und die meisten ihrer Ordenshäuser verloren. Beide brauchten eine neue Orientierung, neue Ziele und ein neues Zentrum. Dies war bei beiden ein Prozess, der sich mehrere Jahrzehnte hinziehen sollte und mit der politischen Restauration nach dem Wiener Kongress erst seinen Anfang nahm. Die protestantischen Zweige und die kleineren Ritterorden hatte es noch schwerer getroffen, weil sie in der napoleonischen Ära aufgehoben worden waren und es nur schrittweise zur Wiederbelebung kam. In den meisten Fällen kam es dabei zu einer engen Anbindung an einzelne Herrscherhäuser.

Eine Ausnahme bildete der Johanniterorden, der letztlich mit päpstlicher Hilfe erneuert werden konnte. Nach dem frühen Tod des italienischen Großmeisters Giovanni Battista Tommasi 1805 unterband Papst Pius VII. die Wahl Guiseppe Caracciolos zu seinem Nachfolger, so dass man nur noch einen Statthalter, Innico Maria Guevara Suardo, bestimmte. Dies erwies sich als problematisch, weil dem Statthalter die Autorität fehlte, die auseinanderdriftenden Reste des Ordens zusammenzuhalten und weil so der schon unter Tommasi nach Catania verlegte Konvent seine Internationalität verlor. Eine Verlegung nach Rom scheiterte 1806 an der sizilischen Regierung, die zudem den Schatz des Ordens einzog. Auf Guevara Suardo folgte 1814 der Sizilianer Andrea di Giovanni, der sich aber nur auf den Papst stützen konnte. Auf dem Wiener Kongress war Giovanni mit einem Gesandten vertreten, doch sprach dort vor allem die Kommission der französischen Zungen unter dem Großprior von Aquitanien, Fürst Camille de Rohan, für den Orden, die von König Ludwig XVIII. von Frankreich und von Don Carlos, dem Bruder des spanischen Königs Ferdinand VII. und Verwalter des Großpriorats Kastilien, anerkannt wurden. Die Vertreter des Ordens erreichten dennoch keinen Beschluss zugunsten der Johanniter, und Malta war schon im Mai 1814 endgültig an Großbritannien übertragen worden.

So erwies sich eine Restauration des Ordensbesitzes überall als schwierig. Das Großpriorat Böhmen, für das eine geplante Übergabe an den Maria-Theresia-Orden verhindert werden konnte, blieb dem Orden erhalten, allerdings unter Kontrolle der Habsburger. Unter starkem Einfluss der Herrscher standen auch die Häuser in Portugal und die 1815 erneuerten neapolitanischen Priorate. In Frankreich suchte die nach dem Tod Rohans 1816 vom Großprior der Auvergne geleitete Kommission die Restauration der Güter zu erlangen, doch wurde dies in der französischen Deputiertenkammer an die Wiederherstellung der Souveränität des Ordens gebunden. Ein österreichisches Angebot zur Übernahme Elbas wurde abgelehnt, weil es mit dem Anspruch eines Habsburgers auf die Würde des Großmeisters verbunden war, aber auch die Pläne zur erneuten Etablierung auf Rhodos mit Hilfe der im Aufstand gegen das Osmanische Reich befindlichen Griechen scheiterten 1822/1823. Der unter dem Einfluss Metternichs, des österreichischen Staatskanzlers, gewählte Statthalter Antonio Busca nutzte dies zum Bruch mit der französischen Kommission, musste dann aber hinnehmen, dass Spanien 1820 den Ordensbesitz einzog, sich auch das Priorat Portugal von der Ordensleitung löste und schließlich 1826 König Franz I. von Sizilien die Häuser in seinem Königreich konfiszierte. Busca hatte sich zuvor in das päpstliche Ferrara zurückgezogen.

Bis zum Tode Buscas 1834 hatte man so mehrere Erfolg versprechende Gelegenheiten zur Wiederherstellung des Ordens verpasst. Papst Gregor XVI. gelang durch die Berufung Carlo Candidas, einem der letzten noch vor 1798 militärisch aktiven Ritter, ein Neuanfang,

7.1 Der Neuanfang der katholischen und protestantischen Ordenszweige

auch, indem er die Ordensleitung in die alte Botschaft des Ordens in Rom rief. Neben der Übertragung eines Hospitals in Rom kam es zur Neueinrichtung von italienischen Kommenden, und Ordensbesitz in der Lombardei und im Königreich beider Sizilien wurde restituiert. Die Wahl eines Großmeisters scheiterte allerdings am Widerstand Metternichs, der eine österreichische Kontrolle des Ordens durchsetzen wollte. Die Beziehungen zu Österreich verbesserten sich 1845 durch die Erhebung von Filippo di Colloredo-Mels zum neuen Statthalter, doch kam es nach Tod Gregors XVI. im Juni 1846 unter seinem Nachfolger Pius IX. zu einem Stillstand.

Während der Kreis von Brüdern mit vollem Gelübde relativ klein blieb, schlossen sich mehr und mehr Ehren- und Devotionsritter mit oder ohne religiöses Versprechen an den Orden an. Ausgehend von Versuchen zur Erneuerung eines deutschen Priorats entstanden seit 1859 katholische Assoziationen in Rheinland-Westfalen und Schlesien, nach 1876 auch in Großbritannien, Italien, Spanien, Frankreich und anderen europäischen Ländern. Die deutschen Ritter organisierten im deutsch-dänischen Krieg von 1864 und in den folgenden Kriegen von 1866 und 1870/1871 Feldhospitäler, stellten Schwestern, Ärzte und Militärkapläne. Mit der nach längeren Bemühungen erfolgten Gründung eines ersten Hospitals im Heiligen Land 1869 gewann der Orden endgültig eine karitative Ausrichtung. Die Reorganisation der Johanniter wurde schließlich 1879 abgeschlossen, als der neue Papst Leo XIII. den Statthalter Giovanni Battista Ceschi a Santa Croce zum Großmeister erhob. Auch die Beziehungen zum neuen Königreich Italien entwickelten sich günstig, so dass der Ordenssitz auf dem Aventin 1869 und 1884 einen extraterritorialen Status erhielt und die Souveränität des Ordens anerkannt wurde.

Die protestantische Ballei Brandenburg wurde zwar im Januar 1811 aufgelöst und durch einen Verdienstorden ersetzt, dann aber im Oktober 1852 durch König Friedrich Wilhelm IV. erneuert. Die acht noch lebenden Ritter wählten den Bruder des Königs, Prinz Karl von Preußen, zum Herrenmeister, der die Erneuerung der Ballei und seine Wahl auch dem Statthalter Colloredo anzeigte. Die protestantischen Johanniter wandten sich ebenso wie die katholischen Malteser in der Folge karitativen Aufgaben zu und übernahmen auch Krankenhäuser. Die

Ballei Brandenburg arbeitete schon früh mit den katholischen Assoziationen in Rheinland-Westfalen und Schlesien zusammen.

Eine Sonderentwicklung führte zudem seit den 1820er zu einem protestantischen Zweig der Johanniter in Großbritannien, dem »Venerable Order of St John«. Als ein Mitglied der französischen Kommission begann, für das Griechenland-Unternehmen in England Geld zu sammeln, warb der in London lebende Schotte Donald Currie auch Mitglieder für den Orden an, die die englische Zunge wiederbeleben sollten. Darunter war Robert Peat (gestorben 1837), ein ehemaliger Kaplan König Georgs IV., der gegen eine Abspaltung der Gemeinschaft im Februar 1834 öffentlich zum Prior erhoben wurde und damit eine Tradition begründete. Die Kontaktaufnahme mit anderen Ordenszweigen, besonders mit dem Großmeister-Statthalter in Rom, gestaltete sich schwierig. Als die Anerkennung durch den katholischen Orden in Rom ausblieb, versuchte man Mitglieder des Königshauses für eine hohe Position im Orden zu gewinnen. Der Durchbruch gelang mit der Aufnahme William Montagus, des Herzogs von Manchester, der 1861 zum Großprior erhoben wurde. 1888 wurde die Institution durch ein Privileg von Königin Viktoria anerkannt, und im selben Jahr übernahm der Kronprinz, der künftige Eduard VII., die Würde des Großpriors. Seither wirkt der Orden ähnlich wie die Schwesterinstitutionen vor allem karitativ, so durch die Gründung der »St John's Ambulance Association« (1887).

Während Österreich mehrere Versuche unternahm, die Johanniter oder Malteser unter seine Kontrolle zu bekommen, blieb die Situation des im Lande residierenden Deutschen Ordens lange Zeit offen. Nur dass Hochmeister Anton Viktor von Österreich selbst dem Haus Habsburg entstammte, stellte noch eine Absicherung dar. Erst im März 1834 machte sich Kaiser Franz I. im Vollzug der Politik Metternichs zum Schutzherrn des »Deutschen Ritterordens«, so dass ein Neuaufbau beginnen konnte. So wurde erst die Aufnahme neuer Ritter möglich, und unter dem seit April 1835 amtierenden Maximilian Joseph von Österreich-Este wurde 1839 eine neue Regel beschlossen, die den ritterlichen Charakter der Gemeinschaft vertiefte, auch durch eine faktische Aufgabe des Armutsgelübdes.

Zwar ließ sich eine grundlegende Neubestimmung des Ordensrittertums nicht durchsetzen, doch gelang dem neuen Hochmeister die Er-

7.1 Der Neuanfang der katholischen und protestantischen Ordenszweige

weiterung des Ordens mit neuen Aufgaben. So wurde zwischen 1837 und 1855 der schon im Mittelalter bestehende Schwesternzweig erneuert. Schwestern wurden fortan auf vielen Feldern, von der Krankenpflege bis zu Schulen, eingesetzt. Ein weiterer Schritt war die Gewinnung von Ordenspriestern für die inkorporierten Pfarreien. Mit Hilfe des Trienter Theologen Peter Rigler wurde 1855 in Lana in Tirol ein erster Priesterkonvent eingerichtet, gefolgt von Konventen in Österreichisch-Schlesien, wo der Orden über umfangreichen Besitz verfügte. Die 1871 verabschiedete eigene Regel für die Ordenspriester markierte einen ersten Abschluss der Entwicklung.

Unter Hochmeister Wilhelm von Österreich (1863–1894) wurden auch Laien stärker an den Orden gebunden – ähnlich wie bei den Assoziationen der Johanniter –, indem man seit 1865 Ehrenritter aufnahm und 1871 das Institut der Marianer einrichtete. Die Marianer, denen auch Adlige anderer Nationalitäten, Frauen und seit 1879 auch Mitglieder anderer Konfessionen beitreten konnten, sollte den Sanitätsdienst des Ordens absichern. Schon vor dem Ersten Weltkrieg kam es 1885/1886 beim serbisch-bulgarischen Krieg zu einem ersten Einsatz. Damit war der Deutsche Ritterorden, so die offizielle Bezeichnung seit 1839, fest in die Gesellschaft des Habsburgerreichs integriert.

Während die protestantischen Balleien des Deutschen Ordens nach 1815 nicht wiederbelebt wurden, konnte die kalvinistische Ballei von Utrecht (*Ridderlijke Duitsche Orde, Balije van Utrecht*) die napoleonische Zeit wenig verändert überstehen. Eine wichtige Grundlage dafür war, dass die Ballei unter dem Koadjutor und späteren Landkomtur Unico Willem van Wassenaer (1753/63–1766) mit Hilfe des Rentmeisters Gijsbert Dirk Cazius Reformen einleitete, die den zuvor eingetretenen Niedergang beendeten und die Ballei auch wirtschaftlich stabilisierten. Zwar musste das *Duitse Huis* in Utrecht 1807 an König Ludwig von Holland, den Bruder Napoleons, verkauft werden, und im Februar 1811 wurde die Aufhebung aller geistlichen Orden in den französischen Departments verfügt, was auch die 1810 besetzten Niederlande betraf. Der Landkomtur Volkier Rudolph Bentinck van Schoonheten (1807–1820) erreichte jedoch, dass nur wenig vom Besitz verkauft wurde, und schon bald nach der endgültigen Niederlage Napoleons, im August 1815, wurde die Ballei durch König Wilhelm I. der Niederlande erneuert. Wilhelm, dem man die Würde eines Großmeisters angeboten hatte, behandelte die Ballei aber wie eine neue Institution. Ähnlich wie die anderen modernen Ritterorden konzentrierte sich die Ballei von Utrecht nunmehr auf karitative Aktivitäten, wobei die Ritterbrüder bis heute den Kern der Gemeinschaft bilden. 1831 wurden neue Statuten erlassen, 1838 fand in Utrecht wieder ein Kapitel statt. Dort konnte 1995 auch das mittelalterliche Haus des Landkomturs wieder übernommen werden.

Die kleinen Ritterorden konnten sich dagegen trotz ihrer Restauration nicht dauerhaft behaupten und gerieten in die politischen Verwicklungen des 19. Jahrhunderts. Der 1792 aufgehobene französische Lazarusorden wurde 1814/1815 durch König Ludwig XVIII., der als Graf der Provence der letzte Meister gewesen war, erneuert. Er nahm den Orden unter seinen Schutz, setzte aber keinen neuen Großmeister, sondern nur einen Generalverwalter ein. Die königliche Unterstützung endete mit dem Sturz Karls X. in der Revolution von 1830. Obwohl der Orden mit dem Tod des letzten Ritters 1857 erlosch, schlossen sich – ähnlich wie bei Templern und Johannitern – später moderne Gründungen an diese Gemeinschaft an. Der italienische Mauritius- und Lazarusorden, der 1773 noch ein Hospital in Aosta gegründet hatte, verlor dagegen schon nach seiner Restauration mehr und mehr seinen ursprünglichen Charakter. Die Herzöge von Savoyen und Könige von Sardinien führten weiterhin den Titel des Großmeisters, nutzten die Ämter des Ordens aber zu formalen Ehrungen. 1868 machte Viktor Emanuel II. den Mauritius- und Lazarusorden – ähnlich, wie das zuvor mit den spanischen Ritterorden geschehen war – zu einem reinen Verdienstorden des Königreichs Italien.

Auch der Stephansorden erfuhr um 1800 eine Entwicklung wie die anderen Ritterorden. Das Großmeistertum wurde zuerst auf das von Napoleon gebildete Königreich Etrurien übertragen, dann wurde der Orden 1809 aufgelöst. 1815 stellte der neue Großherzog der Toskana, Ferdinand III., den Besitz des Ordens wieder her und nahm im Oktober 1817 eine formale Erneuerung vor. Als die Toskana im Zuge der italienischen Einigungskriege durch die Truppen Viktor Emanuels II. erobert worden waren, verfügte jedoch die provisorische Regierung im November 1859 die Unterdrückung des Ordens und den Einzug des Besitzes. Das Haus Habsburg hielt im Folgenden die Ansprüche auf die Toskana und damit auf den Großmeistertitel des Stephansordens aufrecht, so dass der Titel bis heute durch Mitglieder der Familie geführt wird und die katholische Institution im 20. Jahrhundert wiederbelebt wurde. Diese enge Anbindung an den Adel und Herrscherfamilien war und ist generell ein besonderes Merkmal der geistlichen Ritterorden.

7.2 Krisen und Wandlungen des 20. Jahrhunderts

Die im 19. Jahrhundert erneuerten großen Ritterorden mussten sich im 20. Jahrhundert den großen politischen Veränderungen stellen, die nunmehr über Europa hereinbrachen. Die Orden hatten sich zwar schon nach der Restauration stärker auf karitative Aufgaben besonnen, doch führten die Massenkriege des 20. Jahrhunderts zu neuen Herausforderungen, immer mehr auch in globalem Rahmen. Der Zusammenbruch der Monarchien in Zentraleuropa, zumal im Habsburgerreich, mit dem Ende des Ersten Weltkriegs schuf ebenso Probleme wie die deutsche Besetzung vieler europäischer Länder im Zweiten Weltkrieg.

1905 wurde mit Galeas von Thun und Hohenstein ein österreichischer Adliger zum Großmeister des Johanniterordens gewählt. Als jedoch Italien im Mai 1915 in den Ersten Weltkrieg eintrat, musste sich der Großmeister in die Schweiz bzw. nach Österreich zurückziehen. Trotzdem wurde unter seiner Leitung der Hospitaldienst des Ordens intensiviert. Schon während des Krieges zwischen Italien und dem Osmanischen Reich um Libyen 1911/1912 rüstete die italienische Assoziation ein Hospitalschiff aus, das 12 000 Verletzte pflegte, und während des Ersten Weltkriegs unterhielten die Malteser und Johanniter auf beiden Seiten zahlreiche Hospitalzüge, Feldhospitäler, Sanatorien und Militärkapläne.

So konnten nach dem Krieg relativ rasch wieder diplomatische Beziehungen aufgebaut werden. Das Königreich Italien erneuerte 1923 seine Zustimmung zum exterritorialen Status des Palazzo di Malta. Als Italien 1929 die Souveränität des Vatikanstaats anerkannt hatte, konnte der Statthalter für den erkrankten von Thun, Pio Franchi de'Cavalieri, noch im selben Jahr für den Orden einen vergleichbaren Vertrag aushandeln. Franchi lehnte es allerdings nach dem Tod von Thuns im März 1931 ab, die Großmeisterwürde zu übernehmen, so dass stattdessen der Italiener Ludovico Chigi Albani delle Rovere gewählt wurde. Unter dem neuen Großmeister intensivierten sich die Beziehungen zu Italien weiter.

Während der italienischen Eroberung Äthiopiens errichtete der Orden 1936 ein erstes Hospital für Leprakranke bei Adowa (Adua), dem weitere Hospitäler in Afrika folgten. Die Hospitaltätigkeit des Ordens setzte sich beim katholischen wie bei den protestantischen Ordenszweigen auch im und nach dem Zweiten Weltkrieg fort. In Deutschland kam es dafür 1953 zur Gründung des Malteser-Hilfsdiensts, der – wie die 1952 gegründete Johanniter-Unfall-Hilfe – bald weit über Deutschland hinaus aktiv wurde. 1992 wurde aus den verschiedenen Hilfsdiensten zunächst das »Emergency Corps of the Order of Malta« (ECOM) gebildet, aus dem schließlich 2005 das Hilfswerk »Malteser International« hervorging.

Chigi Albani delle Rovere starb im November 1951 in Rom. Schon zuvor hatte der 1938 zum römischen Großprior erhobenen Nicola Kardinal Canali, zugleich Großpönitentiar, versucht, den Orden unter seine Kontrolle zu bringen und mit dem ihm als Großmeister unterstehenden Orden der Ritter vom Heiligen Grab zu vereinigen. Papst Pius XII. erkannte zwar nach einer Appellation die sich aus seiner Souveränität ergebenden Rechte des Ordens an, setzte aber die Neuwahl eines Großmeisters aus und berief eine Kommission ein, die den Charakter des Ordens als geistliche Gemeinschaft bestimmen sollte. Die Kommission machte dann im Februar 1953 ihre Entscheidungen bekannt. So wurde die Souveränität des Ordens anerkannt, aber funktional nur aus seinen internationalen Aktivitäten abgeleitet. Der Orden wurde als geistliche Gemeinschaft akzeptiert, erhielt auch seine bisherigen Privilegien bestätigt und durfte sich direkt an den Papst wenden, musste sich aber auch der Kongregation für die geistlichen Orden unterordnen.

Damit war die Grundlage für das Weiterbestehen des Ordens gelegt. Die damit verbundene Forderung nach einer Reform führte jedoch zu weiteren Konflikten, in die sich auch die nationalen Assoziationen einschalteten. Zwischen 1951 und 1962 amtierten so wieder nur Großmeister-Statthalter, Antonio Hercolani Fava Simonetti (1951–1955) und Ernesto Paternò Castello di Carcaci (1955–1962). 1957 wurden vorläufige Statuten erlassen, doch kam es erst nach der Wahl Papst Johannes' XXIII. zu einem Durchbruch. Der Papst billigte 1961 eine neue Verfassung, die die Strukturen des Ordens modernisierte und die Aufnahme verheirateter Brüder, die ein Gelöbnis, aber keine Gelübde mehr ablegen mussten, als Obödienzritter erlaubte. Diese organisierten sich seit 1961 in Subprioraten, die zuerst in Deutschland, England und Irland entstanden. Im Mai 1962 trat zum ersten Mal seit 185 Jahren ein Generalkapitel zusammen, das Angelo di Mojana di Cologna zum Großmeister wählte und somit die seit 1951 andauernde Krise beendete. Der Orden hatte damit seine heutigen Strukturen erhalten.

Beim Deutschen Orden markiert das Ende der Habsburger-Monarchie einen tiefen Einschnitt. Der letzte Hochmeister aus dem Haus Habsburg, Eugen von Österreich, musste im April 1919 Wien verlassen und sich nach Basel zurückziehen. Aufgrund der politischen Veränderungen entschied er sich schließlich mit Zustimmung Papst Pius' XI. zum Amtsverzicht. Im April 1923 lud er zu einem Groß- und Wahlkapitel in Wien ein, ließ am 29. April den Ordenspriester Norbert Klein, Bischof von Brünn, zum Koadjutor wählen und trat am Folgetag von seinem Amt zurück. Klein wurde zum neuen Hochmeister gewählt und trat sein Amt im Mai 1923 an. Damit ging erstmals nach 1198 das Hochmeisteramt auf einen Priesterbruder über. Der Deutsche Orden verlor so – anders als der Malteserorden – seinen ritterlichen Charakter und wurde ein geistlich-karitatives Institut.

Die Korporation fand zwar durch diesen Schritt in Österreich, Italien, der Tschechoslowakei und Jugoslawien nach und nach Anerkennung, so dass das Vermögen des Ordens nicht eingezogen wurde. Er erschien dennoch im Zeitalter wachsender Nationalismen als Repräsentant der deutschen Minderheit in den neuen Nationalstaaten. Norbert Klein musste deshalb schon im Dezember 1923 auf die Amtsführung im tschechischen Bistum Brünn verzichten und trat im Januar 1926 endgültig zurück. Er ließ sich im selben Jahr im Deutschordensschloss in Freudenthal in Nordmähren nieder, wo der Orden im 17. Jahrhundert umfangreichen Besitz erworben hatte. Während sich die wirtschaftliche Lage verschlechterte, führten Anklagen in Rom zur Ernennung eines Visitators, des Kapuziners Hilarin Felder, der sogar eine Vollmacht zur Auflösung des Ordens hatte. Die Vorwürfe gegen Klein erwiesen sich als unberechtigt, doch erhielt Felder nunmehr den Auftrag, eine Reform der Ordensregeln vorzunehmen. Die Regel von 1929 schrieb schließlich die neue Struktur aus Priesterbrüdern und Schwestern fest. Die Aufnahme von dem Orden verbundenen Laien, von Familiaren, blieb aufgrund des Widerstands von Felder und anderen noch offen.

Dem im Mai 1933 erhobenen neuen Hochmeister, Paul Heider, gelang trotz der politischen Unruhe, die die Machtübernahme Hitlers auch in der Tschechoslowakei ausgelöst hatte, eine wirtschaftliche und kirchenpolitische Konsolidierung. Die Besetzung Österreichs im März und des tschechoslowakischen Sudetenlandes im Oktober 1938 trafen den Orden jedoch von Neuem tief. Am 1. September 1938 wurde der Deutsche Orden in Österreich zusammen mit anderen Institutionen für aufgelöst erklärt, sein Eigentum wurde eingezogen. Auch der Besitz in Nordmähren wurde noch im Oktober unter Zwangsverwaltung genommen, die Enteignung folgte im Februar 1939. Der 1936 gewählte Hochmeister Robert Schälzky bemühte sich vergeblich um Restitution, auch nach dem Ende des Kriegs. Allein der verbliebene Ordensbesitz in Österreich wurde 1947 mit Schatzkammer und Archiv zurückgegeben, dazu entstanden neue Niederlassungen in Deutschland, so für Priesterbrüder in Darmstadt und für Ordensschwestern in Passau.

Schließlich gelang unter Hochmeister Marian Tumler (1948–1970) eine Konsolidierung, die auch den geänderten gesellschaftlichen Rahmenbedingungen Rechnung trug. Er konnte unter den schwierigen Bedingungen der Nachkriegszeit die Einheit des Ordens aus Brüder- und Schwesternzweig wahren, und in der Folge des II. Vatikanischen Konzils erfuhr das Familiareninstitut des Ordens 1965 päpstliche Anerkennung, als ein in den Orden integrierter Zweig mit nachgeordneter

Rechtsstellung. Auf dem 1970 einberufenen Generalkapitel konnte Tumler die von ihm schon länger erstrebte Neuredaktion der Regel abschließen. Kurzen, Freiraum für persönliche Verantwortung lassenden Bestimmungen für die Brüder stehen dabei detailliertere Lebensregeln für die Schwestern gegenüber, die jedoch den Brüdern nahezu gleichgestellt sind. Während heute Ordenspriester und Schwestern auch in wieder Slowenien, Tschechien und der Slowakei tätig sind, wurden zugleich die karitativen Aktivitäten des Ordens mit Hilfe der Familiaren ausgeweitet. So ist der Deutsche Orden heute wieder eine fest etablierte geistliche Institution.

7.3 Die Wahrnehmung der mittelalterlichen Ritterorden im 19. und 20. Jahrhundert

Während die geistlichen Ritterorden im Laufe des 19. und 20. Jahrhunderts politisch, militärisch und gesellschaftlich an Einfluss verloren, fand ihre Geschichte, vor allem während des Mittelalters, in verschiedenen Bereichen große Aufmerksamkeit. Die Rezeption der Templer beschränkte sich nicht nur auf die Literatur, sondern führte zu immer neuen Gesellschaften und Gemeinschaften, die an den Orden anschließen wollten. Bei den Johannitern fand vor allem die »Souveränität« des Ordens besondere Aufmerksamkeit, die in juristische Debatten über einen »Staat ohne Staatsgebiet« mündeten, daneben die Entstehung und Rolle der Ballei Brandenburg, die besonders in Deutschland präsent war und ist. Der Deutsche Orden blieb vor allem deshalb lange im öffentlichen Bewusstsein, weil seine Landesherrschaft in Preußen bis in die Moderne fortwirkte und – positiv wie negativ gleichermaßen überzogen – immer in den politischen Debatten herangezogen wurde. Die spanischen Ritterorden blieben insbesondere durch die Umwandlung in Verdienstorden präsent.

Die Verarbeitung des Templer-Stoffes in der Literatur spiegelt die auch in der Forschung des 19. und 20. Jahrhunderts geführten Debatten um »Schuld« oder »Unschuld« des Ordens. Noch in aufklärerischer Tradition vermittelt zum Beispiel Walter Scott in seinen romantischen Novellen *Ivanhoe* (1819) und *The Talisman* (1825) ein negatives Bild von den Templern, die sich durch Stolz, Arroganz, Gier und Grausamkeit zu einer finsteren Geheimgesellschaft entwickelt haben. Während die Brüder fast durchweg als sündhaft und hartherzig gezeichnet werden, erscheint der große Gegenspieler der Kreuzfahrer, Saladin, im *Talisman* als edler Ritter, der Gerechtigkeit walten lässt, indem er den verbrecherischen Templer-Großmeister Giles Amaury erschlägt. Bald aber wandelte sich das Bild. In der Roman-Triologie über Jacques de Molay von Franz Theodor Wangenheim (1838) werden die Templer zu Opfern von Papst Clemens V. und König Philipp IV. von Frankreich, und noch Maurice Druon sah im ersten Band seines Roman-Zyklus *Les roi maudits* über die französischen Könige des 14. Jahrhunderts (1955) die Templer hilflos in ein Netzwerk von Intrigen und Machtkämpfen verstrickt.

Auch das abrupte Ende einer so mächtigen Institution – die Aufhebung des Templerordens durch Clemens V. 1312 auf dem Konzil von Vienne – erschien Vielen unvorstellbar. So entstand die Vorstellung von den Geheimlehren des Ordens, die der letzte Großmeister Jacques de Molay weitergegeben und damit ein Fortbestehen des Ordens gesichert hätte. Daran suchten sowohl die Freimaurer des 18. Jahrhunderts wie auch die Neugründungen des Ordens seit dem 19. Jahrhundert anzuknüpfen. So behaupteten die Pariser Freimaurer, im Besitz einer *Charta transmissionis* zu sein, auf der sich Molays Nachfolger, zuerst ein Johannes Marcus Larmenius genannt Hierosolymitanus, eingetragen hätten. Als der belgische Arzt Bernard-Raymond Fabré-Palaprat 1804 einen neuen Templerorden gründete, setzte er seinen Namen ebenfalls auf das Dokument. Aus dem von ihm begründeten belgischen Großpriorat gingen dann auf manchen Umwegen weitere Neugründungen hervor. Dabei wurden wie auch bei den deutschen Freimaurern etwa um den Freiherrn Karl Gotthelf von Hund (gestorben 1776) vorgebliche Templerrituale und -kleidung eingeführt, die eine eigene Anziehungskraft entwickelten.

Die Malteser und Johanniter werden heute vor allem aufgrund ihrer Hilfswerke wahrgenommen, nicht wegen von ihnen vorgeblich be-

7.3 Die Wahrnehmung der mittelalterlichen Ritterorden

wahrter Geheimnisse. Nicht ohne Bedeutung ist dabei jedoch, dass sich ein großer Teil der protestantischen Zweige auf die Ballei Brandenburg zurückführt (die Gemeinschaften in Schweden und den Niederlanden wurden erst 1946 zu unabhängigen nationalen Orden). Die Geschichte dieser Untereinheit des deutschen Priorats hat daher viel Aufmerksamkeit gefunden, ohne dass immer die Gesamtgeschichte des Ordens angemessen berücksichtigt wurde. Zudem konnte sich die Debatte über den vom Orden auch im 20. Jahrhundert verteidigten souveränen Status zeitweilig verselbstständigen. So untersuchte die juristische Arbeit von Wolf-Dieter Barz 1990 die Landesherrschaft auf Rhodos nur nach formalen, modernen Kriterien, ohne einen hinreichenden Bezug zum historischen Kontext herzustellen.

Der Deutsche Orden und seine Herrschaftsbildung in Preußen boten schon seit dem 16. Jahrhundert immer wieder Anknüpfungspunkte, im negativen wie im positiven Sinne. Bis ins 18. Jahrhundert erfuhr der Orden bei den Nachfahren der Aufständischen von 1454 im königlichen Preußen eine überaus negative Darstellung, sollte doch der Widerstand der eigenen Ahnen gerechtfertigt werden. Ähnlich wurden in Russland, Polen und Litauen die Siege über den Deutschen Orden 1242 auf dem Peipussee oder 1410 bei Tannenberg/Grunwald zu nationalen Erfolgen über ein aggressiv vordringendes Deutschtum überhöht, die für die eigene Zeit vorbildlich sein sollten. Der mittelalterliche Orden wurde dabei mit dem Deutschen Kaiserreich oder sogar dem NS-Regime identifiziert und durchweg negativ dargestellt. Besonders einflussreich war der zwischen 1897 und 1900 entstandene Roman *Die Kreuzritter* (*Krzyżacki*) von Henryk Sienkiewicz, der die Ordensbrüder als eine Verkörperung des Bösen, arrogant, grausam und sadistisch, zeichnete, die ihre preußischen Untertanen wie Sklaven hielten. Dieses Bild wurde durch die deutschen Gräueltaten während des Zweiten Weltkriegs gewissermaßen *ex post* bestätigt und durch die Verfilmung von Alexander Ford von 1960 weltweit verbreitet.

Dazu trug nicht zuletzt die Überhöhung des Deutschen Ordens und seiner Landesherrschaft auf deutscher Seite bei. Hatte noch die Aufklärung den Orden wie generell die Kreuzzüge abgelehnt, kam es in der Romantik um 1800 zu einer Aufwertung der Ordensgeschichte, ausgehend von den Ordensbauten wie insbesondere der Marienburg, die vor einem weiteren Abriss bewahrt und teilweise wieder rekonstruiert werden konnten. Schon 1813 lehnte sich die Gestaltung des von König Friedrich Wilhelm III. gestifteten Ordens des Eisernen Kreuzes, das an Soldaten aller Dienstgrade verliehen werden konnte, an das Kreuz des Deutschen Ordens an. Bei der Restaurierung der Marienburg zeigte dann eines der Glasfenster einen mittelalterlichen Ordensritter gleichberechtigt neben einem Landsturmmann der Befreiungskriege. Der für die Arbeiten mit verantwortliche Oberpräsident Theodor von Schön wollte den Ausbau der Marienburg für eine auf der Geschichte des Ordenslands aufbauende Erneuerung Preußens nutzen.

Eine neue Phase der Wahrnehmung des Deutschen Ordens wurde 1862 durch eine kleine Schrift des in Preußen und später im Kaiserreich auch politisch einflussreichen Historikers Heinrich von Treitschke eingeleitet. Obwohl er eigentlich damit auf den ersten Band der Edition historiographischer Texte zum preußischen Mittelalter reagierte, löste er sich völlig von dem Bild, das die ältere Forschung entwickelt hatte. Die Ordensbrüder wurden dabei als »Bezwinger, Lehrer, Zuchtmeister unserer Nachbarn« verstanden, die das Deutschtum durch »schonungslose Rassenkämpfe« gegen die slawischen Übergriffe verteidigten und die deutsche Kultur und den deutschen Geist nach Osten verbreiteten. Letztlich war es dann Kaiser Wilhelm II., der im Juni 1902 bei einer Rede auf der Marienburg diese Sichtweise aufgriff. Die Marienburg wurde dabei zum »einstige[n] Bollwerk im Osten, [zum] Ausgangspunkt der Kultur der Länder östlich der Weichsel«, und der Kaiser forderte sein Volk auf, gegen »polnische[n] Übermut [...] zur Wahrung seiner nationalen Güter« aktiv zu werden (Zitate nach Sarnowsky, Moderne Wahrnehmung, 195–96).

Während die polnische Seite in Reaktion darauf die Grunwald-Gedenkfeiern intensivierte, suchte man auf deutscher Seite eine positive Anknüpfung an die Niederlage von 1410. Dies gelang dann im ersten Jahr des Ersten Weltkriegs. Die erfolgreich bestandene Schlacht zwischen der deutschen 8. Armee unter Hindenburg und Ludendorff und der russischen Narewarmee unter Samsonov Ende August 1914 wurde bald darauf, durch den Stab Ludendorffs oder ihn selbst, nach Tannenberg benannt. Der Niederlage von 1410 stand nunmehr ein Sieg gegenüber. Auch Hitler knüpfte noch Ende August 1933 bei ei-

7.3 Die Wahrnehmung der mittelalterlichen Ritterorden

Abb. 10: Werbepostkarte des Ostmarkenvereins von ca. 1900 mit einem Deutschordensritter vor der Marienburg und einem Bismarck-Zitat

nem »Tag von Tannenberg« daran an. Wie aber bereits das Verbot des Deutschen Ordens in Österreich bald nach der deutschen Besetzung 1938 zeigte, waren die Nationalsozialisten mit Ausnahme weniger wie etwa Himmlers am Deutschen Orden als historischem Vorbild wenig interessiert. Für das Mittelalter griff man eher auf die Ottonen oder Welfen zurück.

Das könnte dazu beigetragen haben, dass die positive Sicht des 19. und frühen 20. Jahrhunderts auch nach 1945 weiterwirkte. Änderungen brachten erst die gesellschaftlichen Veränderungen seit den 1960er Jahren und die deutsch-polnischen Schulbuchgespräche seit 1974. Während der Deutsche Orden in der deutschen Gesellschaft nur noch eine marginale Rolle spielt, gelang auf der Ebene der Forschung ein deutsch-polnischer Ausgleich, der auch von der Internationalisierung der Ritterordensforschung angetrieben wurde. Der Deutsche Orden wird inzwischen zusammen mit den anderen geistlichen Ritterorden als ein gesamteuropäisches Phänomen gesehen, das wiederum in den Kontext der Kulturbegegnungen zwischen der lateinischen und der orthodoxen Christenheit, dem Islam und den anderen, aus Sicht der Zeit »paganen«, Völkern eingeordnet werden muss.

8 Ausblick

Ein Überblick über die Geschichte der geistlichen Ritterorden in Mittelalter und Neuzeit kann immer nur einen kleinen Ausschnitt aus den Ergebnissen der internationalen Forschung einbeziehen, die sich in den letzten Jahrzehnten mit dem Thema beschäftigt hat. Seit mehr als drei Jahrzehnten haben sich drei Schwerpunkte entwickelt, die durch regelmäßige Konferenzen zu den Fortschritten in der Ritterordensforschung beitragen. Schon 1981 begann der Zyklus der Konferenzen »Ordines Militares. Colloquia Torunensia Historica«, begründet von Zenon H. Nowak, die seither jedes zweite Jahr in Toruń in Polen stattfinden. Die Ergebnisse werden inzwischen in der gleichnamigen, jährlich erscheinenden Zeitschrift veröffentlicht. Eine weitere Serie von Konferenzen wird seit 1992 am alten Sitz des Johanniterordens in England, St. John's Gate in Clerkenwell, London, organisiert. Dazu erschienen seit 1994 mehrere Sammelbände unter dem Titel »Military Orders« mit wechselnden Herausgebern. 1989 fand zudem die erste Ritterordenskonferenz in Palmela bei Lissabon statt, die – bei einem vierjährigen Rhythmus – inzwischen ebenfalls in einer Reihe von Bänden mit wechselnden Themen dokumentiert ist.

Die Ritterordensforschung wird zudem in einer Reihe weiterer Verbände und Kommissionen betrieben, so in der »Society for the Study of the Crusades and the Latin East« (SSCLE) und in der »Internationalen Kommission zur Erforschung des Deutschen Ordens«, jeweils mit eigenen Tagungen und Publikationen. Zusammen mit weiteren Initiativen ergibt sich so ein vielgestaltiges, durch Internationalität geprägtes Bild. Wurden die Tagungen in Toruń begründet, um die deutsch-polnischen Kontroversen über die Geschichte des Deutschen Ordens in einen internationalen Kontext einzubetten, hat inzwischen überall eine

8 Ausblick

Öffnung stattgefunden, die auch Forscher außerhalb Europas und Amerikas in die Ritterordensforschung einbindet. Nationale Beschränkungen spielen heute bei der Beschäftigung mit den Ritterorden keine Rolle mehr. Das hat sicher auch mit der Öffnung der Archive zu tun, die sich im digitalen Zeitalter auch – leider immer noch zu langsam – über die Digitalisierung und online-Präsenz von Archivmaterialien vollzieht. Ungeachtet der langen Geschichte der Forschungen zu den Ritterorden, die letztlich schon mit den in den Orden selber entstandenen Geschichtswerken des 15. und 16. Jahrhunderts beginnt, harren dennoch viele Bestände immer noch der genaueren Erschließung. Das gilt nicht nur für die im Vergleich zum Mittelalter an Quellen reichere Frühe Neuzeit, sondern schon für Bestände etwa zu den Templern aus dem 13. Jahrhundert. Auch schon gut erschlossene Archive bieten aber immer noch viele Überraschungen und neue Erkenntnisse. Die Forschung hat daher sicher noch Stoff für viele Jahrzehnte, wenn nicht Jahrhunderte. Gerade die Ritterordensforschung bietet eine Chance zur gemeinsamen, friedvollen Erschließung des europäischen Kulturerbes, die aber ebenso nicht an den Grenzen Europas stehen bleiben muss. So kann die intensive Beschäftigung mit der Vergangenheit auch zur Absicherung und Verbesserung der gemeinsamen Zukunft beitragen.

Quellen und Literatur

Quellen allgemein

Anekdota eggrapha gia te Rodo kai te Noties Sporades apo to archeio to Ioanniton Ippoton [Unpublished Documents concerning Rhodes and the South-East Aegean Islands from the Archives of the Order of St John], hrsg. von Z. Tsirpanlis, Bd. 1: 1421–1453, Rhodos 1995

Bernhard von Clairvaux, Liber ad milites Templi de laude novae militiae/Buch an die Tempelritter, Lobrede auf das neue Rittertum, in: Sämtliche Werke lateinisch/deutsch, Bd. 1, hrsg. von G. B. Winkler, Innsbruck 1990, S. 268–326

Cartulaire général de l'Ordre des Hospitaliers de S. Jean de Jérusalem (1100–1310), hrsg. von J. von Delaville Le Roulx, 4 Bde., Paris 1894–1905

Cartulaire général de l'Ordre du Temple 1119?–1150, hrsg. von A. Marquis d'Albon, Paris 1913

Chronique d'Ernoul et de Bernard le Trésorier, hrsg. von M. L. de Mas Latrie, Paris 1871

Le dossier de l'affaire des Templiers, hrsg. von G. Lizerand, Paris 1923

Fulcheri Carnotensis Historia Hierosolymitana (1095–1127), mit Erläuterungen und einem Anhange, hrsg. von H. Hagenmeyer, Heidelberg 1913

Historia diplomatica Friderici Secundi, hrsg. von J.-L.-A. Huillard-Bréholles, Bd. 6,1, Paris 1860; Auszug in dt. Übersetzung: Kaiser Friedrich II. in Briefen und Berichten seiner Zeit, hrsg. von K. J. Heinisch, Darmstadt 1968

Jacques de Vitry, Histoire orientale/Historia orientalis, hrsg./übers. von J. de Donnadieu (Sous la règle de Saint Augustin, 12), Turnhout 2008

The Knights of St John of Jerusalem in Scotland, hrsg. von I. B. Cowan/P. H. R. Mackay/A. Macquarrie, Edinburgh 1983

Die Kreuzzüge aus arabischer Sicht, hrsg./übers. von F. Gabrieli (aus dem Ital. B. von Kaltenborn-Stachau), Zürich/München 1973

Martin Luther, An die herren Deutschs Ordens / das sy falsche keuschhait meyden und / zur rechten eelichen keuschhait greyffen. Ermanung, [1523, hier benutzt in der Ausgabe:] [Augsburg] 1524/aktueller Druck: D. Martin Luthers Werke. Kritische Gesamtausgabe, Bd. 12, Weimar 1891, 228–44

Papsturkunden in Spanien, bearb. von P. F. Kehr, Bd. 1, Berlin 1928

Papsturkunden für Templer und Johanniter, bearb. von R. Hiestand, Bd. 1, Göttingen 1972

Preußisches Urkundenbuch, [Politische Abtheilung], Bd. 1,1, hrsg. von Rudolf Philippi, Königsberg 1882

Francisco de Rades y Andrada, Crónica de la Orden de Calatrava = [Teil-ND von] Chronica de las tres Ordenes y Cavallerias de Santiago, Calatrava y Alcántara, Toledo 1572 (ND Ciudad Real 1980)

Ramon Lull, De fine, in: Raimundi Lulli Opera Latina, Bd. 9, hrsg. von A. Madre (Corpus Christianorum Continuatio Medievalis 35), Turnhout 1981, 233–291

Die Reformation Kaiser Siegmunds, hrsg. H. Koller, Stuttgart 1964

Regesten zu den Briefregistern des Deutschen Ordens, 3 Bde., hrsg. von S. Kubon/J. Sarnowsky/A. Souhr-Könighaus, Göttingen 2012–2017

La règle du Temple, hrsg. von H. de Curzon, Paris 1886

The Rule of the Spanish Military Orders of St. James, 1170–1493, hrsg./übers. von E. Gallego Blanco, Leiden 1971

Scriptores rerum Prussicarum. Die Geschichtsquellen der preußischen Vorzeit, Bd. 1–5, hrsg. von T. Hirsch/M. Toeppen/E. Strehlke, Leipzig 1861–1874 (ND Frankfurt a. M. 1965), Bd. 6, hrsg. von W. Hubatsch/U. Arnold, Frankfurt a. M. 1968

Sources concerning the Hospitallers of St John in the Netherlands, 14th –18th centuries, hrsg. von J.M. van Winter, Leiden 1998

Stabilimenta Rhodiorum militum. Die Statuten des Johanniterordens von 1489/93, hrsg. von J. Hasecker/J. Sarnowsky, Göttingen 2007

Die Statuten des Deutschen Ordens, hrsg. von M. Perlbach, Halle a. d.Saale 1890

Die ursprüngliche Templerregel, hrsg. von G. Schnürer, Freiburg i. Br. 1908

The Templars. Selected Sources, hrsg. von M. Barber/K. Bate, Manchester 2002

Theodoricus, Libellus de locis sanctis, hrsg. von M.-L. und W. Bulst, Heidelberg 1976

Willemi Tyrensis Archiepiscopi Chronicon, hrsg. von R. B. C. Huygens, 2 Bde. (Corpus Christianorum Continuatio Medievalis, 38–38a), Turnhout 1986/ dt. Übersetzung: Wilhelm von Tyrus, Geschichte der Kreuzzüge und des Königreichs Jerusalem, übers. von E. und R. Kausler, Stuttgart 1840

Literatur allgemein

C. Ayala Martinez, Las órdenes militares hispánicas en la Edad Media (siglos XII–XV), Madrid 2003

M. Barber, The New Knighthood. A History of the Order of the Temple, Cambridge 1994

H. Boockmann, Der Deutsche Orden: Zwölf Kapitel aus seiner Geschichte, 5. Aufl. München 2012

M.-L. Bulst-Thiele, Sacrae Domus Militiae Templi Hierosolymitani Magistri. Untersuchungen zur Geschichte des Templerordens 1118/19–1314, Göttingen 1974

J. Burgtorf, The Central Convent of Hospitallers and Templars. History, Organization, and Personnel (1099/1120–1310), Leiden 2008

D. Carraz, L'Ordre du Temple dans la basse vallée de Rhône, 1124–1312, Lyon 2006

P.-V. Claverie, L'Ordre du Temple en Terre Sainte et à Chypre au XIIIe siècle, 3 Bde., Nikosia 2005

ders., L'Ordre du Temple dans l'Orient des Croisades, Brüssel 2014

S. Z. Conedera SJ, Ecclesiastical Knights. The Military Orders in Castile, 1150–1330, New York 2015

The Crusades and the Military Orders: Expanding the Frontiers of Medieval Latin Christianity, hrsg. von Z. Hunyadi/J. Laszlovszky, Budapest 2001

A. Demurger, Chevaliers du Christ. Les ordres religieux-militaires au Moyen-Âge (XIe-XVIe siècles), Paris 2002; dt. Übersetzung: Die Ritter des Herrn, München 2003

ders., Les Templiers. Une chevalerie chrétienne au Moyen Âge, 2. Aufl. Paris 2005 (dt. Übersetzung: Die Templer. Aufstieg und Untergang, 1118–1314, 3. Aufl. München 2007)

A. Forey, The Military Orders from the Twelfth to the Early Fourteenth Centuries, London 1992

ders., Military Orders and Crusades, Aldershot 1994

Die geistlichen Ritterorden im Mittelalter, hrsg. von J. Fleckenstein/M. Hellmann, Sigmaringen 1980

Die geistlichen Ritterorden in Mitteleuropa. Mittelalter, hrsg. von K. Borchardt/L. Jan, Brünn 2011

Herrschaft, Netzwerke, Brüder des Deutschen Ordens in Mittelalter und Neuzeit, hrsg. von K. Militzer, Weimar 2012

Die Hochmeister des Deutschen Ordens 1190–2012, hrsg. von U. Arnold, 2. Aufl. Weimar 2014

International Mobility in the Military Orders, Twelfth to Fifteenth Centuries, hrsg. von J. Burgtorf/H. Nicholson, Cardiff 2006

Der Johanniter-Orden. Der Malteser-Orden. Der ritterliche Orden des hl. Johannes vom Spital zu Jerusalem. Seine Aufgaben, seine Geschichte, hrsg. von A. Wienand, Köln 1970

P. Josserand, Église et pouvoir dans la péninsule ibérique. Les ordres militaires dans le Royaume de Castille (1252–1369), Madrid 2004

T. Krämer, Dämonen, Prälaten und gottlose Menschen. Konflikte und ihre Beilegung im Umfeld der geistlichen Ritterorden, Berlin 2015

A. Luttrell, The Hospitallers in Cyprus, Rhodes, Greece and the West, 1291–1440, London 1978

ders., The Hospitallers of Rhodes and their Mediterranean World, London 1992 ders., Latin Greece, the Hospitallers and the Crusades, 1291–1440, London 1982

ders., The Hospitaller State on Rhodes and its Western Provinces, 1306–1462, Aldershot 1999

ders., Studies on the Hospitallers after 1306: Rhodes and the West, Aldershot 2007

Mendicants, Military Orders, and Regionalism in Medieval Europe, hrsg. von J. Sarnowsky, Aldershot 1999

The Military Orders, (1)–5, hrsg. von M. Barber/H. Nicholson/V. Mallia-Milanes/J. Upton-Ward/P. Edbury, Aldershot 1994–2012

K. Militzer, Zentrale und Region. Gesammelte Beiträge zur Geschichte des Deutschen Ordens in Preußen, Livland und im Deutschen Reich, Weimar 2015

H. Nicholson, The Knights Hospitaller, Woodbridge, Suffolk 2001

dies., The Knights Templar. A New History, Stroud 2002

dies., Templars, Hospitallers and Teutonic Knights. Images of the Military Orders, 1128–1291, London 1995

J. O'Callaghan, The Spanish Military Order of Calatrava and Its Affiliates, London 1975

As Ordens Militares [...], Bd. 1., hrsg. von P. Pacheco, L. P. Autunes, Bd. 2-, hrsg. von I. C. F. Fernandes, Palmela 1991–

Ordines Militares. Colloquia Torunensia Historica, I–IX, hrsg. von Z. H. Nowak, Toruń 1983–1999; X–, hrsg. von R. Czaja/J. Sarnowsky, Toruń 2001–

Prier et combattre. Dictionnaire européen des ordres militaires au Moyen Âge, hrsg. von N. Bériou, Ph. Josserand, Paris 2009

J. Riley-Smith, The Knights of St. John in Jerusalem and Cyprus, c. 1050–1310, London 1967

ders., The Crusades. A History, 2. Aufl. London/New York 2005

ders., Templars and Hospitallers as Professed Religious in the Holy Land, Notre Dame, Indiana 2010

J. Sarnowsky, Der Deutsche Orden, 2. Aufl. München 2012

ders., Die Johanniter. Ein geistlicher Ritterorden in Mittelalter und Neuzeit, München 2011

ders., Macht und Herrschaft im Johanniterorden des 15. Jahrhunderts. Verfassung und Verwaltung der Johanniter auf Rhodos (1421–1522), Münster 2001

ders., On the Military Orders in Medieval Europe. Structures and Perceptions, Farnham 2011

ders., Die Templer, 2. Aufl. München 2017

H. J. A. Sire, The Knights of Malta, New Haven/London 1994

Unter Kreuz und Adler. Der Deutsche Orden im Mittelalter. Ausstellung des Geheimen Staatsarchivs Preußischer Kulturbesitz anläßlich des 800jährigen Bestehens des Deutschen Ordens, hrsg. von F. Benninghoven, Berlin 1990

Literatur zu Kapitel 2

C. Erdmann, Die Entstehung des Kreuzzugsgedankens, Stuttgart 1935 (ND Darmstadt 1980)
M.-L. Favreau, Studien zur Frühgeschichte des Deutschen Ordens, Stuttgart 1974
J. Phillips, Holy Warriors. A Modern History of the Crusades, New York 2009
N. Jaspert, Die Kreuzzüge, 5. Aufl. Darmstadt 2010
J. O'Callaghan, The Order of Calatrava. Years of Crisis and Survival, 1158–1212, in: The Meeting of Two Worlds. Cultural Exchange between East and West during the Period of the Crusades, hrsg. von V. P. Goss, Kalamazoo 1986, 419–30
L'Ordine Teutonico nel Mediterraneo, hrsg. von H. Houben, Galatina 2004
A. Selart, Livonia, Rus' and the Baltic Crusades in the Thirteenth Century (aus dem Dt. F. Robb), Leiden 2015
L. Vones, Geschichte der Iberischen Halbinsel im Mittelalter, 711–1480. Reiche – Kronen – Regionen, Sigmaringen 1993

Literatur zu Kapitel 3

A. J. Boas, Archaeology of the Military Orders. A survey of the urban centres, rural settlement and castles of the Military Orders in the Latin East (c. 1120–1291), Abingdon 2006
J. Bronstein, The Hospitallers and the Holy Land. Financing the Latin East, 1187–1274, Woodbridge, Sussex 2005
E. Christansen, The Northern Crusades, 2. Aufl. London 1997
Federico II e i cavalieri teutonici in Capitanata. Recenti ricerche storiche e archeologiche, hrsg. von P. Favia/H. Houben/K. Toomaspoeg, Galatina 2012
A. Forey, Recruitment to the military orders (twelfth to mid-fourteenth centuries), in: Viator 17 (1986), 139–71
ders., The Templars in the *Corona de Aragón*, London 1973
S. Lotan, Jerusalem in the Traditions of the Teutonic Military Order. Symbolism and Uniqueness, in: Zapiski Historyczne 75,4 (2010), 7–17
K. Militzer, Die Entstehung der Deutschordensballeien im Deutschen Reich, Marburg 2. Aufl. 1981
L'Ordine Teutonico tra Mediterraneo e Baltico. Incontri e scontri tra religioni, popoli e culture/Der Deutsche Orden zwischen Mittelmeerraum und Baltikum. Begegnungen und Konfrontationen zwischen Religionen, Völkern und Kulturen, hrsg. von H. Houben/K. Toomaspoeg, Galatina 2008
Regionalität und Transfergeschichte. Ritterordenskommenden der Templer und Johanniter im nordöstlichen Deutschland und in Polen, hrsg. von C. Gahlbeck/H.-D. Heimann/D. Schumann, Berlin 2014

D. Selwood, Knights of the Cloister. Templars and Hospitallers in Central-Southern Occitania, 1100–1300, Woodbridge, Sussex 1999

K. Toomaspoeg, L'Ordre du Temple en Occident et au Portugal, in: A Extinção da Ordem do Templo, hrsg. von J. Albuquerque Carreiras, Tomar 2012, 17–61

Literatur zu Kapitel 4

L'économie templière en Occident. Patrimoines, commerce, finances, hrsg. von A. Baudin/G. Brunel/N. Dohrmann, Langres 2013

Élites et ordres militaires au Moyen Age. Rencontre autour d'Alain Demurger, hrsg. von P. Josserand/L. F. Oliveira/D. Carraz, Madrid 2015

Hospitaller Women in the Middle Ages, hrsg. von A. Luttrell/H. Nicholson, Aldershot 2006

K. Kwiatkowski, Zakon Niemiecki jako »Corporation Militaris«, Bd.1, Toruń 2012

C. A. Lückerath, De electione magistri. Ein Beitrag zum mittelalterlichen Wahlrecht im Deutschen Orden, in: Preußenland 9 (1971), 33–47

A. Mentzel-Reuters, Arma Spiritualia. Bibliotheken, Bücher und Bildung im Deutschen Orden, Wiesbaden 2003

K. Militzer, Von Akkon zur Marienburg. Verfassung, Verwaltung und Sozialstruktur des Deutschen Ordens, 1190–1309, Marburg 1999

J. Sarnowsky, Der Fall Thomas Schenkendorf. Rechtliche und diplomatische Probleme um die Königsberger Großschäfferei des Deutschen Ordens, in: Jahrbuch für die Geschichte Mittel- und Ostdeutschlands 43 (1995), 187–275

ders., Die Wirtschaftsführung des Deutschen Ordens in Preußen, 1382–1454, Köln, Weimar/Wien 1993

J. Schenk, Templar Families. Landowning Families and the Order of the Temple in France, c. 1120–1307, Cambridge 2012

R. ten Haaf, Deutschordensstaat und Deutschordensballeien. Untersuchungen über Leistung und Sonderung der Deutschordensprovinzen vom 13. bis zum 16. Jahrhundert, Göttingen 1951

K. Toomaspoeg, Manquements et dérèglements dans l'Ordre Teutonique (XIIe–XVe siècle), in: Enfermements, II, Règles et dérèglements en milieu clos (IV–XIXe siècle), hrsg. von I. Heullant-Donat/J. Claustre u. a., Paris 2015, 353–73

K. van Eickels, Die Deutschordensballei Koblenz und ihre wirtschaftliche Entwicklung im Spätmittelalter, Marburg 1995

Literatur zu Kapitel 5

Die Anfänge der ständischen Vertretungen in Preußen und seinen Nachbarländern, hrsg. von H. Boockmann, München 1992
M. Barber, The Trial of the Templars, 2. Aufl. Cambridge 2006
M. Biskup, G. Labuda, Die Geschichte des Deutschen Ordens in Preußen. Wirtschaft – Gesellschaft – Staat – Ideologie (aus dem Poln. J. Heyde, U. Kodur), Osnabrück 2000
P. Bonneaud, Le prieuré de Catalogne, le couvent de Rhodes, et la couronne d'Aragon 1415–1447, Larzac 2004
H. Boockmann, Ostpreußen und Westpreußen (Deutsche Geschichte im Osten Europas), Berlin 1992
ders., Zu den politischen Zielen des Deutschen Ordens in seiner Auseinandersetzung mit den preußischen Ständen, in: Jahrbuch für Geschichte Mittel- und Ostdeutschlands 15 (1966), 57–104
M. Burleigh, Prussian Society and the German Order. An aristocratic corporation in crisis, c. 1410–1466, Cambridge 1984
R. Czaja, Miasta Pruskie a Zakon Krzyacki. Studia nad sostunkami między miastem a władzą terytorialną w późnym średniowieczu, Toruń 1999
K. Elm, Der Templerprozeß (1307–1312), in: Macht und Recht. Große Prozesse in der Geschichte, hrsg. von A. Demandt, München 1990, 81–101
J. Fried, Wille, Freiwilligkeit und Geständnis um 1300. Zur Beurteilung des letzten Templergroßmeisters Jacques de Molay, in: Historisches Jahrbuch 105 (1985), 388–425
J. Hasecker, Die Johanniter und die Wallfahrt nach Jerusalem (1480–1522), Göttingen 2008
S. Kubon, Die Außenpolitik des Deutschen Ordens unter Hochmeister Konrad von Jungingen (1393–1407), Göttingen 2016
D. Marcombe, Leper Knights. The Order of St Lazarus of Jerusalem in England, c. 1150–1544, Woodbridge, Suffolk 2003
H. Nicholson, *Steamy Syrian Scandals*. Matthew Paris on the Templars and Hospitallers, in: Medieval History 2,2 (1992), 68–85
G. O'Malley, The Knights Hospitaller of the English Langue, 1460–1525, Oxford 2005
W. Paravicini, Die Preussenreisen des europäischen Adels, Bd. 1–2, Sigmaringen 1989–1995
J. Pavón Benito, Juan de Beaumont, prior del Hospital: promoción al cargo y control de la Orden por parte de una facción nobiliaria en Navarra (1433–1451), in: Medievalismo 25 (2015), 369–388
S. Phillips, The Prior of the Knights Hospitaller in Late Medieval England, Woodbridge, Suffolk 2009
J. Sarnowsky, Pragmaticae Rhodiae. Die Landesgesetzgebung der Johanniter auf Rhodos, in: Sacra Militia 2 (2001), 5–24

The Teutonic Order in Prussia and Livonia. The political and ecclesiastical Structures, 13th –16th century, hrsg. von R. Czaja/A. Radzimiński, Toruń 2015

N. Vatin, L'Ordre de Saint-Jean-de-Jérusalem, l'Empire ottoman et la Méditerranée orientale entres les deux sièges de Rhodes 1480–1522, Louvain/Paris 1994

Literatur zu Kapitel 6

F. Angiolini, I cavalieri e il principe. L'ordine di Santo Stefano e la società toscana in età moderna, Florenz 1996

Die Baltischen Lande im Zeitalter der Reformation und Konfessionalisierung, hrsg. von M. Asche, W. Buchholz/A. Schindling, 4 Bde., Münster 2009–2012

R. Bazzarutti, Les chevaliers de Saint-Étienne un ordre militaro-religieux dans l'ombre des chevaliers de Saint-Jean-de-Jérusalem, in: Chronique d'histoire maritime 79 (2015), 51–68

B. Demel, Der Deutsche Orden im Spiegel seiner Besitzungen und Beziehungen in Europa, Frankfurt a. M. 2004

D. Grögor-Schiemann, Die Deutschordensballei Utrecht während der Reformationszeit. Die Landkommende zwischen Rebellion und Staatsbildung, Weimar 2015

Hospitaller Malta, 1530–1798: Studies on Early Modern Malta and the Order of St John of Jerusalem, hrsg. von V. Mallia-Milanes, Msida 1993

J. Kreem, Der Deutsche Orden im 16. Jahrhundert. Die Spätzeit einer geistlichen Adelskorporation in Livland, in: Leonid Arbusow (1882–1951) und die Erforschung des mittelalterlichen Livland, hrsg. von I. Misans/K. Neitmann, Köln/Weimar/Wien 2014, 287–96

M. Mager, Krisenerfahrung und Bewältigungsstrategien des Johanniterordens nach der Eroberung von Rhodos 1522, Münster 2014

The Military Orders and the Reformation. Choices, State Building, and the Weight of Tradition, hg. von J. A. Mol/K. Militzer/H. J. Nicholson, Hilversum 2006

W. G. Rödel, Die Johanniter in der Schweiz und die Reformation, in: Basler Zeitschrift für Geschichte und Altertumskunde 79 (1979), 14–35

Literatur zu Kapitel 7

R. E. de Bruin, Bedreigd door Napoleon. De Ridderlijke Duitsche Orde, Balije van Utrecht 1753–1838, Hilversum 2012

K. Müller, Die Familiaren des Deutschen Ordens, 2. Aufl. Marburg 2010

K. Oldenhage, Kurfürst Erzherzog Maximilian Franz als Hoch- und Deutschmeister 1780–1801, Bad Godesberg 1969

J. Sarnowsky, Die moderne Wahrnehmung der geistlichen Ritterorden des Mittelalters, in: Kreuzzüge des Mittelalters und der Neuzeit. Realhistorie – Geschichtskultur – Didaktik, hrsg. von F. Hinz, Hildesheim 2015, 177–202

W. Wippermann, Der Ordensstaat als Ideologie. Das Bild des Deutschen Ordens in der deutschen Geschichtsschreibung und Publizistik, Berlin 1979

Abbildungsnachweis

S. 21, Abb. 1: Wikimedia
S. 51, Abb. 2: Wikimedia
S. 67, Abb. 3: Depositphotos
S. 92, Abb. 4: Der Johanniter-Orden, der Malteser-Orden, hrsg. A. Wienand, Köln 1970, S. 101.
S. 106, Abb. 5: Paris Bibliothèque Nationale, Lat. 6067, fol. 3v.
S. 144, Abb. 6: Wikimedia
S. 163, Abb. 7: Wikimedia
S. 180, Abb. 8: Wikimedia
S. 208, Abb. 9: Wikimedia
S. 235, Abb. 10: Deutschordenszentralarchiv Wien

Index

Abkürzungen:

A = Orden von Alcántara / Av = Orden von Avis / C = Orden von Calatrava / CO = Christusorden / D = Orden von Dobrin / DO = Deutscher Orden / JO = Johanniterorden / L = Lazarusorden / MG = Orden vom Mons Gaudio / S = Santiagoorden / SB = Schwertbrüder / SO = Stephansorden / T = Templer / TO = Thomasorden / Zist = Zisterzienser

A

Ablässe 136
Achaia, Fürstentum 175
Adel 82, 122, 168 f., 210
Adel, westeuropäischer 134
adlige Abstammung 123, 188
Admiral JO 105, 166
Admiral SO 214
Afonso de Portugal JO-Meister 37, 82, 97, 104, 123
Afonso I. von Portugal 45, 68
Afonso II. von Portugal 46
Afonso von Portugal JO-Meister 81
Ägypten 12, 37, 62 f., 65, 87, 90, 135, 151, 153, 165, 175, 181, 183, 216
Ahamant (Amman) T-Burg 61
Akkon 37 f., 40, 54, 58 f., 66, 79, 84, 89–91, 97, 115, 125, 131, 151, 184
Akkon JO-Präzeptor 79
Akkon T-Komtur 105
Akkon TO-Kirche 55
Akkon, Nikolaitor 39 f.
al-Aqsa Moschee 57, 65
Alarcos, Schlacht von 44, 46, 48, 69
al-Arimah T-Burg 62
al-Ashraf Sultan Ägypten 91
Albert Bischof von Riga 19, 50 f., 69, 159
Albert Suerbeer, Erzbischof von Riga 170
Albrecht Alkibiades von Brandenburg-Kulmbach 211
Albrecht der Bär von Brandenburg 72
Albrecht II. römisch-deutscher König 177, 189
Albrecht von Brandenburg DO-Hochmeister 166, 179 f., 191, 203, 210
Albrecht von Schwarzburg JO-Großpräzeptor 164
Alcácer do Sal S-Haus 48, 93

Alcañiz C-Haus 69, 108
Alcántara, Orden von 44 f., 69, 84, 98, 103, 109, 142, 189
Alexander (Nevskij) von Novgorod 161
Alexander I. Zar 217
Alexander III. Papst 37, 43, 45, 48, 53, 98
Alexander IV. Papst 132
Alexander VI. Papst 188
Alexandrette 84
Alexandria 153, 175
Alexios I. Komnenos byzantinischer Kaiser 17
Alfons I. von Aragón 22, 31, 42, 67
Alfons II. von Aragón 48, 69
Alfons III. von Aragón 84
Alfons VII. von Kastilien-León 42
Alfons VIII. von Kastilien 44, 47, 49, 69, 93
Alfons X. von Kastilien 45, 49
Alfonso von Aragón König von Navarra 187
Algier 207, 209
Aliaga JO-Burg 69
al-Kamil Sultan Ägypten 59, 152
Almohaden 69
Almosen 143, 149
al-Mustansir Kalif 32
al-Nasir Sultan Ägypten 59
Altenbiesen DO-Ballei 112, 219
Altenburg DO-Komturei 119
Altshausen DO-Haus 213
Amadeus VIII. von Savoyen 213
Amalfi 32
Amalric de Nesle Patriarch von Jerusalem 87
Amalrich I. von Jerusalem 37, 61, 63, 87
Amalrich II. von Jerusalem 40
Amposta JO-Kastellanei 68, 76, 110
Ampringen, Johann Kaspar von DO-Hoch- und Deutschmeister 202

Amuda DO-Burg 62
Anaklet II. Gegenpapst 29
Anastasius IV. Papst 35, 97
Andalusien 45, 48
André de Montbard T 24
Andrea d'Amaral JO-Kanzler 184
Andreas II. von Ungarn 73, 76, 93, 159
Andreas von Hohenlohe DO 74
Andronikos II. byzantinischer Kaiser 162
Ankara, Schlacht von 174
Annalen von Dunstable 54
Antiochia 18, 62, 84, 86
Antiochia Fürstentum 64, 89
Antiochia T-Komtur 105, 109
Antonio Pigafetta JO 148
Antvorskov JO-Haus 193, 197
Antwerpen 132
Aosta L-Hospital 226
Apulien 186
Apulien DO-Ballei 76, 111 f., 195
Apulien T-Provinz 75, 109
Aquitanien JO-Priorat 158
Aquitanien T-Provinz 140
Aragón 49, 68 f., 72, 75, 108, 126, 128, 130 f., 158, 182
Aragón C-Provinz 76
Aragón JO-Priorat 75
Aragón S-Provinz 76
Aragón T-Provinz 75, 138
Archiv 59, 147
Archiv DO 220, 230
Archiv JO 192, 216
Archiv T 158
Arles DO 111
Armand de Pierregort T-Meister 90
Armenien 10, 62
Armenien DO-Ballei 76
Armenien JO-Präzeptor 79
Armutsgelübde 9, 190, 224
Arnau de Torroja T-Meister 63
Arnaud de Bedocio T 75

Arnim, Joachim von JO-Herrenmeister 199
Arnswalde JO-Pfarrkirche 198
Ascheraden SB-Provinz 50, 77
Ashridge 185
Askalon 19, 60, 86, 89
Assassinen 63
Assoziationen JO 223, 227
Asti 34
Äthiopien 228
Atlit (Pilgerschloss) T-Burg 86, 91
Attentat von Anagni 155
Auditor SO 214
Aufhebung T 157
Aufnahme 82 f., 141
Aufnahmeverbot JO 79
Augsburger Interim 210
Augustinus 10, 15
Augustinusregel 49, 94, 96, 98, 186
Auvergne JO-Priorat 110
Auvergne, JO-Großpriorat 222
Avila 47
Avis, Orden von 44–46, 69, 98, 103, 121, 189
Ayme d'Oselier T-Marschall 157

B

Bäckerei 131
Backmeister DO-Hausamt 127
Baden 219
Baghras (Gaston) T-Burg 62, 64, 84
Bailli des commerchium JO 116, 167
Balduin Brochet 78
Balduin I. von Jerusalem 18, 33
Balduin II. von Jerusalem 24, 57
Balduin III. von Jerusalem 35, 61, 86
Balduin IV. von Jerusalem 64
Balduin V. von Jerusalem 64
Balduin von Boulogne 18
Balga DO-Komturei 108, 119, 161

Balian von Ibelin 66
Balleien DO 112
Baltikum 10, 19, 50, 66, 69–71, 75, 78, 91, 113, 159, 173
Bankgeschäfte T 133
Barbairano Familie T 74
Barbará T-Burg 68
Barbara, hl. 143
Barbastro 16
Barber, Malcolm 70
Barcelona 134
Barcelona Grafschaft 72
Bari 34
Barletta JO-Priorat 76
Barz, Wolf-Dieter 233
Basel 229
Basel JO-Haus 192
Basileos II. byzantinischer Kaiser 16
Baugy T-Haus 120, 130, 146
Baybars Sultan Ägypten 90
Bayern 219
Bayern, Clemens August von DO-Hoch- und Deutschmeister 218
Bayezid II. Sultan des Osmanischen Reiches 182
Beit Jibrin JO 35, 60
bellator rex 152
Belmont JO-Burg 61
Belver JO-Burg 69
Belvoir JO-Burg 61, 89
Benedictus Deus 47
Benedikt XIII. Papst (Avignon) 49
Benediktsregel 95 f., 98
Bentinck van Schoonheten, Volkier Rudolph DO-Landkomtur Utrecht 225
Berengar IV. von Barcelona 91
Berengar Raimund von der Provence 73
Bergen DO-Haus 202
Berkhamsted TO-Hospital 186
Bern 195
Bern JO-Haus 192
Bernard de Tremelay T-Meister 86

Index

Bernard le Trésorier 22
Bernd von der Schulenburg JO-Balleier Brandenburg 197
Bernhard von Clairvaux 15, 24, 26 f., 43, 81, 122
Bernstein 132
Bernsteinmeister DO 117
Bertrand le Mazoir 62
Bettelorden 10, 94
Bewässerungssystem 131
Béziers 154
Bibliotheken 146
Biesen DO-Ballei 203
Birgu 207
Blanche von Kastilien Königin von Frankreich 133
Blois van Treslong, Diederick DO-Landkomtur Utrecht 204
Bobenhausen, Heinrich von DO-Hoch- und Deutschmeister 211 f.
Bohemund III. von Antiochia 62, 64
Bohemund III. von Tripolis 64
Bohemund IV. von Tripolis 64 f.
Bohemund von Tarent 18
Böhmen 177, 179
Böhmen DO-Ballei 76, 112, 139
Böhmen, JO-Großpriorat 222
Boigny L-Haus 53 f., 77, 185
Bologna, Konkordat von 213
Bologna, Universität 148
Bonifaz IX. Papst 142, 173
Bonifaz VIII. Papst 155
Bozen DO-Ballei 112, 139, 195, 210
Bozen DO-Hospital 74
Bozen DO-Komturei 220
Brabant 186
Braga, T-Hospital 149
Brandenburg 72, 130, 168, 193, 197 f., 218
Brandenburg DO-Komturei 108, 119
Brandenburg JO-Bailli von 198, 201
Brandenburg JO-Ballei 197, 200, 224, 233

Brathean DO-Vogt 139
Braunschweig 198
Braunschweig Herzogtum 196
Breitenbach L-Haus 54
Bremen 39
Breslau, Bischof von 218
Brest, Friede von 100, 177
Bretteville T-Haus 146
Brindisi 164, 186
Brockenhuus, Peter 193
Brüder, verheiratete 83, 229
Brügge 142
Brünn, Bistum 230
Bruno D-Meister 53
Bubikon JO-Haus 192
Buchbesitz 146
Buckland JO-Frauenkloster 128
Bulle von Rieti 160
Burchard von Schwanden DO-Hochmeister 91
Burgen 85
Burgenbau 144, 160
Burgund 71
Buro DO-Haus 202
Burton Lazars L-Haus 54, 77, 185, 194
Burzenland DO 73, 76, 93, 159
Busca, Antonio JO-Großmeister-Statthalter 222
Bütow DO-Pflege 139
Byzantinisches Reich 162
Byzanz 174

C

Cáceres 46
Calatrava C-Burg 44, 187
Calatrava T 42, 68, 92
Calatrava, Orden von 45 f., 48, 52, 69, 73, 76, 93, 95, 98, 103, 108 f., 118, 121, 123, 128 f., 142, 158, 186, 188

Canali, Nicola Kardinal JO-Großprior Rom 228
Candida, Carlo JO-Großmeister-Statthalter 222
Capitula Rhodi 168
Capua L-Haus 185
Caracciolo, Guiseppe JO 221
Caravaggio, Michelangelo Merisi da 145
Carcassonne 73
Carlos Infant von Spanien, Verwalter des JO-Großpriorats Kastilien 222
Carmona C-Burg 187
Carta caritatis Zist 98
Caspe JO-Kapitularbailli 110, 126
Cassar, Gerolamo 208
Catania JO-Konvent 221
Cazius, Gijsbert Dirk 225
Ceschi a Santa Croce, Giovanni Battista JO-Großmeister-Statthalter, JO-Großmeister 223
Chalamera T-Burg 68
Champagne 71
Champagne JO-Priorat 158
Chastel Blanc T-Burg 62, 90
Chastellet T-Burg 87
Chigi Albani delle Rovere, Ludovico JO-Großmeister 228
Chorherren vom Heiligen Grab 31, 33, 67, 95 f., 149
Christburg DO-Komturei 107, 165
Christian Bischof von Preußen 52, 160, 170
Christian II. von Sachsen 201
Christian III. von Dänemark 193
Christianae fidei religio 35, 97
Christusorden 121, 158, 189
Chronik der vier Orden von Jerusalem 149
Chronik Spaniens 148
Ciruelos 43
Civitavecchia 205
clavero C 108

Cleen, Dietrich von DO-Deutschmeister 209
Clemens III. Papst 39
Clemens V. Papst 153, 156 f., 164, 232
Clemens VII. Papst 206
Clemens VII. Papst (Avignon) 175
Clerkenwell 237
Clerkenwell London JO-Kirche 144
Clermont Konzil 17
Cluniazenser 70, 94
Cölestin II. Papst 31
Cölestin III. Papst 39, 48
Collachium / Ritterstadt JO 166
Colloredo-Mels, Filippo di JO-Großmeister-Statthalter 223
Commendador mayor C 103
confradria de Belchite 42
confratres DO JO 73
Consuegra JO-Burg 69
Cornwall 186
corso JO 135, 215
Cosimo I. von Medici, Herzog von Florenz, SO-Großmeister 213
Crac des Chevaliers JO-Burg 36, 61, 86, 89 f.
Crac des Chevaliers JO-Präzeptor 79
Cressac T-Kirche 144
Cresson Schlacht an den Quellen von 88
Cronberg, Walter von DO-Deutschmeister, Hochmeister-Administrator 209
Cronicón de Uclés 149
Cuenca S-Hospital 47
Curaudus DO-Prior 40
Currie, Donald 224

D

Dahnsdorf DO-Haus 202

Index

Daimbert Patriarch von Jerusalem 33
Damaskus 65, 86
Damaskus, Sultan 90, 151
Dänemark 193
Daniel russischer Fürst 53
Danzig 167, 176, 178
Danzig DO-Komturei 108, 114, 119, 166
Darbsak T-Burg 62
Darlehen 134
Darlehen DO 134
Darlehen T 133
Darmstadt DO-Priesterkonvent 230
David I. von Schottland 53
De laude novae militiae 27
Decretum Gratiani 15
Deposita 138
Deposita von Herrschern 133
Deposita von Kreuzfahrern und Pilgern 133
Depositare JO 134, 138
Deutscher Orden 9, 13, 38, 42, 52 f., 55, 58 f., 61 f., 65 f., 69 f., 72–74, 76–80, 82 f., 86, 89–91, 93, 97, 100, 102, 105, 107, 111, 117–121, 123–125, 128, 130 f., 134, 136–138, 143–149, 158 f., 162, 165–168, 171, 174, 176, 189, 191, 195 f., 201, 209, 212, 217, 224, 229, 231, 236
Deutschland DO-Landkomtur 76
Deutschland JO-Subpriorat 229
Deutschland T-Provinz 75
Deutschland, JO-Priorat 193, 223
Deutschmeister DO 76, 80, 111–113, 139, 196
Deutschmeistertum 112
Didaco Lupi A 142
Diego de Castrillo C-comendador mayor 188
Diego García de Padilla C-Meister 186

Dietrich von Altenburg DO-Hochmeister 82
Dingley, Thomas JO 194
Dinkelsbühl 195
Dirschau DO-Vogt 139
Dobrin, Land 135, 173
Dobrin, Orden von 52
Dodekanes 164, 168, 184
Dohna, Familie 180
Dommitzsch DO-Haus 202
Donaten 122, 127
Dorothea von Montau 128
Dorpat 211
Dorpat Bistum 159
Douzens T-Haus 73
Drachenorden 189
Dragut Reis 207
Drapier JO 105, 165
Drapier T 105
Dreißigjähriger Krieg 212
Dreizehnjähriger Krieg 135, 148, 165
Drohiczyn D-Burg 53
Druon, Maurice 232
Dschem osmanischer Thronprätendent 183, 185

E

Eberhard von Saunsheim DO-Deutschmeister 100
Edessa Grafschaft 18, 35
Edinburgh L-Haus 53
Eduard I. von England 90
Eduard II. von England 156, 185
Eduard VII. von Großbritannien 224
Egle JO-Kapitularbailli 110
Egmond van Meresteijn, Albert van DO-Landkomtur Utrecht 203
Ehrenritter DO 225
Ehrentisch 172
Eidechsengesellschaft 176

Eigenhandel DO 132
Einnehmer des Meisters JO 167
Ekkehard von Aura 33
Elba 222
Elbing 161, 178
Elbing DO-Hospital 149
Elbing DO-Komturei 107, 119 f., 131, 165
Elcano, Juan Sebastián 148
Élion de Villeneuve JO-Meister 140, 145
Ellingen DO-Haus 213
Ellwangen, Fürstpropst von 218
Elsass-Burgund DO-Ballei 76, 112 f., 139, 195, 210, 213
Émery d'Amboise JO-Großmeister 145
Emirate, türkische 162, 174
Emmanuele Piloti 176
Emmanuel-Philibert von Savoyen 213
England 71, 75, 126, 128, 133, 144, 146, 158, 185 f., 194
England JO-Priorat 76, 81, 110, 119, 224
England JO-Subpriorat 229
England T-Provinz 75
Enguerrand de Marigny 155
Enrique de Villena 187
Erbfolgekrieg Antiochia 62, 64
Erich von Braunschweig DO-Landkomtur Koblenz 210
Ermland Bistum 170, 179
Ernoul Chronik 88
esgarts des frères JO 115
Eskilstuna JO-Haus 193
Esquiu de Floyran 154, 156
Essex 131 f.
Esther Bibeldichtung 147
Estland 11, 50, 159
Esztergom 54
Étienne de la Ferté Patriarch von Jerusalem 95
Etrurien, Königreich 226

Eudes de Pichanges 74
Eugen III. Papst 18 f., 25, 31, 34, 86
Eugen IV. Papst 99, 129, 170
Eulenburg, Familie 180
Euphemia von Chalcedon, hl. JO 143
Éverard des Barres T 63, 68, 86, 109
Évora 46
Exkommunizierte, Aufnahme 73
Eyn deutsch Theologia 148

F

Fabré-Palaprat, Bernard-Raymond 232
Fabrizio del Carretto JO-Großmeister 145
Familiare 122, 127, 230
Felder, Hilarin 230
Fellin SB-Provinz 50, 77
Ferdinand II. von León 45 f., 84
Ferdinand II. von Tirol 212
Ferdinand III. von der Toskana 226
Ferdinand III. von Kastilien-León 45
Ferdinand VII. von Spanien 222
Ferdinand von Aragón 188 f.
Fernández de Heredia JO-Meister 175
Ferrara 148, 222
Ferrara-Florenz, Konzil von 169, 171
Feuchtwangen, Familie 79
Flach von Schwarzenberg, Philipp JO-Großprior Deutschland 201
Flandern 60, 186
Florenz 134
Florenz, Herzogtum 214
Flotte JO 176, 215
Folter 156, 158
Fontenette T 74
Ford, Alexander 233
Foulques de Villaret JO-Meister 107, 153, 162, 164, 166

255

Franchi de'Cavalieri, Pio JO-Groß-
   meister-Statthalter   228
Francia JO-Priorat   126
Francisco de Rades y Andrada Chronik   124
Francisco de Rades y Andrada, Chronik   84, 149
Franken DO-Ballei   14, 112, 219
Frankfurt   195
Frankreich   71 f., 119, 133, 153, 155, 164, 169, 174, 183, 206, 209, 215 f., 219, 222 f.
Frankreich DO-Ballei   76, 111
Frankreich JO-Provinz   77
Frankreich T-Provinz   75
Franz I. Kaiser von Österreich, vgl. Franz II. Kaiser   224
Franz I. von Frankreich   184, 206 f., 213
Franz I. von Sizilien   222
Franz II. Kaiser   217, 220
Französische Revolution   213, 216 f., 221
Frauen   9, 12, 122, 127, 129, 225
Freimaurer   232
Freudenthal DO-Haus   230
Frieden von Christburg   161
Friedrich I. Kaiser   38
Friedrich II. Kaiser   41, 52, 59, 65, 72, 89, 151, 160
Friedrich II. von Sizilien   162
Friedrich III. Kaiser   178, 189
Friedrich III. von Brandenburg   11
Friedrich von Hohenlohe DO   74
Friedrich von Sachsen DO-Hochmeister   117, 140, 166, 180
Friedrich von Schwaben   38 f.
Friedrich von Wildenberg DO-Landmeister Preußen   112
Friedrich Wilhelm III. von Preußen   234
Friedrich Wilhelm IV. von Preußen   223
Friesland   126, 128

Frutolf   33
Fulcher von Chartres   17
Fulk von Anjou, König von Jerusalem   24, 35, 53

G

Galiläa   61, 89
García C-Meister   43, 98
García de Toledo   208
García López de Padilla C-Meister   188
Gascogne   60
Gascogne S-Provinz   76
Gautier de Châteauneuf L-Meister   53
Gautier le Gras JO
Gaza T-Burg   86, 88
Gaza, Schlacht bei   90
Gedimin von Litauen   172
Geertgen tot Sint Jans   145
Gehorsamsgelübde   9, 104
Gelasius I. Papst   27
Geldern Herzogtum   196
Geldtransfers DO   134
Geldtransfers JO   134
Gelübde   9, 94, 141
Generalkapite JOl   111
Generalkapitel   111–113
Generalkapitel DO   100, 104, 114, 195, 210, 212, 218, 229, 231
Generalkapitel JO   63, 79, 82, 97, 99, 102, 110, 114, 119, 121, 206, 215
Generalkapitel L   185
Generalkapitel T   86
Generalkonservator SO   214
Generalprokurator an der Kurie DO   112, 139, 142
Genezareth, See   88
Genua   66, 162, 164, 183
Geoffroi de Charney T-Präzeptor der Normandie   157

Geoffroi de Saint-Omer T 20, 24
Geoffroy de Sargines 89
Georg IV. von Großbritannien 224
Georg von Sachsen 201
Georg von Wirsberg DO-Komtur von Rheden 176
Georg, hl. 143
Georgsorden 189
Gérard de Ridefort T-Meister 64, 87 f.
Gerard JO-Leiter 32–34, 95
Gerhard DO-Prior 40
Gerichtsrechte 159, 167
Germar, Hans von DO-Landkomtur Thüringen 201
Getreideanbau 131 f., 138
Giacomo Bosio JO-Chronik 149
Gilbert Abt von Cîteaux 43
Gilbert d'Assailly JO-Meister 36, 87
Gilbert JO 36
Giles Aycelin de Montaigu Erzbischof Narbonne 156
Giovanbattista Orsini JO-Meister 103
Giovanni, Andrea di JO-Großmeister-Statthalter 222
Giresme, Familie 78
Godelevis aus Köln DO 127
Goldbulle von Rimini 160, 178
Gómez Prior San Julian 45
Gonçalo Viegas Av-Meister 46
Gonzalo Mejía S-Meister 187
Gonzalo Núñez de Guzman A-Meister, C-Meister 187
Gonzalo Ruiz Girón, S-Meister 49
Gotha L-Haus 54
Gottfried von Bouillon Herrscher von Jerusalem 18, 33
Göttingen DO-Haus 202
Gozo 207
Granada 49
Grandselve Zist-Kloster 49
Grañena T-Burg 67
Graudenz DO-Komturei 119

Gregor IX. Papst 52 f., 55, 65, 160
Gregor VII. Papst 16
Gregor XI. Papst 174
Gregor XIII. Papst 213
Gregor XVI. Papst 222
Griechen 168 f., 172, 184, 222, 224
Großbailli JO 107, 166
Großbritannien 223
Großendorf T-Haus 130
Großgebietiger DO 105, 166
Großkanzler SO 214
Großkomtur (comendador mayor) C 108
Großkomtur DO 107, 146, 165
Großkomtur SO 214
Großkomtur T 102, 105, 109
Großkomtur, spanische Ritterorden 109
Großkonnetable SO 214
Großpräzeptor JO 105, 165
Großpräzeptoren im Westen JO 77
Großprior SO 214
Großschäffer zu Königsberg DO 117
Großschäffer zu Marienburg DO 117
Grünberg JO-Haus 198
Grundherrschaft 120
Guevara Suardo, Innico Maria JO-Großmeister-Statthalter 221
Guido von Lusignan König von Jerusalem 38 f., 64, 87
Guillaume Caoursin JO-Vizekanzler 99, 110, 149, 182
Guillaume de Châteauneuf JO-Meister 66, 90
Guillaume de Nogaret 155
Guillaume de Saint-Estène JO 32
Guillaume Erzbischof von Tyrus 20, 23 f., 32, 36
Guillaume Falco T 77
Gunter Bischof von Płock 52

257

H

Haarlem JO-Haus 145
Habsburger 222, 227, 229
Hadrian VI. Papst 188, 205
Halicz, Fürstentum 53
Halle DO-Hospital 74
Hammer-Purgstall, Joseph von 23
Handwerker 131
Hanse 142, 167
Häresievorwurf 154, 156
Hattin, Schlacht bei 64
Hedwig (Jadwiga) von Polen 172
Heidenkampf 9, 84
Heider, Paul DO-Hochmeister 230
Heilbronn 195
Heiliges Land 10, 71, 75, 78, 80, 119, 131, 135, 140, 151 f., 159
Heiliges Römisches Reich 73, 119, 138, 176, 179, 181, 192, 195, 205, 209, 216
Heimbach, Vertrag von 197, 200
Heinrich \der Seefahrer« 189
Heinrich Bart DO-Meister 40
Heinrich Beringer Kartäuser 100
Heinrich DO-Prior 40
Heinrich I. von England 71
Heinrich II. von England 71
Heinrich II. von Zypern 91
Heinrich III. von England 73
Heinrich III. von Kastilien 187
Heinrich IV. von England 73
Heinrich IV. von Frankreich 213
Heinrich VI. Kaiser 40, 72
Heinrich VIII. von England 186, 194, 206 f.
Heinrich von der Champagne, Herrscher von Jerusalem 39
Heinrich von Hesler DO, Apokalypse 147
Heinrich von Hohenlohe DO 74
Heinrich von Pfalzpaint DO 148
Heinrich von Plauen DO-Hochmeister 108, 166, 174, 176
Heinrich von Trastámara König von Kastilien 186
Heinrich Walpot DO-Meister 40
Helena Kaiserin 14
Henry of Bedford TO-Meister 185
Henry of Huntingdon 25
Hercolani Fava Simonetti, Antonio JO-Großmeister-Statthalter 229
Hermann Balk, DO-Landmeister in Preußen 52
Hermann von Salza DO-Hochmeister 40, 65, 72
Hessen 197
Hessen DO-Ballei 202
Het'um von Armenien 62
Hildesheim, Bischof 219
Hindenburg, Paul von 234
Historiographie 148
Hoch- und Deutschmeisterregiment 212
Hochmeister DO 113
Hochmeisterchronik, Ältere 149
Hochmeisterkapelle DO, Marienburg 145
Hohenstein, Martin von JO-Herrenmeister 201
Holborn L-Haus 54, 185
Homedes, Juan de JO-Großmeister 194
Hompesch, Ferdinand von JO-Großmeister 216 f.
Honorius III. Papst 41, 53, 97, 123, 136, 160
Horneck DO-Haus 74, 196, 209
Horsens JO-Haus 193
Hospital der Armenier, Akkon 38
Hospital DO 39, 59, 72, 113
Hospital JO 32, 58, 144, 149, 207 f., 223, 227
Hospital L 185
Hospital TO 186
Hospital, Jerusalem DO 38

Hospitalar JO 105, 127, 165
Hospitäler 144
Hospitalität 10, 149
Hubert Walter Justitiar Kanzler England 54
Huesca 68
Huesca T-Haus 130
Hugo III. von Burgund 73
Hugues de Lusignan 89
Hugues de Payns T-Meister 20, 24 f., 29, 71, 73, 75, 86, 95
Hugues de Rigeaud T 75
Hugues Revel JO-Meister 97, 123
Hugues von der Champagne 24, 73
Hund, Karl Gotthelf von 232
Hussiten 177

I

Iberische Halbinsel 10, 71, 73, 76, 91, 137
Imād ad-Dīn al-Iṣfahāni Chronik 88
Infirmar JO 127
Innozenz II. Papst 29, 35 f., 96, 122
Innozenz III. Papst 40 f., 44, 50, 53, 97
Innozenz IV. Papst 41, 97, 170
Innozenz VIII. Papst 183, 185, 188, 213
Irland 72, 186
Irland JO-Subpriorat 229
Isaac von Étoile 25
Isabella von Armenien 65
Isabella von Kastilien 188
Italien 71, 73, 128, 138, 158, 169, 216, 223, 227–229
Italien JO-Priorat 76
italienische Seestädte 59, 64
Iwan IV. von Moskau 211

J

Jacques de Milly JO-Meister 123
Jacques de Molay T-Meister 85, 89, 143, 149, 153, 156 f., 232
Jacques de Vitry 14
Jaffa 39, 61, 89
Jakob II. von Aragón 84, 154, 156, 158
Janus I. von Zypern 181
Jean de Hesdin JO 148
Jean de Joinville 54, 89
Jean de Lastic JO-Großmeister 181 f.
Jean de Villiers JO-Meister 91
Jean Michel 26
Jean Morelli JO-Erzbischof von Rhodos 171
Jerusalem 53, 57, 61, 72, 89, 102, 144, 151, 154
Jerusalem Königreich 20, 38, 53, 59–61, 64 f., 87 f., 91, 152
Joachim I. von Brandenburg 198
Joachim II. von Brandenburg 198, 200
Jobert JO-Meister 97
Johann Georg von Brandenburg 200
Johann I. von Kastilien 187
Johann II. von Kastilien 187
Johann III. von Portugal 206 f.
Johann Reppin, DO-Großschäffer zu Königsberg 142
Johann Siebenhirter Georgsorden-Meister 190
Johann vom Felde DO-Generalprokurator an der Kurie 142
Johann von Brandenburg-Küstrin 198–200
Johann von England 133
Johann von Hattstein JO-Prior Deutschland 192, 199
Johann von Würzburg 58
Johanna aus Wiltshire T 127
Johannes der Täufer, hl. 143, 145
Johannes Erfstein von Straßburg JO-Meisterkaplan Schreiber 125
Johannes von Amalfi Erzbischof 32

259

Johannes XXII. Papst 107, 158
Johannes XXIII. Papst 229
Johannes XXIII. Papst (Pisa) 142
Johanniter 11–14, 22, 31, 35, 40, 42, 55, 58–65, 67 f., 72–75, 77–79, 81 f., 84–87, 89–91, 95 f., 99, 101 f., 105, 109, 114, 116, 118–120, 123–128, 130–133, 135–138, 140, 142–147, 149, 151, 153, 158, 162, 165–171, 174, 181, 183, 185, 190, 192, 196, 213, 215, 219, 221, 224
Johanniter-Unfall-Hilfe 228
Joscelin III. von Edessa 59
Jost von Venningen DO-Deutschmeister 123
Juan Erzbischof von Toledo 43
Juan Fernández de Heredia JO-Meister 147 f., 175
Juan Núñez de Prado C-Meister 186
Juden 170
Judith Bibeldichtung 147
Jugoslawien 229
Julian Apostata römischer Kaiser 145
Julius II. Papst 213
Julius III. Papst 189
Jungingen, Familie 79

K

Kalabrien 73, 186
Kalixt III. Papst 124
Kalvinismus 203
Kammerballeien DO 80, 112, 138
Kanzlei 125
Kanzler JO 166
Kapitularbaillis JO 110
Kappel, Schlacht bei 192
Karl V. Kaiser 11, 183, 188, 203, 205 f., 211, 213
Karl VII. von Neapel 216
Karl von Hessen 202
Karl von Trier DO-Hochmeister 81
Karl X. von Frankreich 226
Karlstadt, Vertrag von 202
Kaschuben 168
Kasimir IV. von Polen 178
Kassel, Vertrag von 202
Kastellan der Burg Montfort DO 107
Kastellan von Amposta JO 128, 132
Kastellan von Rhodos JO 116, 167
Kastellorizzo JO-Burg 181
Kastilien 45, 49, 68, 92, 103
Kastilien C-Provinz 76
Kastilien S-Provinz 76
Katalonien 60, 72, 75, 169
Katalonien JO-Priorat 76, 110, 158
Katalonien T-Provinz 99
Katharina Mulner DO 128
Katharina von Alexandrien, hl. 143, 145
Kauf von Besitz 130
Kaufleute 132–134, 136, 138, 169
Kerak, Herr von 90
Kettler, Gotthard DO-Landmeister Livland, Herzog Kurland 211
Keuschheitsgelübde 9, 83, 129, 188, 191
Kirchen, -bau, Ausstattung 143, 145
Klein, Norbert, Bischof von Brünn, DO-Hochmeister 229
Kleinpräzeptor JO 116, 127
Kleve 193
Knappenmeister JO 116
Koblenz DO-Ballei 80, 112, 131 f., 134, 139, 210, 219
Köln, Erzbischof 219
Kolossi JO-Burg 132
Komtur der Schiffe JO 116
Komtur des Gewölbes zu Akkon T 115

Komtur des Königreichs Jerusalem T 105
Komtureien, Kommenden, Präzeptoreien 74, 118, 120, 167
Königsberg 172, 179
Königsberg DO-Großschäfferei 132
Königsberg DO-Komturei 107, 139, 165
Königsberg-Komturei 117, 167
Konitz, Schlacht bei 179
Köniz DO-Haus 195
Konrad von Braunsberg JO-Prior Deutschland 197
Konrad von Erlichshausen DO-Hochmeister 100, 166, 178
Konrad von Horneck DO 74
Konrad von Jungingen DO-Hochmeister 80, 82
Konrad von Masowien 52, 73, 93, 160
Konrad von Thüringen DO-Hochmeister 81
Konrad Zöllner von Rotenstein DO-Hochmeister 12
Konrad Zölner von Rotenstein DO-Hochmeister 135
Konstantin, Kaiser 15
Konstantinopel 86, 182
Konstanz, Konzil von 175, 177
Konventsprior DO 125
Konventsprior JO 107 f., 125, 148
Konventualbaillis JO 105, 166
Korfu 207
Korinth 175, 209
Kos JO 110, 162, 164, 183 f.
Kos, Bistum 170
Kraak JO-Haus 198
Krakau, Vertrag von 181
Kremmen, Vertrag von 130
Kreta 205
Kreuzzug gegen Albigenser 73
Kreuzzug gegen Mongolen 173
Kreuzzug in Preußen 161
Kreuzzug von Nikopolis 175

Kreuzzug, Dritter 38, 54, 64, 89
Kreuzzug, Fünfter 65, 74, 85, 89
Kreuzzug, Zweiter 63, 86, 109, 133
Kreuzzüge gegen Litauen 134, 165, 171 f.
Kreuzzugsplanung 153, 164, 175
Krieg, gerechter 10, 15
Kronobäck JO-Haus 193
Kruschwitzer Vertrag 160
Kulm 69, 160 f.
Kulm Bistum 125, 170
Kulm DO-Domkapitel 126
Kulmer Handfeste 160, 167
Kulmer Land 160 f., 166, 168, 176
Kulmer Recht 161, 168
Kumanen 160
Kurland Bistum 159
Kurland DO-Domkapitel 126
Kurland, Herzogtum 211
Kurpfalz 193
Küstrin JO-Haus 200

L

La Fève (al-Fula) T-Burg 61
La Forbie, Schlacht bei 54, 77, 90, 184
La Mota DO-Haus 42, 111
La Roche de Guillaume T-Burg 62
La Roche de Roussel T-Burg 62
Lagow JO-Präzeptorei 130, 198 f.
Lana DO-Priesterkonvent 225
Landesgesetzgebung 167
Landesherrschaft 11, 116, 159, 164, 166–169, 171, 184, 191, 212, 231, 233
Landesordnungen DO 167
Landkomture DO 76
Langeln DO-Haus 202
Laparelli, Francesco 208
Las Navas de Tolosa, Schlacht bei 44, 48, 93
Laterankonzil, viertes 124

Laterankonzil, zweites 29
Laudivio Zacchia JO 148
Laurentius Blumenau 148
Lazarusorden 53 f., 77, 79, 90, 95, 149, 184 f., 194, 213, 226
Lehesten DO-Komturei 201
Leipe DO-Vogt 139
Leo II. von Armenien 62, 64
Leo IX. Papst 16
Leo X. Papst 188, 209, 213
Leo XIII. Papst 223
León 45
León S-Provinz 76
Lepanto, Schlacht bei 209, 213 f.
Lérida 67
Leros JO 162, 164
Libro de los fechos et conquistas del Principado de Morea 148
Libyen 227
Liebstedt DO-Komturei 201
Lietzen JO-Präzeptorei 200
Lijnden, Jasper van DO-Landkomtur Utrecht 204
Limassol 162
Limassol JO-Konvent 79
Lissabon 48
Litauen 12, 172, 233
Literalität 125, 146
Little Maplestead JO-Kirche 144
Livland 11, 50, 52, 76, 79 f., 93, 100, 112, 119, 134, 137 f., 159, 161, 170 f., 179, 181, 205, 209 f.
Livland DO-Landmeister 76, 111
Livländischer Krieg 211
Loe, Frans van der DO-Landkomtur Utrecht 203
Lombardei 60, 79
Lombardei DO-Ballei 76, 111
Lombardei JO-Priorat 76
Lombardei T-Unterprovinz 109
Lombarden, Frankreich 155
London 54, 72, 131, 185, 206
London L-Haus 185
London T-Haus 133
London TO-Haus 55
Lothringen DO-Ballei 112, 203, 219
Lothringen, Karl Alexander von DO-Hoch- und Deutschmeister 218
Lübeck 39, 80
Lübisches Recht 168
Lucius III. Papst 45, 96
Lucklum DO-Komturei 202
Ludendorff, Erich 234
Ludwig IV. Kaiser 172
Ludwig IX. von Frankreich 66, 90, 152, 155
Ludwig VII. von Frankreich 53, 63, 71 f., 86, 109, 133
Ludwig von Erlichshausen DO-Hochmeister 178
Ludwig von Holland 225
Ludwig XVIII. von Frankreich 222, 226
Luis de Guzmán C-Meister 187
Lureil JO-Kapitularbailli 110
Luther von Braunschweig DO-Hochmeister 81, 147
Luther, Martin 148, 180, 191
Lyon 134
Lyoner Konzil, Zweites 152 f.

M

Magdeburger Recht 161
Magellan, Fernando de 148
Mainau DO-Komturei 211
Mainz, Erzbistum 218 f.
Makkabäer 32
Makkabäer Bibeldichtung 147
Mallorca JO-Kapitularbailli 110
Malta 11, 13, 149, 194, 205–207, 215 f., 222
Malteser International 228
Malteser-Hilfsdienst 228
Manosque JO-Haus 119
Manosque JO-Kapitularbailli 110

Manuel I. byzantinischer Kaiser 86
Marburg DO-Ballei 112
Marburg DO-Pfarrkirche 202
Margat JO-Burg 62, 66, 86, 90, 159
Margat JO-Präzeptor 79
Maria Magdalena, hl. 143, 145
Maria von England 194
Marianer DO 225
Maria-Theresia-Orden 222
Marienburg DO-Burg 13, 100, 114, 117, 125, 143, 147 f., 165, 174, 178 f., 233 f.
Marienburg DO-Großschäfferei 132
Marienburg DO-Komturei 139
Marienverehrung 143, 145
Marienwerder 128, 144, 161, 177
Mark Ancona T-Unterprovinz 109
Marktrechte 131
Marquard von Salzbach DO-Komtur von Ragnit 173
Marschall JO 105
Marschall T 102, 105, 115
Marschall, Oberster DO 107, 165
Marseille 116, 136
Martin I. von Aragón 49
Martín López de Córdoba A-Meister, C-Meister 187
Martin Truchsess DO-Hochmeister 179
Mas Deu JO-Haus 146
Mathilde von England 71
Matthäus Parisiensis, Chronik 54, 66, 152
Matthias Corvinus von Ungarn 189
Matthieu de Chaselles Bischof von Nisyros 171
Matthieu de Clermont JO-Marschall 91
Mauritius- und Lazarusorden 226
Mauro di Pantaleone 32
Maximilian I. römisch-deutscher König 190
Mdina, Malta 207
Mecheln DO-Haus 132

Mechtild aus Köln DO 127
Mecklenburg 72, 130, 197 f.
Mehmed II. Sultan des Osmanischen Reiches 182
Meister 101, 103 f.
Meister JO 107, 114, 143, 166 f.
Meister S 142
Meisterwahl 101, 103, 123, 142
Melisende Königin von Jerusalem 53
Melisende von Jerusalem 24
Melnosee, Friede vom 177
membra JO 74
Mergentheim DO-Haus 13, 74, 196, 211 f., 217–220
Mergentheim DO-Priesterseminar 212
Messen 141
Messina 34
Messina JO-Priorat 76
Metternich, Klemens Wenzel von 222, 224
Mewe 52
Mewe DO-Komturei 107, 119, 165
Michael der Syrer 24
Michael Küchmeister DO-Hochmeister 79, 177
Militarisierung DO 37, 40
Militarisierung JO 34, 85
milites ad terminum T 122
Milites Templi 31
Militia Cesaraugustana 42
Militia Christi de Monreal 42
Millstadt Georgsorden 189
Mindaugas (Mindowe) von Litauen 172
Mirow JO-Präzeptorei 199
Mistra 175
Moclín 49
Mojana di Cologna, Angelo di JO-Großprior 229
Monfragüe, MG-Haus 49
Mongolen 66, 173
Mons Gaudio, Orden vom 48

Index

Montagu, William, Herzog von Manchester, JO-Großprior England 224
Montesa, Orden von 98, 158
Montfort DO-Burg 59, 86, 90, 137
Montgay T-Burg 68
Montgisard Schlacht bei 87
Montgisard, Schlacht bei 58
Montpellier DO 111
Monzon T-Burg 68
Morimond Zist-Kloster 44 f., 98, 103, 108, 121
Moritz von Nassau 204
Moskau, Großfürstentum 209
Mühlberg, Schlacht bei 211
Mühlen 130 f., 159, 167
Mühlhausen DO-Haus 126
Mündemeister DO 117
Münster, Bischof 219
Münzmeister DO 117, 167
Münzrecht 159
Muslime 135, 141, 169, 188
Mustafa Pascha 208

N

Nablus 22
Nägelstedt DO-Komturei 201
Napoleon 216, 219, 221, 225 f.
Narratio de primordiis ordinis Theutonici 38
Narwa 211
Nassau-Diez, Heinrich Casimir DO-Landkomtur Utrecht 204
Nathanael, Metropolit Rhodos 171
Naumann, Franz JO-Herrenmeister 198, 200
Naumburg, Vertrag von 201
Navarra JO-Priorat 75, 111
Neapel 182
Neapel, JO-Priorate 222
Neckarelz JO-Kirche 144
Neckarsulm DO-Haus 196

Negroponte (Euböa) 176, 182
Negroponte (Euböa) JO-Präzeptor 110
Nemerow JO-Präzeptorei 199
Nes JO-Haus 126
Nessau DO-Komturei 177
Neumark 130, 135
Nicholas of Clifton TO-Meister
Niederlande 75, 219, 225, 233
Niederlande (partes inferiores) DO-Ballei 76
Niederweisel JO-Kirche 144
Nikolaus JO-Erzbischof von Rhodos 171
Nikolaus von Thüngen Bischof von Ermland 179
Nikopolis, Schlacht von 175
Nikosia TO 185
Nisyros, Bistum 170
Normandie 54, 72, 120
Normandie T-Provinz 140
Nottingham 185
Noviziat, Probezeit 83
Nowak, Zenon H. 237
Nuño Pérez de Quiñones C-Meister 44
Nūr ad-Dīn von Aleppo und Damaskus 63
Nürnberg 41, 195

O

obrero C 108
Odense JO-Haus 193
Odo de Saint Amand T-Meister 63, 87
Old Temple London T-Kirche 144
Oldenburg 193
Oliven 130
Olmütz 218
Omne datum optimum 29, 31, 35, 96, 101

Ordenschronik DO-Ballei
  Utrecht 149
orientalische Christen 60
Orléans 53, 185
Orsachen des bundes 178
Osca, Bischof von 128
Ösel-Wiek Bistum 159
Osmanisches Reich 10, 12, 147,
  158, 169, 174f., 181, 183f., 205,
  208, 211, 215, 217, 222, 227
Osnabrück, Bischof 219
Osterode DO-Komturei 108
Österreich 219, 224, 227, 229f.
Österreich DO-Ballei 76, 112, 139,
  195, 210
Österreich, Anton Viktor von DO-
  Hoch- und Deutschmeister 220,
  224
Österreich, Eugen von, DO-Hoch-
  meister 229
Österreich, Karl von DO-Hoch- und
  Deutschmeister 212
Österreich, Maximilian Franz von
  DO-Hoch- und Deutschmeis-
  ter 218
Österreich, Maximilian von DO-
  Hoch- und Deutschmeister 201,
  212
Österreich, Wilhelm von DO-Hoch-
  meister 225
Österreich; Karl-Ludwig von DO-
  Hoch- und Deutschmeister 219
Österreich-Este, Maximilian-Joseph
  DO-Hochmeister 224
Ostfriesland 193
Ostrorog, Fürsten von 217
Otranto 34, 182
Otto IV. Kaiser 72
Otto von Brandenburg 162
Otto von Kerpen DO-Meister 40
Ottokar II. von Böhmen 162
Oultrejourdain, Herren von 61

P

Paderborn, Bischof 219
Paio Peres Correia S-Meister 48
Palermo DO-Haus 72
Palmela 237
Pappenheim, Burkhard von DO-
  Landkomtur Sachsen 202
Paris 156
Paris T-Haus 133
Paris, Universität 147, 156
Paschalis II. Papst 19, 33, 101
passagium (Überfahrt) 136, 140
Passau DO-Schwestern 230
Pastoralis praeeminentiae 156
Paternò Castello di Carcaci, Ernesto
  JO-Großmeister-Statthalter 229
Patriarch von Jerusalem 20, 33, 55,
  63, 152
Paul I. Zar JO-Großmeister 217
Paul II. Papst 188f.
Paul von Rusdorf DO-Hochmeis-
  ter 80, 100, 177f.
Payen de Montdidier T 75
Peat, Robert 224
Pedro de Girón A-Meister 187
Pedro Fernández S-Meister 46f.
Pedro Girón C-Meister 187
Pedro Gudestéiz, Erzbischof von San-
  tiago de Compostela 46
Pedro Múñiz de Godoy C-Meister, S-
  Meister 186f.
Peipussee 233
Pelayo Pérez Correa S-Meister 98,
  113
Peloponnes (Morea) JO-Präzep-
  tor 110
Perugia 144
Peter des Roches Bischof von Win-
  chester 55
Peter I. (der \Grausame«) von Kasti-
  lien 186
Peter I. von Zypern 175

Peter II. von Aragón 49
Peter IV. von Aragón 186
Peter von Dusburg DO, Chronik 15, 41, 149
Peter von Wormditt DO-Generalprokurator 142
Peter, Meister 145
Petrus Venerabilis von Cluny 25
Pfalz-Neuburg, Franz Ludwig von DO-Hoch- und Deutschmeister 218
Pfundmeister DO 117, 167
Phileremos, Berg 162
Philibert de Naillac JO-Meister 175
Philipp II. von Frankreich 64, 89
Philipp IV. von Frankreich 154 f., 232
Philipp von Antiochia 65
Philipp von Hessen 202
Philipp von Schwaben römischer König 72
Philippe de Marigny, Erzbischof von Sens 157
Philippe de Milly T 61
Pie postulatio voluntatis 33
Pierre d'Aubusson JO-Großmeister 138, 167, 169, 182
Pierre d'Escau T 74
Pierre de Rovière T 68
Pierre de Viellebride JO-Meister 66
Pierre Dubois 152
Pilgertransport 136
Pinto de Fonseca, Manoel JO-Großmeister 216
Piossasco, Grafen 79
Piotr Półkozic, Bischof von Płock 53
Pisa 34
Pisa JO-Priorat 76
Pisa, Konzil von 175
Pisa, SO 214
Pius II. Papst 182
Pius IV. Papst 213
Pius IX. Papst 223
Pius VI. Papst 216 f.

Pius XI. Papst 229
Pius XII. Papst 228
Plutarch, Lebensbeschreibungen 148
Poitiers T-Provinz 75
Polen 168, 179, 195, 217, 233, 236
Polen-Litauen 135, 171, 173, 177, 179, 211
Pomesanien Bistum 144, 170, 179
Pomesanien DO-Domkapitel 126
Pommerellen 72, 166, 168
Pommern 72, 168, 197 f.
Pontigny Zist-Kloster 27
Port Bonnel (Arsouz) T-Burg 62
Portugal 45, 68, 75, 92 f., 149, 158, 183, 189, 222
Portugal JO-Priorat 206
Portugal S-Provinz 76
Portugal T-Provinz 75
Portugal, JO-Priorat 222
Prag 145
Pragmaticae Rhodiae 168
Prämonstratenser 94
Präzeptor des Getreidespeichers JO 116, 127
Präzeptor des Kellers JO 116, 127
Preti, Mattia 145
Preußen 11, 70, 76, 79 f., 93, 111, 113, 119, 126, 130, 134, 137 f., 144, 147, 149, 165, 168, 170, 172, 178–180, 191, 209, 218, 233
Preußen DO-Landmeister 76, 111
Preußen, Karl von JO-Herrenmeister 223
Preußen, königliches 179
Preußischer Bund 177 f.
Priesterbrüder 30, 50, 75, 79, 81, 95, 97, 102, 107, 113, 119 f., 122, 124–126, 141, 146, 188 f., 229
Priesterbrüder S 47
Prior A 109
Prior C 108 f.
Prior der Marienburg DO 108
Prior S 109, 124

Priore JO 110 f., 121, 166
protestantische Ordenszweige 196, 205
protestantische Zweige 129, 221, 224
Protestantismus 192, 202, 211
Provence 128
Provence JO-Priorat 119
Provence T-Provinz 75
Provins 131 f.
Provinzialkapitel 109, 111, 113, 121, 123, 138, 198
Provinzialkapitel JO 80
Provinzialmeister T 109
Prußen 160–162, 168

Q

Qalawun Sultan Ägypten 90
Quam amabilis Deo 35
Quartschen JO-Haus 198

R

Raciącz, Friede von 173
Ragnit 172
Raimund Berengar IV. von Barcelona 67, 75
Raimund I. von Antiochia 62
Raimund II. von Tripolis 36, 62
Raimund III. von Tripolis 62, 88
Raimund IV. von Toulouse 18, 72
Raimund Rupen von Antiochia 64 f.
Raimund VI. von Toulouse 73
Ramla, Scharmützel 54
Ramla, Schlacht bei 77, 79
Ramla, Schlacht von 184
Ramón Abt von Fitero 43
Ramon Lull, De fine 152
Ramon Serra C-Leiter 95
Rat A 114
Rat C 114
Rat DO 166
Rat JO 114, 127, 166
Rat S 114
Rat SO 214
Raymond du Puy JO-Meister 34, 36, 96, 100
Rechnungswesen 133, 140, 146
Reform DO 217
Reform JO 215, 229
Reformatio Sigismundi 123
Reformation 191, 193–195, 201, 210
Regensburg 195
Regensburg, Bischof 219
Reichsdeputations-Hauptschluss 219
Reichskammergericht 202
Reiterkrieg 180
Rekrutierung 79 f.
Renaud de Flori L-Meister 53
Rentmeister DO 117
Responsionen 132, 137 f.
retrais T 96
Reuß von Plauen, Familie 79
Reval SB-Provinz 50, 77
Rheden DO-Komturei 119, 161
Rhein DO-Komturei 108
Rheinfelden 193
Rheinland 80
Rheinland-Westfalen 223
Rhodos 11, 13, 78–80, 116, 134 f., 137, 141, 145, 147, 149, 159, 162, 164 f., 167, 169, 176, 181–184, 205, 222, 233
Rhodos JO-Konvent 110, 116, 119, 125, 127, 141, 165
Rhodos, Erzbischof 169 f.
Rhodos, JO-Konventskirche 145
Rhodos, Metropolit 169
Rhodos, Nikolausturm 182
Riccardo Caracciolo JO-Gegenmeister (Rom) 175
Riccardo Filangieri 65
Richard I. von England 54, 64, 89
Richard of Southampton L 185

Richard von Cornwall 65
Richerenches T-Haus 119
Riga 210
Riga Erzbistum 52, 171
Rigler, Peter DO 225
Ritter vom Heiligen Grab 185
Ritterbrüder 37, 79, 81 f., 95, 101–103, 119, 122 f., 141, 189, 203
Ritterkomtur T 115
Robert de Craon T-Meister 24, 29 f., 68, 86
Robert de Montfort L-Meister 53
Robert de Sablé T-Meister 147
Robert of Kendale TO-Meister 186
Rodrigo Álvarez de Sarria MG 48
Rodrigo Gonzalez von Toledo 61
Rodrigo Téllez Girón C-Meister 188
Roger \der Templer« 72
Roger des Moulins JO-Meister 37, 87
Roggenhausen DO-Vogt 139
Rohan, Camille de JO-Großprior Aquitanien 222
Rohan, Emmanuel de JO-Großmeister 195, 216
Rom 221
Rom DO-Haus 195
Rom JO-Konvent 223
Rom T-Unterprovinz 109
Romania DO-Ballei 76, 111
Rothenburg 195
Ruad T 91, 153, 158
Rubenicht, Vertrag von 170
Rundkirchen 144
Runge, Thomas JO-Herrenmeister 199 f.
Russell, Giles JO-Turkopolier 194
Russland 173, 209, 216, 233
Russland JO-Großpriorat 217
Russland JO-orthodoxes Großpriorat 217

S

S. Giovanni in Neapel JO-Kapitularbailli 110
S. Stefano di Monopoli JO-Kapitularbailli 110
Sachsen 197
Sachsen DO-Ballei 112, 196, 202
Safad T-Burg 61, 86, 89 f., 126
Saffuriya, Quellen von 88
Sainte-Eulalie-du-Larzac T-Haus 131
Sakristan C 108
Saladin Sultan Ägypten 59, 61 f., 64, 87 f.
Sallinwerder, Vertrag von 173
Salvatierra C-Haus 93
Salvatierra, C-Haus 44
Samaiten 172 f., 177
Samland 162, 169
Samland Bistum 170
Samland DO-Domkapitel 126, 146
San Bevignate T-Kirche 144
San Felices de los Barrios S-Frauenkonvent 128
San Julian del Pereiro, Gemeinschaft von 45
San Marcos de León 47
Sancho I. von Portugal 46
Sancho III. von Kastilien 43
Sant Jordi d'Alfama, Orden von 95
Sant Jordi d'Alfama, Orden von 49
Santa María de España, Orden von 49
Santarém 92
Santiago 121
Santiago, Erzbischof von 142
Santiago, Orden von 46, 69, 73, 76, 79, 83, 98, 103, 109, 113, 118, 121 f., 124, 129, 137, 189
Sardinien T-Unterprovinz 109
Sardinien, Königreich 226
Saule, Schlacht bei 51, 159

Savoyen, Herzogtum 226
Schafzucht 131
Schälzky, Robert DO-Hochmeister 230
Schenkungen 75
Schilling von Cannstadt, Georg JO-Großprior Deutschland 200
Schivelbein JO-Präzeptorei 199
Schlesien 73, 168, 218, 223, 225
Schlieben, Familie 180
Schmalkaldischer Krieg 211
Schmid, Konrad JO-Präzeptor Küsnacht 192
Schmiedemeister DO-Hausamt 127
Schnitzmeister DO-Hausamt 127
Schottland 72, 186
Schottland JO 81
Schreinmadonnen 145
Schuhmeister DO-Hausamt 127
Schulden 140, 167
Schutzbar gen. Milchling, Wolfgang DO-Hoch- und Deutschmeister 211
Schutzbar gen. Milchling, Wolfgang DO-Landkomtur Hessen, Hoch- und Deutschmeister 202
Schwäbischer Bund
Schweden 233
Schweiz 192, 216, 227
Schwertbrüder 11, 50–52, 69, 76 f., 80, 93, 159
Schwestern 118, 127 f., 230
Schwestern DO 225
Schwesternkonvente 118
Scott, Walter 232
Seedorf L-Haus 54, 185
Seehesten DO-Pflege 120
Seeliga 174
Segenand von Wapels 169
Segewold SB-Burg 69
Segewold SB-Provinz 50, 77
Sehested, Claus 193
Seldschuken 18

Selim I. Sultan des Osmanischen reiches 183
Seneschall JO 167
Seneschall T 105
Senglea 207
Servienten, Sergeanten, Graumäntler 36, 75, 81, 95, 102, 122, 126
Sibrandus DO 38
Sidon T-Kauf 137
Siebenbürgen 159
Siedlung 168 f.
Siegel SB 50
Siegel T 23
Siegmund von Raming DO-Vogt von Leske 82
Sienkiewicz, Henryk 233
Sigena JO-Frauenkloster 128
Sigismund 175
Sigismund I. von Polen 181
Sigismund II. August von Polen 211
Sigismund von Ungarn 189
Simon Bischof von Noyon 122
Simon de Hesdin JO 147 f.
Simon de St. Bertin 21
Simonie 100
Sizilien 65, 73, 132, 138, 186, 208
Sizilien DO-Ballei 76, 111 f., 195
Skandinavien 193, 197
Slowakei 231
Slowenien 231
Smyrna JO 137, 171, 174
Sneek JO-Haus 126
Sodomie 100, 154
Sollavientos JO-Burg 69
Sonnenburg JO-Haus 198, 200
Soure T-Burg 68
Souveränität JO 216, 223, 228
Spanien 10, 42, 66, 70, 75, 78, 128, 138, 183, 206, 209, 222 f.
Spanien DO-Ballei 76, 111
Spanische Ritterorden 11, 82, 92, 95, 108, 121, 125, 137, 159, 186, 214, 231

269

Index

Sparr, Joachim, JO-Präzeptor Mainz, Niederweisel 200
Speyer 196
Spittler, Oberster DO 107, 165
Spoleto T-Unterprovinz 109
St. Gilles JO-Haus 34, 72
St. Gilles JO-Priorat 73
St. Gilles JO-Provinz JO-Priorat 75
St. John, Venerable Order of 224
St. Peter (Bodrum) JO-Burg 107, 141, 174, 184
St. Petersburg 217
St. Sabas, Krieg von 54, 66
St. Stephan, Orden von 209, 213, 226
Sta. Eufemia JO-Kapitularbailli 110
Sta. Maria Latina, Jerusalem 32, 58, 96
Sta. Trinità di Venosa JO-Kapitularbailli 110
Stabilimenta Rhodiorum militum 99
Stände, Preußen 166, 177
Statuten 121
Statuten C 98
Statuten DO 41, 83, 98, 104, 117, 142, 212, 224, 230 f.
Statuten JO 34, 41, 96 f., 99, 104, 110, 114, 200, 217
Statuten S 98, 122, 129
Statuten SO 214
Statuten T 41, 82, 95, 97 f., 113, 127
Stephan von England 71
Stephen Harding Zist 27
Stil 144
Story, John 194
Stricker, Karl der Große 147
Studium 147
Stumpf, Johannes JO-Präzeptor Bubikon 192
Süditalien 54
Süleyman I. Sultan des Osmanischen Reiches 183, 207
Sumiswald DO-Haus 195

Swantopolk von Pommerellen 161
Sweder Cobbing DO-Landkomtur Westfalen 80
Sybilla von Jerusalem 38, 64
Sylvester Stodewescher DO-Hochmeisterkaplan, Erzbischof von Riga 125
Syrien 62, 183, 214

T

Taets von Amerongen, Jacob DO-Landkomtur Utrecht 203
Tannenberg / Grunwald, Schlacht bei 173, 233
Tarent 34
Tarragona 19, 158
Tausen, Hans JO 197
Temple Bruer T-Kirche 144
Templehurst T 118
Templer 9, 12, 20, 22 f., 28 f., 31, 42 f., 48, 51, 55, 57, 59, 61–65, 67, 71, 73–75, 77–79, 81–84, 86 f., 89–91, 94 f., 101, 105, 115, 119 f., 122–126, 130–133, 135–137, 140, 142–144, 146, 149, 151, 153, 155, 157 f., 185, 231
Templerkirchen 144
Templerprozess 146, 154
Teruel, Hospital 48
Theobald IV. von Blois und der Champagne 24 f.
Theobald IV. von der Champagne 61, 65, 90
Theoderich deutscher Jerusalempilger 58
Theoderich von Treiden, Zist 50
Thesaurar JO 105, 165
Thesaurar SO 214
Thomas Becket Erzbischof von Canterbury 54
Thomas Bérard T-Meister 54
Thomas von Aquin 13

Thomasorden 54, 184 f.
Thorn 69, 160 f., 167, 176, 178
Thorn DO-Komturei 108, 114, 166
Thorner Friede, Erster 142, 174
Thorner Friede, Zweiter 108, 179
Thümen Veit von JO-Balleier Brandenburg 198
Thun und Hohenstein, Galeas von JO-Großmeister 227
Thüringen 126, 197
Thüringen DO-Ballei 81, 112, 196, 201
Thüringen-Sachsen DO-Ballei 76
Thymau 52
Tiberias 89
Tilo von Kulm 147
Tilsit 172
Timur 174
Tirol 212
Toledo S-Hospital 47
Tomar T-Burg, CO-Burg 68
Tommasi, Giovanni Battista JO-Großmeister 217, 221
Toron des Chevaliers T-Burg 61, 88
Tortosa T 62, 89 f., 159
Tortosa, Aragón 130
Toruń 237
Toscana T-Unterprovinz 109
Toulouse 33, 72 f.
Toulouse JO-Haus 146
Toulouse JO-Priorat 158
Trappier DO-Hausamt 127
Trappier, Oberster DO 107, 165
Treitschke, Heinrich von 234
Tressler DO 107, 139, 165
Treueid DO-Hochmeister 179
Treueid JO-Herrenmeister 199 f.
Trier Erzbistum 81
Trier, Erzbistum 218
Triest 217
Trinquetaille JO-Haus 73
Tripolis 18, 91, 207, 209
Tripolis Grafschaft 61, 64, 89, 149
Tripolis JO-Präzeptor 79

Tripolis T-Komtur 105, 109
Troyes Messen 131
Troyes Synode 95
Tschechien 231
Tschechoslowakei 229 f.
Tuche 132, 138
Tuchel DO-Komturei 139
Tumler, Marian DO-Hochmeister 230
Tunis 207
Turkmanen 86
Turkopolen 60, 87
Turkopolier JO 107, 166
Turkopolier T 105, 115
Tyrus 18, 39, 88
Tyrus JO-Präzeptor 79

U

Überschüsse 140
Uclés S-Haus 47, 124, 149
Ulldecona JO-Hafen 132
Ulm 195
Ulrich DO-Prior 40
Ulrich von Eisenhofen DO-Tressler 139
Ulrich von Jungingen DO-Hochmeister 12, 173
Ungarn 10, 75, 160, 212
Ungarn T-Provinz 75
Universität JO 215
Urban II. Papst 17
Urban IV. Papst 132
Urban VI. Papst (Rom) 175
Ursula, hl. 143
Utrecht DO-Ballei 14, 112, 196, 203 f., 225 f.
Utrecht, Erzbischof von 203
Uttenrode, Nikolaus von DO-Landkomtur Thüringen 201

271

V

Valencia 130 f.
Valenia (Baniyas) JO 62
Valenia (Baniyas) T-Hospital 149
Valerius Maximus 147
Valletta 208
Vallette, Jean de la JO-Großmeister 208
Vasilij III. von Moskau 179
Venedig 66, 134, 162, 164 f., 174, 176, 183, 215
Venedig JO-Priorat 76
Vereinigung der Ritterorden 152 f.
Verleugnung Christi 154
Verwaltung des Ordensbesitzes 120
Viborg JO-Haus 193
Vienne, Konzil von 157, 232
Vignolo de' Vignoli 162
Viktor Emanuel II. von Italien 226
Viktoria von Großbritannien 224
Villena, Markgraf von 188
Villeneuve du Temple T-Stadt 71
Villiers de l'Isle-Adam, Philippe de JO-Großmeister 206
Visitationen 111, 121, 138, 146, 193, 218
Viterbo 205 f.
Vladimir, Fürstentum 53
Volkwin SB-Meister 50 f.
Vonitza 175
Vox in excelso 157
Vytautas von Litauen 173, 177

W

Waldemar II. von Dänemark 51
Wales 72, 186
Wales JO 81
Walter de Mesnil T 63
Wandelgelder DO 139
Wangenheim, Franz Theodor 232
Wassenaer, Unico Willem van DO-Landkomtur Utrecht 225
Weddingen DO-Haus 202
Weinbau 130–132
Weißenburg im Elsass DO-Haus 212
Weltkrieg, Erster 225, 227
Weltkrieg, Zweiter 227
Wenden SB-Burg 69
Wenden SB-Provinz 50, 77
Wenno SB-Meister 50
Wenzel von Böhmen 173
Werben JO-Haus 72
Werner von Horneck DO 74
Werner von Orseln DO-Hochmeister 100, 139
West, Clement JO-Turkopolier 194
Westfalen 80, 168
Westfalen DO-Ballei 112, 203
Weston, William JO-Prior England 194
Wien 229
Wiener Kongress 221 f.
Wiener Neustadt 190
Wikbold Dobbelstein DO-Hochmeisterkaplan, Kanzler 125
Wildenbruch JO-Präzeptorei 200
Wilhelm I. von den Niederlanden 226
Wilhelm II. Kaiser 234
Wilhelm von Braunschweig 199
Wilhelm von Modena, Legat 170
William Clito von Flandern 25
Willküren 167
Winrich von Kniprode DO-Hochmeister 121, 125
Władysław-Jagiełło von Polen 172 f.
Wölchingen JO-Kirche 144
Wolfram von Nellenburg DO-Deutschmeister 112
Wolgast, Vergleich von 200
Wolter von Plettenberg DO-Landmeister Livland 209 f.
Worms, Bischof von 218
Württemberg 193, 196, 219

Z

Zaragoza 68
Zehnte 30
Zielenzig JO-Pfarrkirche 198
Zielenzig T-Haus 130
Zinssatz DO 135
Zisterzienser 43 f., 49, 70, 94 f., 98, 126, 142, 158
Zölle DO 117, 159, 167, 178
Zschillen DO-Haus 126
Zucker JO 132, 181
Zunge der Auvergne JO 107
Zunge der Francia JO 107, 127, 135
Zunge, aragonesisch-katalonische JO 107
Zunge, deutsche JO 107
Zunge, englisch-bayerische JO 195
Zunge, englische JO 107, 194, 224
Zunge, italienische JO 107
Zunge, kastilisch-portugiesische JO 107
Zunge, provençalische JO 107
Zunge, spanische JO 107
Zungen JO 107, 114, 166, 183, 207
Zürich 192
Zuylen van Nyvelt, Steven van DO-Landkomtur Utrecht 196
Zwingli, Huldrych 192
Zypern 11, 51, 55, 132, 147, 152 f., 157–159, 162, 165, 174, 181, 185 f.
Zypern JO-Präzeptor 79, 110

Christoph Dartmann

Die Benediktiner

Von den Anfängen bis zum
Ende des Mittelalters

2017. 301 Seiten,
10 Abb. Kart. € 26,-
ISBN 978-3-17-021419-4

Urban-Taschenbücher

Geschichte der Christlichen Orden

Die Klosterregel, die Benedikt von Nursia im 6. Jahrhundert geschrieben hat, wurde über das gesamte Mittelalter hindurch zur Grundlage für das Leben in zahllosen Klöstern der lateinischen Christenheit. Sie inspirierte eine Vielzahl verschiedenster Asketen, einen je eigenen Weg zu Gott zu suchen. Zugleich prägten benediktinische Klöster die mittelalterliche Gesellschaft und Kultur in entscheidender Weise. Das Buch verfolgt die Vielfalt unterschiedlicher Lebensformen, die unter Bezug auf Benedikt und seine Regel entwickelt wurden, und erläutert die Bedeutung der Benediktiner für die mittelalterlichen Christen, für Liturgie, Kunst, Bildung, Politik und Wirtschaft.

W. Kohlhammer GmbH
70549 Stuttgart

Kohlhammer

Harm von Seggern

Geschichte der Burgundischen Niederlande

2018. 294 Seiten, 4 Karten
Kart. € 29,-
ISBN 978-3-17-019616-2

Urban-Taschenbücher

Die Geschichte der Burgundischen Niederlande ist bestimmt von machtvollen Auseinandersetzungen, in deren Zentrum als treibende Kraft die Herzöge von Burgund aus dem Haus Valois standen. Ihnen gelang es, die Niederlande als Herrschaftskonglomerat sowohl aus dem Königreich Frankreich als auch aus dem Heiligen Römischen Reich herauszulösen. Ihre Gegner waren dabei nicht nur die Könige, sondern auch die großen Städte Flanderns, die konkurrierenden französischen Fürsten, die Verwandten aus Holland sowie einzelne Adelsfamilien aus den niederländischen Fürstentümern. Von der Übernahme des flämischen Erbes durch Herzog Philipp den Kühnen 1384 bis zum sogenannten Damenfrieden von Cambrai 1529 schildert der Autor die wechselvolle Geschichte dieses Länderkomplexes, wobei erstmals in der deutschsprachigen Forschung die Zeit Maximilians I. und Philipps des Schönen als integraler Teil der Entstehung der Burgundischen Niederlande gewertet wird.

Klaus Herbers

Geschichte Spaniens im Mittelalter

Vom Westgotenreich bis zum Ende des 15. Jahrhunderts

2006. 384 Seiten, 19 Abb., 27 Karten. Kart. € 32,–
ISBN 978-3-17-018871-6

Ländergeschichten

Der Autor bietet eine kenntnisreiche und fundierte Einführung in die mittelalterliche Geschichte Spaniens, die wie keine zweite in Europa von Wechselwirkungen zwischen muslimischen, jüdischen und christlichen Einflüssen geprägt wurde. Kulturelle Transferprozesse bestimmten nicht nur maßgeblich die Beziehungen der verschiedenen iberischen Reiche untereinander, auch nach außen hin wirkte Spanien vermittelnd als „Drehscheibe" für neue Ideen. Diese Phänomene des kulturellen Austauschs stehen im Mittelpunkt eines breit angelegten historischen Überblicks von der Westgotenzeit, über die verschiedenen Reiche des Mittelalters bis hin zur Epoche der Katholischen Könige, in der sich Spanien mit der Eroberung Granadas oder den Fahrten des Kolumbus eine herausragende Position in einem neuen Weltsystem schuf.

W. Kohlhammer GmbH
70549 Stuttgart

Kohlhammer